Karl-Wilhelm Weeber
Romdeutsch

DIE
ANDERE
BIBLIOTHEK

Herausgegeben
von Hans Magnus
Enzensberger

KARL-WILHELM

WEEBER

ROM-DEUTSCH

WARUM WIR ALLE LATEINISCH REDEN, OHNE ES ZU WISSEN

Eichborn Verlag
Frankfurt am Main
MMVI

ISBN 3-8218-4543-0

INHALT

PRAEFATIO

Wenn man von Hans Magnus Enzensberger ein Faksimile (›mach ähnlich!‹) – keineswegs ein ordinäres ›Fax‹! – mit der Einladung erhält, einen Band zur *Anderen Bibliothek* über das Erbe der lateinischen Sprache im Deutschen beizusteuern, dann wird man sich diesem Auftrag kaum entziehen wollen – geht er doch von einer Persönlichkeit aus, die ein bei diesem Projekt geradezu aufforderndes lateinisches Magnus als Vornamen trägt.

Ich habe also gern mein o.k. – wie schrecklich und wie schrecklich falsch außerdem (›k‹ steht für *korrekt,* was im Englischen genauso übel ist, wie wenn man das lateinische Ursprungswort *correctus* mit ›k‹ schriebe)! – ich korrigiere: mein *libenter* (›gern‹) gegeben – auch weil ich darin eine mir aus heiterem Himmel ›zufallende‹ Chance (von *cadere,* ›fallen‹) sah, das im Gefolge der PISA-Studien im Aufwind befindliche Schulfach Latein weiter zu fördern. Latein ist als Schlüsselsprache der europäischen Kultur und als Schulfach nicht nur wichtig, weil es den Lernenden erlaubt, enthüllende, ja geradezu indiskrete Blicke hinter die Kulissen der eigenen Muttersprache (und die der romanischen Tochtersprachen des Lateinischen sowie des Englischen) zu werfen, unerwartete Lehnwortbildungen zu entdecken und Fremdwörter mit Sinn und Verstand zu gebrauchen (oder eben wie etwa das schreckliche ›optimieren‹ oder die noch schrecklichere Pluralform ›Internas‹ *nicht* zu gebrauchen); es ist die entscheidende Grundlage dafür, dem Werden und der Bedeutung zahlloser deutscher Begriffe seriös auf die Spur zu kommen. Das ist *eine* Funktion von Lateinlernen – und sie ist Gegenstand dieses Buches. Aber es ist beileibe nicht die einzige und auch nicht die wichtigste.

Gleichwohl: Die Kameraden (das sind die ›Stubengenossen‹, von lateinisch *camera*) aus der neoliberalen Ecke, die in einer ziemlich unheiligen Allianz mit den, sagen wir freundlich: tendenziell eher freizeitorientierten studentischen Bildungsverweigerern den Schlachtruf *Latinum in latrinam!* am lautesten intonieren, sollen ruhig einmal erfahren, welches rein utilitaristische Bildungspotential das Lateinische bereithält – wenn sie sich schon anderen Verständnissen von ›Bildung‹ verweigern. Zugespitzt, aber gar nicht so verkehrt, kann man angesichts des hohen Latein-Anteils des Deutschen in der Alltagssprache und erst recht in den wissenschaftlichen Fachsprachen, rein utilitaristisch (*utilis,* ›nützlich‹) argumentierend (*argumentari,* ›begründen‹), sagen: Wer kein Latein kann, den bestraft das Deutsche.

Das ist keine Drohung, sondern Realität (die man freilich nicht ganz so deutlich spürt, wenn man des Lateinischen nicht mächtig ist). Wer das für altphilologische Arroganz (*arrogare,* ›sich anmaßen‹) hält, kennt die Studien nicht, die die positiv kompensatorische *compensare,* ausgleichende Wirkung von Lateinlernen auf die Deutsch-Kompetenz von Schülern mit Migrationshintergrund aufzeigen.

Taktisch wäre es wohl am klügsten, das Buch der KMK zu widmen. Das ist die Abkürzung für eine Institution, die sich in ihrem Namen mit drei ausschließlich lateinstämmigen Begriffen schmückt (Kultusministerkonferenz; *cultus,* ›Bildung‹; *minister,* ›Diener‹; *conferre,* ›zusammentragen‹, ›austauschen‹), aber ein bißchen wenig tut, um der Sprache, der sie ausweislich ihrer Bezeichnung alles verdankt, zu dem ihr gebührenden Platz im Gesamtcurriculum (*currere,* ›laufen‹; *curriculum,* ›Durchgang‹) zu verhelfen.

Ich widme *Romdeutsch* aber lieber einer Gruppe, die ihren Namen ebenfalls dem Lateinischen verdankt und auch eine Menge dafür tut: meinen Schülern (von *schola,* ›Schule‹). Haben Sie keine Schüler*innen*? schallt es mir politisch korrekt entgegen. Doch sicher!, antworte ich, aber im Lateinischen umfaßt das Maskulinum im Plural auch etwaige feminine Mitglieder der Gesamtheit. Und da wir hier ins Lateinische ab- und eintauchen, nehme ich mir die Freiheit, an die ich in administrativem Kontext (*administrare,* ›verwalten‹; *contextus,* ›Zusammenhang‹) nicht einmal zu denken wagen würde.

Ich wünsche meinen Lesern (na gut, bevor der Verlag es einfordert: auch den Leserinnen; beides übrigens von lateinisch *legere,* ›lesen‹, abgeleitet) möglichst viele erfreuliche Aha-Erlebnisse und Spaß bei der Lektüre des Buches.

Ist ›Spaß‹ eine des seriösen Latein würdige Kategorie? höre ich einige mehr oder minder entsetzte Latein-Kollegen fragen. Und ob! Das Wort kommt schließlich – wie ›Gaudi‹ (*gaudium,* ›Freude‹) und ›Jux‹, den ich mir hin und wieder auch genehmigen werde (*iocus,* ›Witz‹) – aus dem Lateinischen, und zwar über das italienische *spassare,* ›sich die Zeit vergnüglich vertreiben‹ von lateinisch *expandere,* ›ausweiten‹).

Und ich gehe noch einen Schritt weiter. Ich würde mich freuen, wenn nicht – wie in anderen Tätigkeitsbereichen üblich – allzu viel an den – sicherlich vorhandenen – Schwächen der Darstellung herumgemäkelt würde (zumal das nicht von lateinisch *macula,* ›Fleck‹, ›Makel‹, kommt, vielmehr von deutsch ›makeln‹, ›machen‹), sondern das Buch dazu beitrüge, die Zahl derer zu erhöhen, die, wenn nicht alles täuscht, zwar in einem anderen Lebensbereich, aber doch immerhin in Teilen der Damenwelt in besonders hohem Kurs stehen: die – und dies ist meine Reverenz an die neben Latein zweite Weltsprache – *Latin lovers.*

KARL-WILHELM WEEBER

I

VOM ›WEIN‹ ZUM ›KRIMI‹ – STATIONEN AUF DEM WEG ZU ›ROMDEUTSCH‹

Aufgeschlossen für vinum – Wenn Lehnwörter plaudern …

Im Monty-Python-Film *Das Leben des Brian* beschäftigt sich eine köstliche Szene mit den Kulturleistungen, die die römischen »Imperialisten‹ in die von ihnen unterworfenen Länder gebracht haben. Eine jüdische Widerstandsgruppe ereifert sich zunächst darüber, wie »diese Schweine … uns bis auf den letzten Tropfen ausgeblutet« haben. »Und haben sie uns jemals was gebracht als Gegenleistung?« fragt einer der Verschwörer.

Natürlich ist die Frage rhetorisch gemeint. Aber ein anderer kapiert das nicht, denkt ernsthaft nach und kommt zum Ergebnis: »Den Aquädukt«. Das ist der Dammbruch. Andere ergänzen: »die Kanalisation«, »die Straßen«, »die Bewässerung«, »die Medizin«, »die Schulen«, »das Gesundheitswesen« und schließlich »den Wein«. »O ja, genau!« … »Das ist nun etwas, das wir wirklich vermissen würden, wenn die Römer weggingen …«

Man könnte diesen konspirativen Stammtisch, der unwillkürlich in eine Eloge römischer Zivilisationstechnik übergeht, auch im römisch besetzten Germanien ansiedeln. Auch dort gab es mitunter Unruhen und Untergrundgruppen, die das römische Herrschafts-›Joch‹ gern abgeschüttelt hätten – wenngleich sich das Gros der Bevölkerung im römischen Germanien ganz wohl gefühlt hat. Und es gab dort ebenfalls eine römische Zivilisationsgabe, der die Germanen nicht minder zugetan waren als unsere jüdischen Freiheitskämpfer: den Wein.

Daß die Germanen – die innerhalb des römischen Machtgebiets ebenso wie die im ›freien‹ Teil Germaniens siedelnden Stämme – alkoholische Getränke außerordentlich zu schätzen wußten, hebt Tacitus in seiner *Germania* ausdrücklich hervor. Neben einem Saft »aus Gerste oder Weizen, der zu einer gewissen Weinähnlichkeit vergoren ist«, erwähnt er indirekt auch Weineinfuhren durch römische Kaufleute ins unbesetzte Germanien. Vorausgesetzt, man leiste der germanischen ›Trunksucht‹ durch solche Importe kräftig Vorschub, so werde man »sie leichter durch ihr Laster als durch Waffen besiegen können«. Tatsächlich hatten, wie schon Caesar berichtet, einige germanische Stämme ein Verbot des Weinimports erlassen, um ihre Wehrhaftigkeit nicht zu gefährden.

Hätten wir das Zeugnis des Tacitus und andere einschlägige literarische Quellen nicht zur Verfügung, so kämen wir der Verführbarkeit unserer Vorfahren durch die von den Römern ›eingeschleppte‹ Zivilisationsdroge Wein trotzdem auf die Schliche. Die eigene Sprache verrät sie: ›Wein‹ ist eines der ältesten Lehnwörter, die die germanischen Dialekte aus dem Lateinischen übernommen haben. *vinum* hat schon im 1. Jahrhundert n. Chr. als ›Wein‹ ins ›Deutsche‹ Eingang gefunden. Schaumwein zur Feier des 2000. Sprachgeburtstages des deutschen Wortes ›Wein‹ kann durchaus schon kalt gestellt werden.

Zumindest im römischen Germanien kam man schnell auf die Idee, daß man den Wein billiger haben konnte. Die Route über das Rhone-Tal war relativ bequem für die römischen und gallischen Weinhändler. Auf diesem Handelsweg ließen sich aber auch Reben selbst in den Trierer Raum bringen. Das war die Geburtsstunde des außerordentlich erfolgreichen und profitablen Weinanbaus an der Mosel.

Ein Besuch im Rheinischen Landesmuseum Trier läßt das anschaulich werden: Zahlreiche Exponate, vom berühmten steinernen ›Weinschiff von Neumagen‹ aus dem 3. Jahrhundert – vermutlich als Grabbau eines reichen Weinhändlers konzipiert – über Reliefs mit allen möglichen Darstellungen aus dem Weinbau bis hin zu den zahlreichen Trierer ›Spruchbechern‹, die mit kurzen Aufforderungen (*hilaris sis,* ›sei fröhlich‹; *bibamus,* ›laßt uns trinken‹) zum Weingenuß animieren, führen den Besuchern die ebenso hochentwickelte wie weitverbreitete Moselaner Weinkultur des 2. bis 4. Jahrhunderts n. Chr. vor Augen. »Bacchus' Gaben sollen die schweifenden Blicke ergötzen, dort, wo ... Felsen und sonniges Hochland, Windungen des Flusses rebenumwachsen hochstreben«, schwärmt der lateinische ›Heimat-Dichter‹ Ausonius im 4. Jahrhundert in seiner *Mosella* (Die Mosel).

Vom gemeinen Torkeln zum vornehmen Käse-Essen

Auch sprachlich hat der nach Germanien verpflanzte Weinbau deutliche Spuren hinterlassen: ›Weinlese‹ ist ebenso ein Lehnwort von lateinisch *vindemia,* wie der ›Winzer‹ auf den römischen *vinitor* zurückgeht. ›Kelter‹ hat sich aus *calcatura,* ›Kelch‹ aus *calix,* ›Trichter‹ aus *traiectorium* und ›Most‹ aus (*vinum*) *mustum,* ›junger Wein‹, entwickelt. Auch ›Becher‹ (spätlateinisch *bacarium*), ›Bottich‹ (vulgärlateinisch *buttis*) und ›Kufe‹ *cupa* verdankt das Deutsche seinen weinbaubegeisterten Urvätern.

Die meisten der in dieser ersten Entlehnungsperiode übernommenen lateinischen Wörter sind Substantive. Aber auch ein paar Verben, die sich mit dem Know-how des Weinbaus verbinden, fanden schon damals den Weg ins Deutsche. ›Pfropfen‹ (*imputare* sowie *propago,* ›Setzling‹), ›pflücken‹ (vulgärlateinisch wohl *piluccare*) und ›keltern‹ gehören dazu. Das letzte haben wir schon als Substantiv mit seinem lateinischen Vorbild kennengelernt (*calcatura;* Verb: *calcare,* ›mit Füßen treten‹, weshalb in Italien das Fußballspiel noch heute *calcio* heißt). Es gab noch ein lateinisches Wort für ›keltern‹, das dann im Deutschen zur Beschreibung gewisser Spätfolgen des Kelterns Karriere gemacht hat. Die Rede ist von *torculare,* das die Germanen glatt zum ›Torkeln‹ gebracht hat …

Von Trauben und Wein kann – zumindest sollte – der Mensch nicht leben. Kein Wunder also, wenn germanische Bauern sich nicht nur in der Sparte Weinbau bei ihren römischen Besatzern fortbildeten, sondern auch allgemein landwirtschaftliche Geräte, Techniken und Produkte von den Römern übernahmen – und den deutschen Lehnwortschatz auf diese Weise weiter aufstockten. Die ›Sichel‹ ist ebenso lateinischen Ursprungs (*secula; secare,* ›schneiden‹) wie der Dresch-›Flegel‹ *flagellum,* die ›Mühle‹ *molina* ebenso wie der sie betreibende ›Müller‹ *molitor.*

Nicht immer signalisiert ein Lehnwort, daß die Germanen die Sache noch gar nicht kannten, die es bezeichnet. Das ist zwar auf dieser frühesten Entlehnungsstufe der Normalfall, aber manchmal setzte sich – ähnlich wie es im heutigen Deutsch vom Englischen her geschieht – ein lateinischer Begriff gewissermaßen als Modewort durch und verdrängte den germanischen Begriff. Das war indes sicher nicht der Fall bei all den leckeren Agrarprodukten, die die germanische Küche durch römische Zivilisationsvermittlung bereicherten. Das waren unter anderem Kirsche *cerasus* und Pflaume *prunum,* Mandel *amandula* und Minze *menta,* Kürbis *cucurbita* und Kohl *caulis,* Rettich (*radix,* ›Wurzel‹; daher auch ›Radieschen‹) und Senf *sinapi, sinapis,* Fenchel *feniculum* und Lorbeer *laurus.* Auch der Pfirsich *persica* und die Kichererbse *cicera* wurden sprachlich ›eingemeindet‹.

Je länger die Aufzählung wird, um so mehr spürt man als Nachgeborener ein Gefühl der Dankbarkeit gegenüber den römischen Okkupatoren – einschließlich der Großgrundbesitzer, die diese Kulturpflanzen auf den Feldern ihrer *villae rusticae* anbauen ließen – in sich aufsteigen. Politisch korrekt ist das vielleicht nicht, aber ehrlich. Erst recht, wenn man bedenkt, daß auch die schmackhafte Verarbeitung der neuen Gemüsesorten mit einem ›chicen‹ neuen lateinischen Begriff bezeichnet wurde: ›kochen‹ kommt von *coquere,* und auch der Ort des Kochens wurde flugs als ›Küche‹ *culina* latinisiert.

Bei so vielen Um-Pflanzungen auch im sprachlichen Bereich erstaunt es kaum noch, daß damals selbst das Wort für ›Pflanze‹ aus dem Lateinischen entlehnt worden ist (*planta,* ›Setzling‹). Das war sicher eines der oben erwähnten ›Modewörter‹. Wie bestimmt auch der ›Käse‹. Der war den Germanen nicht unbekannt, als sie in Kontakt mit der römischen Welt kamen. Aber irgendwie war das lateinische *caseus* mehr ›in‹. Das hohe Alter der Entlehnung kann man beim ›Käse‹ an der volkssprachlichen Weiterentwicklung des Lateinischen sehen. Bei den einfachen Leuten setzte sich in der Spätantike der Begriff *formaticum,* ›in eine Form gegossene Milch‹, für ›Käse‹ durch – so daß die Franzosen heute ›volkstümlichen‹ *fromage* und die Italiener *formaggio* essen, die Deutschen aber den vornehmen ›hochsprachlichen‹ Käse. Zusammen mit Wein ein köstliches Entlehnungs-Duo!

Was der ›Keller‹ sprachlich und bautechnisch verrät

Ein wenig bedauerlich ist der dunkle Vokal bei *caseus* hinter dem *c.* Wäre es statt des *a* ein *e* oder *i,* so könnte man die Tatsache, daß ›Käse‹ zu den frühesten Lehnwörtern zählte, an einem weiteren Indiz nachweisen. Dazu müssen wir jetzt aber zur ›Kirsche‹ übergehen.

Wenn das Wort später als im 4. Jahrhundert entlehnt worden wäre, so sprächen wir es heute vermutlich ›Zirsche‹ aus. Der Übergang von der Aussprache *k* zu *ts* für *c* vor hellem Vokal lag in der Spätantike. Man sieht also, daß auch ›Kiste‹ *cista* eine frühe Entlehnung sein muß.

Noch klarer zeigt sich die Aussprache-Zäsur an Übernahmen aus unterschiedlichen Epochen: ›Keller‹ und ›Zelle‹ gehen beide auf lateinisch *cella* zurück; die ›Zelle‹ ist aber erst Jahrhunderte später entlehnt worden. Ähnlich beim ›Kaiser‹ und beim ›Zaren‹. Beide Male hat *Caesar* Pate gestanden, bei den Germanen aber früher als bei den Slawen. Womit jetzt auch die geradezu als Dauerbrenner an Lateinlehrer herangetragene Frage beantwortet sein dürfte, ob denn nun die ›richtige‹ Aussprache von Cicero ›endlich geklärt‹ sei. Sie war, ist die desillusionierende Antwort, niemals unklar: Zu Zeiten Ciceros war sie gewiß ›Kikero‹ – so auch die lautliche Übernahme in die gleichzeitige griechische Schrift, die andere Möglichkeiten als das K(appa) gehabt hätte – und im 5. Jahrhundert haben die meisten Römer ›Tsitsero‹ gesagt. Wer das erstaunlich oder gar ›inkonsequent‹ findet, führe sich das Deutsche und seine Aussprache im Vergleich der Jahre 2000 und 1600 vor Augen.

In welchen Bereichen konnte man den Römern weiteres zivilisatorisches und technisches Know-how abschauen? Das Deutsche gibt eine ganz klare Antwort darauf: ›Mauer‹ *murus* und ›Kamin‹ *caminus,* ›Fenster‹ *fenestra* und ›Ziegel‹ *tegula,* ›Pfeiler‹ *pilarium* und ›Keller‹ *cella,* ›Sims‹ *sima; simatus* und ›Schindel‹ *scindula,* ›Kalk‹ *calx* und ›Zement‹ *caementum* wurden offenbar mit großer Begeisterung übernommen. Kein Wunder – alle diese Begriffe markieren den Übergang zum Steinbau, den die Germanen erst durch die Römer kennengelernt haben. Auch die ›Kammer‹ *camera,* die ›Pforte‹ *porta* und der ›Mörtel‹ *mortarium* gehören in diesen baulichen Kontext.

Das alles waren schwere Materialien, die möglichst auf gepflasterten Wegen transportiert werden sollten. Die Römer waren Meister des Wegebaus: Ihre *viae stratae,* mit ›hingestreuten‹ Steinen gepflasterte ›Wege‹, waren als ›Straßen‹ in jeder Beziehung – eben auch in sprachlicher – vorbildhaft. Auch im Bereich der nautischen Infrastruktur – Flüsse wurden, wo immer es ging, als Verkehrswege genutzt –, gab es Brauchbares und die Begriffe dafür zu übernehmen: den ›Anker‹ *ancora,* das ›Ruder‹ (*remus;* daher ›Riemen‹) und die ›Kette‹ *catena.*

Kaufleute auf dem Sprachen-Markt

Zu Lande halfen von Eseln *asinus* oder Maultieren *mulus* gezogene Karren *carrus* dabei, Kisten *cista,* Körbe *corbis* und Säcke *saccus* zu befördern. Auch der Handel, das zeigt das Lehnwortfeld, war zunächst eine Domäne der Römer. Es war daher nur folgerichtig, daß ein römisches Wort für ›Händler‹, *caupo,* zum deutschen ›Kaufmann‹ mutierte. Und ebenso die Abwiegeeinheit ›Pfund‹ (*pondo,* ›an Gewicht‹) und das Zahlungsmittel ›Münze‹ *moneta.*

Unternehmungslustige Kaufleute, das wird schon bei Caesar deutlich, der sie gelegentlich auch als Informanten ›anzapfte‹, haben eine Pionierrolle bei der Verbreitung von ›Romdeutsch‹ in dieser ersten Phase gespielt. Frühe Latein-Spuren in weit entfernten germanischen Sprachgebieten zeigen, daß der Lehnwortschatz sich nicht nur von Zentren römischen Provinzlebens wie Trier und Köln her ausgebreitet hat, sondern auch über vergleichsweise spärliche Kontakte vermittelt worden ist, deren Träger im wesentlichen *mercatores* (›Kaufleute‹; davon *mercatus,* ›Markt‹) gewesen sein dürften. Sie haben das Innere Germaniens nicht nur für römische Waren, sondern auch für die lateinische Sprache erschlossen. Noch im östlichen Deutschland siedelnd, haben die Goten *asilus,* ›Esel‹ *asinus, sakkus,* ›Sack‹ *saccus, mes,* ›Tisch‹ *mensa* – und natürlich ›Wein‹ *vinum* aus dem Lateinischen entlehnt.

Unsere – keineswegs vollständige – Zusammenstellung zeigt es: Am fruchtbarsten war der sprachliche Austausch im Bereich des Alltagslebens. Die Liste der Lehnwörter spiegelt gewissermaßen ein Mehr an Lebensqualität, das die Germanen den zivilisatorisch überlegenen Römern verdankten. Im Bereich der Staatsorganisation einschließlich des Militärs war der Einfluß des Lateinischen nicht so stark, wie man von einem bestimmten Römerbild – oder besser Klischee? – her vermuten könnte. Im Kriegswesen beschränken sich die Übernahmen auf ›Pfeil‹ *pilum,* ›Lanze‹ *lancea,* ›Kampf‹ (*campus* als Schlacht-›Feld‹), ›Wall‹ *vallum* und ›Pfahl‹ *palus.* Auf dem Gebiet der Staatsgewalt werden neben ›Caesar‹ (zu ›Kaiser‹) einige Begriffe rezipiert, die das – nicht immer nur gute – Verhältnis zu den Römern als Besatzungsmacht aufscheinen lassen: aus *toloneum* (›Abgabe‹) wird über einige frühere sprachliche Stufen ›Zoll‹, und der *carcer* wird zum ›Kerker‹.

Immerhin erfahren die in den römischen Provinzen lebenden Germanen offenbar auch nachhaltig, was ›sicher‹ bedeutet (*securus,* ›sorglos‹) – und sogar, was die Römer unter *saltare* verstehen: ›tanzen‹. Womit wir nicht mehr allzuweit von unserem Ausgangspunkt entfernt wären, dem Wein.

›Deutsche‹ Wochentage? – Von Lehnübersetzungen und Lehnübertragungen

Sprachimporte beschränken sich nicht auf Lehnwörter, die in der eigenen Sprache so assimiliert werden, daß sie als fremdstämmig kaum noch zu erkennen sind. Daneben gibt es unter anderem auch Lehnübersetzungen und Lehnübertragungen. Mit diesen Typen von Entlehnungen aus dem Lateinischen wollen wir uns am Beispiel unserer Wochentage beschäftigen. Woher kommen die Bezeichnungen für Montag und ›Co‹?

Nach Latein hört sich da eigentlich zunächst einmal nichts an. Die Bezeichnungen von ›Sonntag‹ bis ›Samstag‹ klingen ziemlich deutsch, und auch mit ihren Inhalten scheinen sie nicht in die römische Vergangenheit zu reichen. Sind sie besonders alt? Von einem Laien kaum zu beantworten!

Bei einigem Nachdenken vielleicht doch. Der Schlüssel, um das vermeintliche Rätsel des Alters zu lösen, liegt im ›Sonntag‹. Erst recht, wenn man sich ausnahmsweise einmal nicht am Englischen vergleichend orientiert, sondern an den romanischen Sprachen. Dort heißt der Sonntag nämlich *dimanche, domingo, domenica.* Mit anderen Worten: *dies dominicus,* ›Tag des Herrn‹. Die romanischen Völker haben, als sie christianisiert wurden, in ihren Volkssprachen rasch auf den christlichen ›Herrn‹ umgestellt. Die Germanen blieben bei der ›Sonne‹, weil der Begriff schon eingeführt und nicht anstößig war: Sonne und Mond hatten in ihrem heidnischen Götterhimmel keine Rolle gespielt. Die Tage waren also nicht alten heidnischen Gottheiten geweiht, sondern ›nur‹ bedeutenden Planeten.

Bekanntlich hat Kaiser Konstantin in der ersten Hälfte des 4. Jahrhunderts die Weichen für den Sieg des Christentums als Staatsreligion gestellt. Es dauerte über ein Jahrhundert, bis ein Großteil der Bewohner des Römischen Reiches tatsächlich Christen waren. Aus dem *dies Solis,* einem dem Sonnengott Sol geweihten Tag, mußte folgerichtig der *dies dominicus* werden – zumal Sol noch zu Beginn des 3. Jahrhunderts einer der größten Rivalen des christlichen Gottes in der Religionslandschaft Roms gewesen war. Die Übernahme der Planetenwoche durch die Germanen einschließlich des ›Tages der Sonne‹ muß demnach spätestens im 4. Jahrhundert erfolgt sein – sonst hätten auch die Engländer und die Deutschen den ›Herrntag‹ statt des *sunday* und ›Sonntags‹.

Es läßt sich gleichzeitig rekonstruieren, daß sich die Germanen in diesem Bereich nicht mit schlichten Lehnwörtern zufriedengeben wollten. Sie übertrugen *dies Solis* und *dies Lunae* in ihre Sprache als ›Tag der Sonne‹ und ›Tag des Mondes‹. Man spricht von Lehnübersetzungen.

Dort, wo sie eigene Gottheiten zur Verfügung hatten, die den gleichen Zuständigkeitsbereich hatten wie die entsprechenden römischen Götter, boten sich Lehnübertragungen an. Das war beim *dies Iovis,* dem ›Tag des Jupiter‹, und dem *dies Veneris,* dem ›Tag der Venus‹, möglich. Die germanischen Gottheiten Donar und Freya nahmen in der religiösen Vorstellungswelt der Germanen ähnliche Aufgaben wahr wie Jupiter und Venus – also ›Donnerstag‹ und ›Freitag‹.

Beim Dienstag wurde genauso ›lehnübertragen‹. Dem römischen Kriegsgott Mars als ›Inhaber‹ des Tages wurde eine germanische Gottheit gleichgestellt, die ›Teiwa‹, ›Tyr‹ oder ähnlich, althochdeutsch ›Ziu‹, hieß. Die Sache kompliziert sich allerdings durch einen im Niederrheinischen verehrten Mars Thingsius, der möglicherweise als Schutzpatron des Thing, der germanischen Gerichtsversammlung, galt. In unserem Zusammenhang kann die unter Sprachforschern heiß umkämpfte Frage offenbleiben. Fest steht: Mars wurde als germanischer Teiwa oder Thingsius übernommen.

Der Mittwoch fällt erkennbar aus der Systematik heraus. Die Bezeichnung ist deutlich jünger als die der anderen Wochentage. Denn zunächst wurde der *dies Mercurii,* ›Tag des Merkur‹, konsequent als ›Tag des Wotan‹ (englisch *wednesday*) ›lehnübertragen‹. Der göttliche Wanderer Wotan erinnerte an Merkur, den römischen Gott des Handels und Wandels. Die Umbenennung in ›Mittwoch‹ folgte der jüdisch-christlichen Bezeichnung ›Mitte der Woche‹, mittellateinisch *media hebdomas;* die Hintergründe dieses Namenswechsels liegen im dunkeln. Der ›Samstag‹ schließlich, lateinisch *dies Saturni,* ›Tag des Saturn‹, scheint ein schlichtes Lehnwort zu sein – jedenfalls was seinen ersten Teil angeht: Ein germanischer Göttername ist ›Sam‹ bestimmt nicht.

Deutsch – ›nur‹ eine Stieftochter des Lateinischen

Sprachgeschichte ist eine spannende, aber häufig auch recht komplizierte Materie. Das mögen die letzten Ausführungen gezeigt haben – obwohl sie sehr an der Oberfläche geblieben sind und allenfalls einen Einblick in die Komplexität wissenschaftlicher Forschung in diesem Bereich vermittelt haben. Wir nutzen die Gelegenheit zu einer grundsätzlichen Bemerkung. In unserer Darstellung beziehen wir uns stets auf wissenschaftliche Ergebnisse. Diese Ergebnisse sind indes im Einzelfall nicht immer so gesichert, daß andere Wissenschaftler nicht widersprächen. Hinter der einen oder anderen etymologischen Ableitung eines deutschen von einem lateinischen Wort könnte also durchaus ein Fragezeichen stehen – aber wirklich nur hinter *einigen.* Zugunsten einer besseren Lesbarkeit der Darstellung verzichten wir auf gelehrte Auseinandersetzungen des Für und Wider. *Romdeutsch* will Blicke hinter die Kulissen von Sprachgeschichte, nicht in die Tiefen oder Untiefen wissenschaftlicher Kontroversen werfen.

Und noch ein weiterer ›Warnhinweis‹. Die von uns ausgeschriebenen Formen der germanischen und deutschen Wörter sind die zur Zeit aktuellen. Sie haben sich zum Teil über mehrere Stufen zu der heutigen Schreibweise und Aussprache hin entwickelt. *Caesar* zum Beispiel ist über die Varianten *kaisar* (gotisch), *keisar* (althochdeutsch) zu ›Kaiser‹ geworden, *fenestra* über althochdeutsch *fenstar* zu ›Fenster‹. Das sind zwei einfache und übersichtliche Beispiele. Es gibt erheblich längere Entwicklungsketten. Sie aufzuzeigen würde unsere Darstellung überfrachten und durch zu viel Spezielles vom Grundsätzlichen ablenken. Und wohl auch die Geduld vieler Leser überstrapazieren.

Im Unterschied zu anderen Ländern hat sich das Lateinische im germanischen Sprachraum als Volkssprache nicht durchsetzen können. Auf der Iberischen Halbinsel hatte die Sprache der Eroberer länger Zeit, sich zu etablieren, ebenfalls im früher unterworfenen südfranzösischen Raum: Die ›Provence‹ trägt noch heute den Namen der römischen *provincia.* Das übrige Gallien hatte, von Caesar in den fünfziger Jahren des 1. Jahrhunderts v. Chr. unterworfen, zum Teil nur wenige Jahrzehnte ›Vorsprung‹ vor der dauerhaften Expansion Roms im Westen und Süden Germaniens. Das reichte, um später das Französische als Tochtersprache auszubilden, die aus dem Vulgärlatein, der Sprache der einfachen Leute, hervorging – so wie sich das Italienische in Italien und Spanisch und Portugiesisch auf der Iberischen Halbinsel als romanische Sprachen aus dem Lateinischen entwickelt haben.

In ›Germanien‹ – das war im übrigen ein römischer Sammelname für zahlreiche Stämme, die sich keineswegs als gemeinsame ›Nation‹ definierten – faßte das Lateinische nur als Sprache der Kolonisatoren Fuß. Die Romanisierung großer Teile des linksrheinischen Germaniens war, was die materielle Kultur angeht, beeindruckend. Sprachlich aber paßten sich die Germanen nur an, indem sie lateinische Begriffe übernahmen und sie als Lehnwörter ›germanisierten‹. Eine grundsätzliche Übernahme des ›Römischen‹ kam für sie nicht in Frage – auch wenn viele ihrer Städte lateinische Namen trugen: Colonia Agrippina (Köln), Augusta Treverorum (Trier), Mogontiacum (Mainz), Confluentes (›zusammenfließende‹ Flüsse; Koblenz), Novaesium (Neuss), Castra Regina (Regensburg), Augusta Vindelicorum (Augsburg) oder Cambodunum (Kempten). Die Geschichte zeigt, daß man solche Namen auch de-latinisieren kann...

Engel und Teufel – Einsam auf dem christlichen Lehnwort-Posten

Zurückhaltend waren die Germanen auch gegenüber dem Christentum. Zwar gab es im römischen Germanien christliche Gemeinden, aber sie spielten im religiösen und gesellschaftlichen Leben offenkundig nur eine untergeordnete Rolle. Das ergibt sich aus dem sprachlichen Befund: Die Zahl der frühen christlichen Lehnwörter ist sehr gering. Einige davon sind zudem noch Übernahmen aus dem Griechischen. Das erklärt sich möglicherweise damit, daß hier und da Menschen, die aus dem griechischsprachigen Osten des Römischen Reiches stammten, in den Christengemeinden besonders aktiv waren. ›Kirche‹ jedenfalls ist von griechisch *kyrikon* entlehnt, ›das dem Herrn zugehörige‹ Gebäude. Hier setzte sich ein ›Modewort‹ gegenüber dem üblichen (latinisierten) Begriff *ecclesia* durch, der in den romanischen Sprachen als *église, iglesia* und *chiesa* weiterlebt.

Andere zentrale Begriffe des Christentums stammen zwar auch aus dem Griechischen, wurden aber früh vom Lateinischen aufgenommen: ›Engel‹ *angelus* und ›Teufel‹ *diabolus* mit dem ›Bischof‹ *episcopus* in der Mitten. Genuin lateinischen Ursprungs sind nur zwei germanische Lehnwörter aus früher Zeit (spätestens im 6. Jahrhundert übernommen): Zum einen ›opfern‹, das sowohl auf *offerre* (›anbieten‹; ›darbringen‹) als auch auf das mit *offerre* zeitweise synonym gebrauchte *operari* (ursprünglich ›arbeiten‹) zurückgeht, zum anderen der ›Segen‹. Er wird im christlichen Rahmen bekanntlich ›im Zeichen‹ des Kreuzes erteilt; *signum* ist das ›Zeichen‹, das dem ›Segen‹, *signare* das ›Zeichnen‹, das dem ›Segnen‹ sprachlich zugrunde liegt.

Nicht wegzudenken aus der christlichen Botschaft – der Begriff der ›Sünde‹. Ob sie indes als Lehnwort aus dem Lateinischen gelten kann, ist unter Sprachwissenschaftlern höchst umstritten. Bei der Suche nach einem ›passenden‹ germanischen Ursprungswort sind sie nicht recht fündig geworden. Daher böte sich lateinisch *sons,* ›schuldig‹, durchaus als Grundlage einer Entlehnung an. Dagegen spricht, daß die lateinischen ›Fachbegriffe‹ für ›Sünde‹ *peccatum* und *delictum* waren und mit *sons* im christlichen Latein kein der christlichen Sünde ›Schuldiger‹ bezeichnet zu werden pflegte. Wir lassen die Streitfrage, um uns nicht gegen den Geist der Sprachwissenschaft zu versündigen, offen.

Gegenüber den rund 600 Lehnwörtern, die zu Zeiten der Germania Romana ins vordeutsche Sprachgut eingegangen sind, war der Sprachtransfer christlicher Lateinvokabeln wenig intensiv. Das sollte sich ein paar Jahrhunderte später ändern. Zunächst aber kamen die ›Dark Ages‹ der Völkerwanderungszeit und des Zusammenbruchs der römischen Herrschaft in Germanien dazwischen. Sie gingen mit einem herben Verlust an Zivilisationstechniken und einem Kulturverfall einher, der auch den sprachlichen Austausch zwischen dem Lateinischen und den germanischen Volkssprachen weitgehend zum Erliegen brachte.

Kloster, Bier und das früheste ›deutsch‹ auf lateinisch

Im 8. Jahrhundert ging diese Übergangszeit allmählich zu Ende. Vor allem von den Britischen Inseln her kamen christliche Missionare ins germanische Land. Sie brachten – was gar nicht so leicht war – Glauben und – was zumindest ausweislich eines neuen Schubes von

›Romdeutsch‹ leichter gewesen zu sein scheint – Kultur ins kulturell darniederliegende Germanien. Freilich nicht Kultur für alle: Der Aufschwung ging vor allem von den Klöstern aus und strahlte von dort in die Umgebung ab. Er war dank der Kirchensprache Latein, so verwildert sie sich auch darstellen mochte, stark genug, um dem in der Entstehung begriffenen Deutschen neue Lehnwörter zuzuführen, die im geistigen Anspruch der bezeichneten Dinge deutlich über den ›Wein-Geist‹ der ersten Entlehnungsstufe hinausgingen.

›Kloster‹ selbst ist ein Lehnwort. Es leitet sich ab von *claudere,* ›schließen‹. In der klösterlichen Abgeschlossenheit wurden Kulturtechniken über die dunklen Jahrhunderte des Frühmittelalters hinübergerettet, die nun ihren begrifflichen Weg auch ins Deutsche fanden. Kaum jemand außer den Klerikern konnte damals das, was das Lateinische als *legere* und *scribere* bezeichnete: ›lesen‹ und ›schreiben‹. Auch die ›Tinte‹ (*tinctura,* von *tingere,* ›färben‹) kam in Gebrauch, ebenso das ›Pergament‹ *pergamentum,* der ›Brief‹ (*breve scriptum,* ›kurze Mitteilung‹) und die ›Tafel‹ *tabula.* Damit nicht nur die Mönche (*monachus;* daher *ad monachos,* ›bei den Mönchen‹, ›München‹), Äbte *abbas* und Pröpste (*propositus,* ›vorangestellt‹) ihren noch etwas unsicheren christlichen Schäfchen (›Kantonisten‹ werden erst später über italienisch *canto,* ›Winkel‹, ›Ecke‹, zurückgehend auf lateinisch *canthus,* ›Radfelge‹, geprägt) predigen (*praedicare,* ›öffentlich verkünden‹) und danach trachten (*tractare,* ›sich mit etwas beschäftigen‹) konnten, sie mit geistlicher und geistiger Nahrung zu laben (*lavare,* ›waschen‹), wurde zusätzlich eine segensreiche Institution ins Lehnwort-Leben gerufen, die noch heute die Vermittlung kultivierter Kulturtechniken (einschließlich des Lateinischen!) betreibt: die Schule *schola.*

Auch der Kloster-Garten (zumindest verwandt mit lateinisch *hortus,* ›Garten‹) bekam damals reichlichen Lehnwort-Zuwachs: Lilien *lilium,* Rosen *rosa,* Lattich *lat-*

tuca, Salbei *salvegia* und Petersilie *petrosilium* haben wohl von dort aus damals ihren – nicht nur sprachlichen – Siegeszug auf germanischen Beeten angetreten. In die gleiche Zeit – wir sind im 8. beziehungsweise 9. Jahrhundert – fällt auch die sprachliche Prägung kulinarischer Köstlichkeiten wie ›Brezel‹ (letztlich auf lateinisch *bracchia,* ›Arme‹, zurückzuführen, wegen der Form verschlungener Arme) und ›Bier‹.

Der Ursprung des letzteren Wortes ist allerdings umstritten. Wie könnte es bei einem deutschen Nationalgetränk auch anders sein? Ist wirklich *bibere,* ›trinken‹, das lateinische Ursprungswort? Das ließe, was die Gepflogenheiten des Trinkens angeht, tief blicken. Auch wenn unser Herz fürs Lateinische schlägt – *wir* lösen keinen etymologischen Bierkrieg aus...

Bier von *bibere* oder nicht – das ist allenfalls ein Nebenschauplatz in der Beziehung zwischen dem Althochdeutschen und dem Lateinischen, das sich allmählich zum Mittellateinischen weiterentwickelte. Das Verhältnis der beiden Sprachen war nicht gespannt oder belastet. Es war durch eine friedliche Koexistenz geprägt. Wenn Karl der Große in der zweiten Hälfte des 8. Jahrhunderts gleichzeitig das Deutsche in seinem Herrschaftsgebiet förderte *und* den frommen, aber vielfach nicht mehr ganz so gelehrten Klosterbrüdern die Leviten las und ein besseres Latein von ihnen einforderte, so war das kein Widerspruch. Abgrenzung und Austausch schlossen einander nicht aus. Das zeigt sich an zwei eng beieinanderliegenden geschichtlichen Daten von großer Bedeutung für die deutsche Kultur- und Geistesgeschichte.

Das eine ist der Bericht eines päpstlichen Nuntius aus dem Jahre 786 über eine Synode in England. Georg von Ostia teilt darin mit, er habe die auf der Versammlung gefaßten Beschlüsse allen Teilnehmern noch einmal vorlesen lassen, und zwar *tam latine quam theodisce, quo omnes intellegere potuissent,* »sowohl lateinisch als auch *theodisce,* damit alle es verstehen konnten«. Das Adverb *theodisce* meint offensichtlich die Volkssprache ›Deutsch‹. Und das heißt: Der älteste Beleg für ›deutsch‹ ist, lange bevor er in der Volkssprache selbst bezeugt ist, in lateinischer ›Übersetzung‹ überliefert! Auf der anderen Seite dient er schon auf der Synode einer klaren Abgrenzung von der Klerikersprache Latein. Latein und Deutsch erscheinen so gesehen als Sprachkonkurrenten.

Das andere epochale Ereignis liegt etwa zwanzig Jahre davor. In den sechziger Jahren des 8. Jahrhunderts erschien das erste deutsche Buch, das wir kennen. Merkwürdig nur, daß die Germanisten es *Abrogans* getauft, ihm also einen lateinischen Namen gegeben haben! Der Grund dafür ist schnell genannt: *abrogans* ist das erste Wort dieses Buches – es ist ein lateinisch-deutsches Wörterbuch, vom Bischof Arbeo von Freising in Auftrag gegeben und von einem klugen Mönch zusammengestellt. Schon ein flüchtiger Blick in den *Abrogans* läßt erkennen, daß der arme Mann eine undankbare Aufgabe aufgehalst bekommen hatte, die ihn sicherlich oft genug an den Rand der Verzweiflung getrieben hat. Das Deutsche war noch viel zuwenig entwickelt und differenziert, als daß es für die feinen Bedeutungsunterschiede zwischen den lateinischen Begriffen ausreichend Wörter zur Verfügung gehabt hätte. Und dennoch: Das Unternehmen Wörterbuch war auch Ausdruck eines gestiegenen Selbstbewußtseins der Volkssprache. Sie stellte sich, so unbeholfen und ungenau das an vielen Stellen geriet, *neben* das Lateinische.

Warum der Fortschritt aus dem Lateinischen kommt

Und sie scheute sich nicht, die *regina linguarum,* ›Königin der Sprachen‹, für ihre Bedürfnisse zu nutzen und sie gleichsam sprachlich anzuzapfen. Lehnwörter waren die eine Quelle, den zweiten Zufluß zum ›Romdeutsch‹ stellten Lehnübersetzungen dar. Und dieser Zufluß strömte überaus reichlich – ohne daß wir Heutigen überhaupt auf den Gedanken kämen, daß auch bei diesen Wortschöpfungen die lateinische Sprache Pate gestanden hat.

Am Beispiel von ›Sonntag‹ und ›Montag‹ haben wir Lehnübersetzungen schon kennengelernt. Das Prinzip ist leicht durchschaubar. Die ›nehmende‹ Sprache bereichert ihren Wortschatz, indem sie zusammengesetzte Wörter der ›Vorbildsprache‹ in ihre einzelnen Bestandteile zerlegt, diese in eigene Begriffe übersetzt und dann wieder zusammenführt. Aus der Fülle dieser Lehnübersetzungen greifen wir nur einige heraus. ›Ge-wissen‹ (aus *con-scientia; scire,* ›wissen‹) gehört ebenso dazu wie ›Mit-leid‹ *com-passio,* ›um-geben‹ *circum-dare* ebenso wie ›an-fangen‹ (*in-cipere,* aus *capere,* ›fangen‹, ›fassen‹), ›ankommen‹ *ad-venire* ebenso wie ›ent-schuldigen‹ *ex-culpare,* ›Ein-fluß‹ *in-fluentia,* ›Ein-sicht‹ *in-spectio* und ›unterschreiben‹ *sub-scribere.*

›Ent-wickeln‹ ist lateinisch *ex-plicare,* ›Um-stände‹ sind *circum-stantia,* ›un-er-bitt-lich‹ ist *in-ex-ora-bilis.* Um mit Rück-sicht *re-spectus* auf die Leser die Darstellung von weiteren Beispielen zu ent-lasten *ex-onerare,* ergeht nur noch eine in-ständige *in-stare* Bitte:

Prägt es euch ein! Der hervorragende Fortschritt der deutschen Sprache entwickelt sich aus und ist Ausdruck der umsichtigen Vorbereitung, ja Erleuchtung der römischen Sprachmeister, die ihren germanischen Sprachschülern unermeßliche Wohltaten in vervielfältigten Handschriften kaum zufällig, sondern wie durch Vorbestimmung an die Hand gegeben haben.

Haben Sie, verehrte Leser, gemerkt, wie Sie mit Lehnübersetzungen aus dem Lateinischen regelrecht überschüttet worden sind? ›Ein-prägen‹ *im-primere,* ›hervorragend‹ *e-minens; ex-cellens;* ›Fort-schritt‹ *pro-gressio;* ›entwickeln‹ *ex-plicare;* ›Aus-druck‹ *ex-pressio;* ›Um-sicht‹ *circum-spectus;* ›Vor-bereitung‹ *prae-para-tio,* ›Er-leuchtung‹ *il-lumina-tio;* ›un-ermeßlich‹ *im-mensus;* ›Wohl-tat‹ *bene-ficium;* ›verviel-fältigen‹ *multi-plicare;* ›Hand-schrift‹ *manu-scriptum;* ›zu-fällig‹ *ac-cidens;* ›Vor-bestimm-ung‹ *prae-destina-tio;* ›an die Hand geben‹ *man(u)-dare.*

Für Freunde der Sprache der alten Römer eine gewisse Genug-tuung *satis-factio:* Latein ist wahr-scheinlich *veri-similis* un-fehl-bar *in-falli-bilis,* ein wahrer Schutzengel *angelus tutelaris* des Deutschen und sein größter sprachlicher Gläubiger *creditor.* Solche Ein-sichten *in-spectio* kann man nicht oft genug wieder-holen *re-petere.* Doch nun genug des Zwischen-spiels *inter-ludium!*

»Eindruck hervorgerufen?« *im-pressio, pro-vocare* – »Außerordentlichen!« *extra-ordinarius*

Mit Lehnübersetzungen hat sich das Deutsche im übrigen nicht nur aus dem Lateinischen bedient. In späteren Zeiten dienten auch andere Sprachen als Reservoir. Der ›Schwarzmarkt‹ zum Beispiel ist eine Übersetzung des französischen *marché noir,* die ›öffentliche Meinung‹ entspricht der *opinion publique* und die ›Tagesordnung‹ ist ursprünglich *the order of the day.* Für die wirklich wichtigen Dinge im Leben verläßt sich das Deutsche freilich lieber aufs (Mittel-)Lateinische: Oder hätten Sie etwa nicht erwartet, daß das ›Hühnerauge‹ eine Lehnübersetzung von *oculus pullinus* ist?

Auf ewig glücklich – Hebammendienste bei der ›Christianisierung‹ des Deutschen

Die weitere Ausbildung des Deutschen vollzieht sich in intensivem Kontakt mit dem Mittellateinischen, das bis weit ins Mittelalter hinein selbstverständliche und unangefochtene Schriftsprache blieb. Die mittellateinische Literatur wurzelt stark in der christlichen Vorstellungswelt. Für die Entwicklung der deutschen Volkssprache war das eine ungeheure Herausforderung. Wenn sie das gelehrte Latein jemals ersetzen oder auch nur in der dann notwendigen begrifflichen Differenziertheit mit ihm konkurrieren wollte, blieb ihr keine Wahl. Sie mußte Begriffe oder neue Bedeutungsinhalte kreieren, die der christlichen Vorstellungswelt entsprachen.

Ein spannender, vielschichtiger Prozeß, den wir in unserem Zusammenhang nur streifen können. Mit ›Romdeutsch‹ hat diese Entwicklung insofern zu tun, als die lateinische Literatur des Mittelalters sozusagen der Katalysator für diese Bereicherung des Deutschen gewesen ist. Wie konnte man *beatus* im spezifisch christlichen Sinne wiedergeben? Das Germanische kannte ein Wort für das irdische Glücklich-Sein. Das war althochdeutsch *salig* (selig). Von der christlichen Vorstellung von ›glücklich‹ war ›selig‹ weit entfernt – bis sich die Übersetzung von *beatus* in christlichen Texten mit ›selig‹ durchsetzte. Damit war das Wort allerdings für die ›weltliche‹ Bedeutung von ›glücklich‹ verloren – ein neuer Begriff mußte dafür geprägt werden.

Ähnlich verlief der Bedeutungswandel bei *saiwala* beziehungsweise *sela*, den gotisch-althochdeutschen Vorläufern von ›Seele‹. Die traditionelle Seelen-Vorstellung der Germanen hatte mit der christlichen wenig zu tun. Daß bereits der lebende Mensch die Seele als nach seinem leiblichen Tode Überdauerndes, ja als sein eigentliches Sein in sich trägt, ist eine christliche Vorstellung. Der lateinische ›Spezialbegriff‹ dafür ist *anima*. Je häufiger *anima* in volkssprachlichen Übersetzungen mit ›Seele‹ wiedergegeben wurde, um so stärker füllte sich der alte germanische Begriff mit dem neuen christlichen Bedeutungsgehalt.

Ganz ähnlich wird althochdeutsch ›ewig‹ über lateinisch *aeternus* ›christianisiert‹. ›Ewig‹ war ein altes germanisches Erbwort, das ursprünglich ›Lebensdauer‹ oder

›lange Dauer‹ bedeutet hat. In Verbindung mit der christlichen *anima* erweitert sich diese lange, aber doch begrenzte Dauer notwendigerweise zu einer unbegrenzt, eben ›ewig‹ währenden.

Das alles sind Lehnübersetzungen, durch die sich der Sinngehalt alter germanischer Wörter über die Begegnung und Auseinandersetzung mit christlich-lateinischen Synonymen – die freilich nur scheinbare Synonyme sind – gründlich wandelt. Die Begriffe werden gewissermaßen christlich missioniert. Manche sperren sich dagegen. Die Alltagsverwendung will nicht recht nachgeben, behauptet ihre Deutungshoheit über den Begriff. So verhält es sich im Falle des *atum,* ›Atems‹. Seine ›Christianisierung‹ über lateinisch *spiritus,* ›Gottes Geist‹, schlägt fehl. Der ursprünglich gemeinte ›kreatürliche‹ Atem – das Atmen zum Luftholen – läßt sich nicht verdrängen. Aber *spiritus* benötigt eine angemessene, unmißverständliche Übersetzung. Ein neuer Begriff wird gesucht – und unter angelsächsischer Mithilfe in ›Geist‹ gefunden. Geburtshelferdienste bei der sprachlichen Differenzierung des Deutschen hat, weil es einen *Fach*begriff in der Übertragung verlangte, das Lateinische geleistet.

Eine Hebammenfunktion, die der Übersetzung aus dem Lateinischen noch heute, wenn auch unter anderem Vorzeichen, im schulischen Lateinunterricht zukommt. Wird das Übersetzen richtig betrieben, so lernen Schüler, den passenden Begriff aus dem mittlerweile recht üppigen semantischen Spektrum ihrer Muttersprache Deutsch herauszufinden. Was vor einem Jahrtausend beim Übersetzen aus dem Lateinischen die Begriffs*prägung* war, ist heute die richtige Begriffs*findung.* Der Weg zu differenziertem Deutsch ist der gleiche geblieben: Er führt über Latein – damals notwendigerweise, heutzutage möglicher- und, wenn man sich manchen sprachlich defizitären Deutschunterricht vergegenwärtigt, auch wünschenswerterweise.

Latein hat der deutschen Sprache in ihrer Entstehungszeit kräftig auf die Sprünge geholfen. Besonders gedankt hat sie das dem Lateinischen nicht. Denn statt deren ›Verdienste‹ klar zu dokumentieren, hat sie alles getan, um die sprachliche Entwicklungshilfe zu kaschieren: Lehnwörter und Lehnübersetzungen sind so geschickt eingedeutscht worden, daß sie als solche kaum oder gar nicht mehr zu erkennen sind – sprachliche Mimikry in Perfektion.

Furunkel und Monstranzen, Advokaten und Diskurse – Wissenschaftssprache Latein

Mit erweitertem und differenziertem Wortschatz ließ es sich selbstbewußt großzügig sein. Mit anderen Worten: Es schlug die Stunde der Fremdwörter, das heißt derjenigen Übernahmen, deren sprachliche Herkunft nicht mehr durch unbedingte Anpassung vernebelt wurde. Diese Entwicklung begann im späten Mittelalter und gewann in der Zeit des Humanismus im 15. und 16. Jahrhundert an Fahrt. Motor dieser neuen Phase von ›Romdeutsch‹ war – natürlich – das Lateinische. Genauer gesagt: die Kirchen-, Hochschul- und Wissenschaftssprache Latein.

Die Medizin entstellte die Sprache durch ›Furunkel‹ (*furunculus,* ›kleiner Dieb‹, der Blut und Körpersäfte stiehlt) und ›Karbunkel‹ (*carbunculus,* ›kleine Kohle‹; Hautpartie, die ›schwarz‹ ist von Furunkeln); führte ihr ›Klistiere‹ (*clysterium,* ›Einlauf‹) ein und quälte sie mit ›Koliken‹ (*colon,* ›Teil des Darms‹; ursprünglich ein griechisches Wort), versöhnte sie aber auch mit heilsamen ›Mixturen‹ (*mixtura,* ›Mischung‹) und lindernden ›Medikamenten‹ (*medicamentum,* ›Heilmittel‹). Die Heilkunst selbst hüllte sich seit dem Spätmittelalter kaum verändert in ein deutsches Namens-Gewand: Aus *medicina* wurde ›Medizin‹.

Die Alchemie brachte ›Tinkturen‹ (*tinctura,* ›Färbung‹), ›Essenzen‹ (mittellateinisch *essentia,* ›Wesen‹, ›Substanz‹) und ›Extrakte‹ (*extractum,* ›Herausgezogenes‹, ›Auszug‹) ins Deutsche, die Astronomie das ›Firmament‹ (*firmamentum,* ›Himmel‹) und den ›Orient‹ (*sol oriens,* ›aufgehende Sonne‹, ›Osten‹). Die Mathematik brachte dem Deutschen das ›Addieren‹ (*addere,* ›hinzugeben‹) und ›Subtrahieren‹ (*subtrahere,* ›abziehen‹), das ›Dividieren‹ (*dividere,* ›teilen‹) und das ›Multiplizieren‹ (*multiplicare,* ›vervielfachen‹) bei und beglückte es geometrisch mit dem ›Zirkel‹ (*circulus,* ›Kreis‹).

Der Kirchenmusik verdanken wir ›Terz‹, ›Quarte‹ und ›Quinte‹ (*tertia, quarta, quinta;* ›dritter‹, ›vierter‹, ›fünfter‹ Ton vom Grundton aus); den ›Takt‹ (*tactus,* ›Berührung‹), die ›Note‹ (*nota,* ›Zeichen‹) und, weil sich auch damals mitunter falsche Töne einschlichen, die ›Dissonanz‹ (*dissonare,* ›auseinander tönen‹). Die Juristen schmuggelten unter anderem den ›Delinquenten‹ (*delinquens,* ›einer, der sich vergeht‹) und den ›Prozeß‹ (*processus,* ›Fortgang‹; mittellateinisch ›Rechtsstreit‹), den ›Advokaten‹ (*advocatus,* ›Herbeigerufener‹) und die ›Kaution‹ (*cautio,* ›Vorsicht‹, ›Sicherheit‹) ins deutsche Sprachgut ein – sowie sogar den ›Protest‹ (*protestari,* ›öffentlich bezeugen‹, daß man Rechtsmittel einlegt).

Aus der Kirchensprache fanden neben zahlreichen anderen Ausdrücken die ›Prozession‹ (*processio,* ›Vorangehen‹) und die ›Tonsur‹ (*tonsura,* ›Abscheren‹), die ›Reliquie‹ (*reliquiae,* ›Überreste‹) und die ›Monstranz‹ (*monstrantia,* ›zeigende Gefäße‹) ins Deutsche. Auch der ›Hokuspokus‹ kommt aus dem christlichen Umfeld, doch hat es damit eine ganz besondere Bewandtnis. Mehr wird an dieser Stelle noch nicht verraten.

In allen Wissenschaften hatte man es mit ›Texten‹ (*textus,* ›Gewebe‹) und ›Traktaten‹ (*tractatus,* ›Abhandlung‹), ›Disputationen‹ (*disputatio,* ›Erörterung‹) und ›Argumenten‹ (*argumentum,* ›Beweis‹), ›Definitionen‹

(*definitio,* ›Abgrenzung‹) und ›Diskursen‹ (*discursus,* ›Auseinanderlaufen‹ als wissenschaftlicher ›Streifzug‹) zu tun, an denen ›Professoren‹ (*professor,* ›öffentlicher Lehrer‹) ebenso beteiligt waren wie ›Studenten‹ (*studens,* ›sich Bemühender‹). Damals entstanden die – nicht immer beliebten – ›Fakultäten‹ (*facultas,* ›Vermögen‹, daraus besondere ›Fähigkeit‹ als ›Wissenschaftszweig‹) und die – stets geliebten – ›Ferien‹ (*feriae,* ›Ruhetage‹, ›freie Zeit‹). Die aufstrebende neue Zunft der Buchdrucker steuerte rasch schon Fachbegriffe wie ›Pagina‹ (*pagina,* ›Blatt Papier‹, ›Seite‹), ›Initiale‹ (*initium,* ›Anfang‹, daher verzierter ›Anfangsbuchstabe‹ eines Werkes) und ›Faksimile‹ bei (*fac simile,* ›mach ähnlich‹; daher ›originalgetreuer Nachdruck‹; lateinbewußte Kreise sprechen auch heute noch vom ›Faksimile‹ statt vom ›Fax‹).

Die erwähnten Begriffe stehen stellvertretend für viele andere, die damals aus der – ausschließlich in lateinischer Sprache betriebenen – Wissenschaft ins Deutsche gelangten. Insgesamt waren es rund 500 lateinischstämmige Fremdwörter, die das Deutsche in der Renaissance aufnahm. Die Wissenschaftler machten in der Ära der ›Wiedergeburt‹ der Antike mit Hilfe von Namensumwandlungen deutlich, was sie von ›ihrer‹ Sprache hielten: Ein schlichter deutscher ›Hafermann‹ schrieb seine Traktate nunmehr als respektierter Avenarius (*avena,* ›Hafer‹), ein derber ›Bauer‹ wurde zum feinsinnigen ›Agricola‹, ein gemeiner ›Schmied‹ mutierte zum anspruchsvollen ›Faber‹, ein gewisser Joschka hätte sich damals, wenn er die Pluralbildung von ›Visum‹ (siehe Seite 295 f.) besser beherrscht hätte, ›Piscator‹ und ein ›Romdeutsch‹-Chronist hätte sich ›Textor‹ nennen können.

Was ist bloß daraus geworden! Eines jedenfalls gewöhnte man sich schon damals an, wenn man mit den Zeitläuften haderte: Frei nach Cicero mit einem nostalgischen *o tempora, o mores!* aufzustöhnen, ›o Zeiten, o Sitten!‹

Lateinischer Satzbau – nein, danke!

So war das damals eben: Latein war ausgesprochen ›in‹. Im Zeichen des Humanismus wurde die Antike neu entdeckt, wurden die ›Klassiker‹ wieder gelesen, ja geradezu verschlungen, florierte das Lateinische als selbstverständliche Sprache der Wissenschaften mehr als je zuvor in den tausend vorangegangenen Jahren. Im 16. Jahrhundert erschien die ganz überwiegende Zahl der in Deutschland gedruckten Bücher in lateinischer Sprache. Auch wenn das Deutsche im Laufe der nächsten beiden Jahrhunderte Boden gutmachte, war zu Beginn des 18. Jahrhunderts noch jedes dritte Buch lateinisch geschrieben. Literaten waren in aller Regel zweisprachig. Es kam gar nicht selten vor, daß sie ein Werk zunächst lateinisch entwarfen und es dann ins Deutsche übersetzten.

Diese Latein-Begeisterung hatte allerdings ihren stilistischen Preis. War das Lateinische vorher hauptsächlich als lexikalisches Reservoir genutzt worden, so fanden jetzt auch syntaktische Eigenarten ins Deutsche Eingang, die spezifisch für das Lateinische, aber eher untypisch für das Deutsche waren. Heutiges deutsches Stilempfinden lehnt diese Einflüsse weitgehend ab. Ganz oben auf der Liste stilistischer Untugenden stehen Schachtelsätze: Endlos-Konstruktionen mit einem komplizierten Geflecht miteinander verwobener und voneinander abhängiger Nebensätze. Was in Ciceros durch musikalische Rhythmen gegliederten Perioden kunstvolle und durchaus luzide Sprachmächtigkeit verströmt, wirkt im Deutschen oft gewollt, umständlich und hölzern – freilich nicht bei Meistern wie Thomas Mann!

›Sünde‹ Nummer zwei ist in gewisser Weise der sprachliche Gegenpol dazu – eine ›abgehackte‹, unfreundlich-distanzierte Kanzleisprache, die zum Beispiel auf den Artikel verzichten zu können glaubt, weil das Lateinische ja auch ohne ihn auskommt: »Angeklagter entgegnet«,

»Erschienener zu 2.« Wer mehr davon genießen möchte, lese Briefe ›vom Amt‹ – oder noch besser juristische Schriftsätze.

Deutlich zurückgebildet hat sich die damals aufgekommene Mode, lateinische Partizipialkonstruktionen nachzuahmen – einschließlich des Ablativus absolutus, der im Deutschen als absoluter Akkusativ oder Genitiv daherkam: »Dies gesagt, machten wir uns an die Arbeit«. Spuren solcher absoluten Partizipien finden sich noch heute in der Alltagssprache, ohne daß wir sie als solche wahrnähmen. Das Kürzel ›ggf.‹ ist eine solche: ›gegebenen Falls‹ steht für »wenn der Fall gegeben ist«. Oder auch ›unverrichteter Dinge‹: Das ist die Kurzform für den Nebensatz »obwohl die Dinge nicht verrichtet sind«. Die Patenschaft für die absoluten Genitivkonstruktionen liegt allerdings mehr beim Griechischen als beim Lateinischen. Das braucht nicht zu verwundern, verfügt doch das Deutsche über keinen Ablativ, wohl aber über den Genitiv. Wenn man schon das Lateinische nicht unmittelbar nachahmen konnte, dann wenigstens über das griechische Vorbild...

Bravo, Italienisch! – Den Bankern, Soldaten und Musikanten auf der Spur

Neben die direkten Latein-Einflüsse treten fast gleichzeitig, etwas früher, nämlich schon am Ende des 14. Jahrhunderts, indirekte Wort-Übernahmen aus dem Lateinischen. Und zwar aus den romanischen Sprachen, namentlich dem Italienischen. Dem vergleichsweise hochentwickelten Bankenwesen Italiens verdankt das Deutsche fundamentale Begriffe der Kaufmannssprache, darunter das ›Konto‹ (*conto,* lateinisch *computus,* ›Rechnung‹), die ›Kasse‹ (*cassa,* aus *capsa,* ›Behälter‹), ›brutto‹ (aus *brutus,* ›roh‹) und ›netto‹ (*nitidus,* ›rein‹), ›Kredit‹ (*credito,* von *credere,* ›anvertrauen‹), ›Kapital‹ (*caput,* ›Haupt‹-Summe gegenüber den Zinsen), ›Bilanz‹ (*bilancio,* aus *bilanx,* ›doppelte Waagschalen habend‹), aber auch das ›Risiko‹ (*rischio,* von vulgärlateinisch *resecutum,* ›Abgeschnittenes‹, ›Felsklippe‹, ›Gefahr‹) und den ›Bankrott‹ (*banca rotta,* ›zusammengebrochene Bank‹; *rotto* von lateinisch *ruptus,* ›zerbrochen‹).

Meistens läuten die Alarmglocken zu spät, um den Bankrott noch abzuwenden. ›Alarm‹ zu rufen war damals im Deutschen aber immerhin grundsätzlich möglich, denn das Wort hat sich zur gleichen Zeit eingebürgert. Es ist eine Kurzform zu *alle arme,* ›zu den Waffen‹, lateinisch *ad arma,* und gehört zu einem zweiten wichtigen Entlehnungs-Wortfeld aus dem Italienischen: Begriffen der Soldatensprache. Die ›Kavallerie‹ (*caballicare,* vulgärlateinisch ›reiten‹), nahm das Deutsche damals ebenso auf wie das ›Kommando‹ (*commendare,* ›empfehlen‹, ›anvertrauen‹), die ›Granate‹ (wohl wegen des vergleichbaren Aussehens aus *granatum,* ›Granatapfel‹) und den damit hantierenden ›Grenadier‹, ›Handgranatenwerfer‹.

Statt uns in diesem wenig erfreulichen Ambiente weiter aufzuhalten, gehen wir lieber zum 17. Jahrhundert über, in dem das Italienische – das ›Nachfolge-Latein‹, wie wir in *diesem* Buch natürlich betonen müssen – einen erheblichen Einfluß auf einem ganz anderen Gebiet ausgeübt hat: dem der Musik. Die deutsche Musik-Fachsprache ist durchsetzt mit italienisch-lateinischen Begriffen – vom *andante* (›gehend‹; zurückgehend auf *ambire,* vulgärlateinisch *ambitare,* ›herumgehen‹) über *vivace* (*vivax,* ›lebendig‹), *allegro* (*alacer,* ›lebhaft‹, ›aufgeregt‹) bis zum *fortissimo* (*fortissimus,* ›der stärkste‹). Das ›Solo‹ (*solus,* ›allein‹) entspringt ebenso der damals ›erfundenen‹ Oper (*opera,* ›erarbeitetes Werk‹) wie die ›Arie‹ (*arietta,* ›kleines Lied‹, von *aer,* ›Luft‹, ›Lied‹).

Bravo! kann man da nur rufen, wenn nicht sogar im Superlativ bravissimo! (›tapfer‹, ›tüchtig‹). In heutiger

Umgangssprache: ›Ganz toll!‹ Und wem applaudiert man da etymologisch so begeistert? Sie werden es kaum glauben: dem ›Barbaren‹. Denn ›bravo‹ entsteht aus einem *barbarus,* ›fremd‹, ›ungesittet‹, ›unkultiviert‹, das man eben auch über das wertneutrale Verständnis ›unbändig‹, ›wild‹ positiv deuten kann als ›tapfer‹, ›wacker‹. Welch eine Ehrenrettung für die Barbaren, daß man sie heute mit jedem ›Bravo!‹ hochleben läßt – freilich ohne es zu wissen! Zumindest die Leser dieses Buches haben jetzt allerdings die etymologische Unschuld verloren. Sie müssen ab sofort bewußt entscheiden, ob sie jemandem ein – zumindest sprachgeschichtlich recht ambivalentes – ›Bravo‹ spenden.

›Verwelschung‹ des Deutschen? – Das Erbe des galanten Zeitalters

Barbaren – das waren aus der Sicht der vornehmen und gebildeten Welt des 18. Jahrhunderts all diejenigen, die die Modesprache der Zeit nicht beherrschten. Der Glanz von Versailles strahlte auf ganz Europa aus; Französisch war die Sprache der Kultur und der Kultiviertheit. »Ich bin hier in Frankreich«, schreibt Voltaire während seines Aufenthaltes in Preußen, »man spricht unsere Sprache.« Das Deutsche brauche man nur, fügt er maliziös hinzu, auf Reisen im Umgang mit »Mannschaften und Pferden«...

Kein Wunder, daß die deutsche Sprache im 17. und 18. Jahrhundert zahlreiche Fremdwörter aus dem Französischen aufnahm! Daß das eine Bereicherung sei, war lange Zeit eine weitverbreitete Überzeugung. Die mehr oder minder aufrechten Häuflein der Sprachpuristen sahen das ganz anders. Aber sie fanden wenig Gehör. Ihre Proteste gegen die drohende ›Überfremdung‹, die ›Verwelschung‹ ihrer deutschen Muttersprache waren nicht durchschlagend genug, um die Schleusen zu schließen.

Wobei das Französische natürlich ein modifiziertes Latein war – und damit seinerseits zumindest in der nicht uneitlen Wahrnehmung ›echter‹ Latein-Freunde ein reichlich barbarisiertes Idiom. Wir bemühen uns, polemische Zungenschläge unsererseits konsequent zu vermeiden, und geben lieber unserer Genugtuung darüber Ausdruck, daß hier ein neuer Quell den breiten Fluß des ›Romdeutschen‹ zusätzlich mit lexikalischem Nachschub gespeist hat.

Auch hier müssen wir uns wieder auf eine kleine Auswahl beschränken. Dabei greifen wir vornehmlich Wörter heraus, die so französisch daherkommen, daß man ihnen ihre lateinische Vergangenheit nicht so ohne weiteres ansieht. An dieses ›romdeutsche‹ Erbe möchten wir erinnern. Im kulinarischen Bereich stoßen wir unter anderem auf Bouillon, Champagner und Likör. Die Fleischbrühe heißt so, weil sie gewissermaßen unter ›Blasen‹-Bildung heiß ›aufkocht‹; hinter *bouillir,* ›sieden‹, ›kochen‹, verbirgt sich lateinisch *bullire,* ›Blasen werfen‹, ›aufwallen‹, und *bulla,* ›Blase‹. Den edlen Champagner verdanken wir dem ganz unedlen ›flachen Land‹, *campania,* auf dem seine Trauben wachsen. Und der Likör ist ursprünglich ein durchaus niedrigprozentiger *liquor.* Genau gesagt, eine ›Flüssigkeit‹ mit dem Alkoholgehalt Null.

›Gelatine‹ und ›Gelee‹ klingen sehr französisch, sind aber ursprünglich ebenso lateinisch ›Gefrorenes‹ und damit ›Erstarrtes‹ *gelatum* wie das wohlschmeckende italienische *gelato* (›Eis‹). Auch der Braten-Fond hat eine Vergangenheit als *fundus,* ›Grund‹ – die gleiche übrigens wie der Aktien- oder Immobilienfonds, von dem Anleger nur hoffen können, daß er auf finanziell solidem ›Grund‹ steht – was dann die versprochene Grundlage ihres Vermögensaufbaus darstellen kann.

Bevor englisch *service* sich als Begriff, weniger als Mentalität in Deutschland durchsetzte, hatte das Französische die deutsche Sprache schon mit ›Service‹, ›servieren‹ und ›Serviette‹ bedient. Pate gestanden hat lateinisch *servire,* ›dienen‹ – und zwar als Sklave *servus. servitium* ist ›Sklavendienst‹ – warum sich die Deutschen im Unterschied zu den Franzosen und Engländern trotz weniger freiheitlicher Vergangenheit mit dem Service so schwertun, müßte vielleicht einmal in einer mentalitätsgeschichtlichen Studie untersucht werden.

Mit der ›Marine‹ und dem ›Militär‹ haben sie sich freilich längere Zeit über nicht so schwergetan. Beide Begriffe sind über das Französische ins Deutsche eingewandert – erstaunlich spät angesichts der durchaus nicht marginalen Stellung von *mare,* ›Meer‹, und *miles,* ›Soldat‹, in der Sprache der Römer. Bei den Germanen waren sie offenbar nicht populär genug, um schon früh ins Deutsche zu kommen. Apropos ›populär‹: Auch dieses Wort wird erst im 18. Jahrhundert aus Frankreich übernommen. *popularis,* ›das Volk betreffend‹, ist über zweitausend Jahre älter. Und die als *populares* bezeichneten römischen Politiker der späten Republik gerierten sich schon so ›volksfreundlich‹, daß ihre politischen Gegner, die *optimates,* ihnen gewiß ›populistische Aktionen‹ oder ›Populismus‹ vorgeworfen hätten, wenn sie diese Begriffe schon gekannt hätten. Tatsächlich sind das aber neulateinische Prägungen, die erst in jüngster Zeit in der politischen Alltagssprache populär geworden sind, um allzu durchsichtige Volksfreundlichkeit zu bezeichnen.

Toiletten und Vignetten – Wo Weinranken auf Leinentücher treffen

Die ›Toilette‹ ist ein recht vornehmes Wort für eine als wenig vornehm empfundene Sache. Das Toilettenpapier als selbstverständlicher Artikel des täglichen Bedarfs hat die ursprüngliche Bedeutung der Toilette stark überlagert: Das war das Schminken, Frisieren, Sichzurechtmachen und Ankleiden – ein Sammelbegriff für die Körper- und Schönheitspflege. Ein Blick auf das lateinische Ursprungswort *tela,* ›Gewebe‹, weist den richtigen Bedeutungsweg; *toilette* ist die Verkleinerungsform des entsprechenden französischen Begriffs *toile,* ›Leinwand‹. Auf der *toilette* als kleinem Leinentuch wurden die Accessoires der Körper- und Haarpflege ausgebreitet. Das *cabinet de toilette* in Villen und öffentlichen Gebäuden, der ›Raum für das kleine Leinentuch‹, schafft die Voraussetzung dafür, daß die Dame ihr Make-up auch anderswo als im heimischen Boudoir nacharbeiten kann. Und das Deutsche macht aus diesem Raum der Körperpflege ein Synonym für ›WC‹ – ein halbes Jahrhundert früher als in Frankreich, wo man erst in der zweiten Hälfte des 20. Jahrhunderts von *toilettes* im Sinne des Toilettenpapiers zu sprechen beginnt…

Die ›Revanche‹ wird ebenfalls noch französisch ausgesprochen. Wenn man sich revanchiert, wird ›Vergeltung‹ geübt. Man kann auch sagen: Es wird ›zurück gerächt‹. Das klingt ziemlich tautologisch, führt aber immerhin exakt zum lateinischen Ursprung der ›Revanche‹ zurück: *re + vindicare.* Auch der ›Refrain‹ führt mit dem Präfix *re-,* ›zurück‹, ›wieder‹, aufs Lateinische zurück. *-frain* ist ebenfalls lateinstämmig, und zwar aus *frangere,* ›brechen‹, entstanden. *refringere* bedeutet ›zurück brechen‹, ›zurückwerfen‹ – eben das, worin das Wesen eines ›Kehrreims‹ besteht.

Mit der ›Vignette‹ bleiben wir, obwohl die nicht gerade preiswerten Autobahn-Sticker in der Schweiz und in Österreich anderes vermuten lassen, im Bereich des Künstlerischen, gehen allerdings von der Musik zur Malerei über. Die Vignette ist ein ›Verzierungsbild‹ – nicht so sehr auf der Frontscheibe eines PKW als ursprünglich auf und in mittelalterlichen Handschriften. Und zwar in Form einer ›Weinranke‹, die dem lateinischen Ursprungswort *vinea,* ›Rebe‹, ›Rebstock‹, ›Weinberg‹, verpflichtet ist. Gut, daß die Autobahn-Vignetten sich von diesem früheren Aussehen gelöst haben! Wein und Autofahren bringen zum Glück nur noch ›Romdeutsch‹-Rechercheure zusammen …

Genug des ›welschen‹ Begriffs-Potpourris! Bei dessen sprachlicher Herleitung kann einem der Geschmack durchaus vergehen. Denn das besonders aus der Musik bekannte ›bunte Allerlei‹ geht auf ein Eintopfgericht zurück, das sich, ob direkt im Französischen gebildet oder über spanische Vermittlung (*olla podrida*) nach Frankreich gelangt, etymologisch wenig einladend anhört. *Pot,* ›Topf‹ stammt von *potus,* ›Getränk‹, ›Trinkgefäß‹, ab, und *pourrir* ist aus lateinisch *putrescere* hervorgegangen, ›in Fäulnis übergehen‹. *Potpourri* ist demnach der ›verfaulte Topf‹.

Der ›Appetit‹, der einen ob dieser Etymologie verlassen könnte, ist im übrigen eines der frühesten französischstämmigen Fremdwörter im Deutschen. Es bürgert sich schon im 16. Jahrhundert ein und geht – natürlich – auf lateinisch *appetitus* zurück, ›Begehren‹, ›Verlangen‹. *bonum appetitum* hätten die Römer freilich kaum verstanden – es sei denn, ein gallischer Barbar hätte sie damit, auf eine üppig gedeckte Tafel weisend, zum Zugreifen eingeladen. ›Gutes Angreifen!‹ verstünden wir in einer entsprechenden Situation ja wohl auch.

Dann evaluiert mal schön!

Die Französisch-Welle ebbte im 19. Jahrhundert ab. Seitdem gab es keine epochalen Einschnitte mehr in der Entwicklung des ›Romdeutschen‹. Wohl aber sorgte ein kontinuierlicher Strom von Fremdwort-Einbürgerungen für eine weitere lateinstämmige Bereicherung der deutschen Sprache. Heutzutage so häufig gebrauchte Begriffe wie ›primär‹ (*primus,* ›der erste‹), ›primitiv‹ (*primi-*

tivus, ›der erste in seiner Art‹) und ›prinzipiell‹ (*principium,* ›Anfang‹) – alle drei ›Variationen‹ von *primus* – kamen erstaunlicherweise keineswegs unter den ersten Fremdwörtern, sondern erst spät, im 19. Jahrhundert, im Deutschen an.

Weniger Erstaunen erregt der ›Sprit‹ als sprachliches Kind des 19. Jahrhunderts – eine umgangssprachliche Zusammenziehung des schon lange bekannten ›Spiritus‹ (*spiritus,* ›Hauch‹), die nicht nur den Alkohol als ›anhauchendes‹, ›belebendes‹ Movens bezeichnet, sondern auch das Treibmittel, das den Motor (›Beweger‹; ebenfalls ein Wort des 19. Jahrhunderts) ›belebt‹. Auch der ›Revolver‹ wird über englische Vermittlung zum deutschen Wort, eine Pistole mit ›drehbarem‹ Magazin (*revolvere,* ›zurückrollen‹). Das Englische vermittelt um 1870 ebenfalls das Wort ›Interview‹. Das Gespräch oder die Befragung, so das heutige Verständnis, setzt voraus, daß man sich zu einer Begegnung trifft, bei der man ›einander sieht‹ (*inter,* ›zwischen‹; *videre,* ›sehen‹; englisch *interview* entlehnt aus französisch *entrevue,* ›Zusammenkunft‹). Aus sprachgeschichtlicher Sicht ist damit ein Hörfunk-Interview ein Ding der Unmöglichkeit.

Das 20. Jahrhundert bringt unter anderem die ›Television‹ hervor, einen ›Bastard‹ zwischen Griechisch (*tele,* ›fern‹) und Latein (*videre,* ›sehen‹; *visio,* ›Sicht‹), ebenso den Astronauten (*aster,* ›Stern‹; *nauta,* ›Seemann‹; beide Begriffe allerdings griechischen Ursprungs), die Nuklear-Technik (*nucleus,* Atom-›Kern‹) und den Computer (*computare,* ›rechnen‹).

Die Wirtschaftssprache erfindet den Begriff ›Inflation‹ (*inflare,* ›anblasen‹, den Geldumlauf ›anschwellen lassen‹), beglückt uns mit ›Marketing‹ (*mercatus,* ›Markt‹) und Optionsscheinen (*optio,* ›freie Wahl‹) und macht uns klar, wie wichtig immer und überall PR ist (*public relations; relationes publicae,* ›öffentliche Beziehungen‹) – auch wenn sie manchmal total (*totus,* ›ganz‹) ›nervt‹ (*nervus,* ›Nerv‹).

Auch der ›Krimi‹ (*crimen,* ›Verbrechen‹) findet im 20. Jahrhundert Eingang ins Deutsche, daneben das ›Motel‹ (*motor,* siehe oben; *hospitalia,* ›Gastzimmer‹), der Bikini (eine längere Geschichte, siehe Seite 189f.), der als ›sexy‹ (ebenfalls ein ›frisches‹ Fremdwort; *sexus,* ›Geschlecht‹) empfunden wird, und – nicht gerade ein Fremdwort, aber trotzdem in aller Munde – ›Viagra‹ – ein Kunstbegriff, bei dessen Prägung lateinisch *vigor,* ›Kraft‹, ›Stärke‹ vorn eine bedeutsame Rolle gespielt haben soll.

›Migrant‹ und ›Migration‹ sind Begriffe, die in der politischen und gesellschaftlichen Diskussion der letzten Jahrzehnte zentrale Bedeutung erlangt haben. Auch künftig werden uns die ›Wanderer‹ (*migrare,* ›wandern‹; *migrans,* ›wandernd‹) zwischen den Ländern und Welten stark beschäftigen.

Zu den Superstars (*super,* ›darüber‹, ›oberhalb‹) unter den neuen lateinstämmigen Fremdwörtern der letzten Jahre gehören, ob man sie mag oder nicht, die ›Evaluation‹ und die ›Implementation‹. Beim Implementieren geht es darum, Vereinbarungen, Verträge oder Versprechungen mit Leben zu ›erfüllen‹ (*implere,* ›hineinfüllen‹). Die folgenden Kapitel stellen eine Art Implementationslektionen zu dieser einführenden Übersicht dar. Und Sie, verehrte Leserinnen und Leser, sind aufgerufen, das alles zu evaluieren (›den Wert ermitteln‹, ›bewerten‹; von *evalescere,* Perfekt *evalui,* ›stark werden‹; beziehungsweise *valere,* ›stark, wert sein‹).

II

MIT FÖRSTERN UND SCHÜLERN UNTERWEGS – DAS VERSCHWIEGENE ERBE DER LEHNWÖRTER

Unser Mann draußen und seine Pfefferpilze

Der Förster ist erpicht darauf, sich zur Feier des Tages ein paar Dutzend feiner Pfifferlinge auf dem Markt zu kaufen. Ein durch und durch deutscher Satz, möchte man meinen. Ein sinnvoller zudem, sieht man einmal von der sich aufdrängenden Frage ab, warum der Förster sich nicht selbst im Wald kostenlos bedient, wenn es ihn nach Pfifferlingen gelüstet. Es ist tatsächlich ein deutscher Satz, allerdings einer, der ohne die Sprachbasis Latein nicht möglich wäre. Denn alle sinntragenden Elemente sind Lehnwörter aus dem Lateinischen – bis auf eines. Welches ist die Ausnahme? Wer mag, versuche es herauszufinden, bevor er die folgende ›Auflösung‹ des Lehnwörter-Rätsels liest.

Auf den Förster fällt hier kein Verdacht. Denn der säße rund um sein Forsthaus direkt an der Quelle, so daß er den Markt nicht bräuchte. Andererseits: Kann man wirklich erwarten, daß der Förster, immerhin Angehöriger des Höheren öffentlichen Dienstes und Herr des Reviers, sich zu solch intensiven Bück-Verrichtungen hergibt? Noch dazu wenn es um eine größere Pilzmenge geht? Vielleicht ist es doch eine Finte – und der Förster ist ein urdeutsches Wort?

Ist es nicht. Sondern es bezeichnet einen, der *foris,* ›draußen‹, arbeitet. Genauer gesagt: im Forst, dem ›draußen‹ *forestis,* außerhalb des Gemeindegrundes gelegenen Wald. *foris* ist auch mit *forum* verwandt, das ursprünglich den Vorhof außerhalb des Hauses bezeichnete und dann eine Bedeutungserweiterung zum ›Marktplatz‹, *dem* öffentlichen Raum ›draußen‹, erfuhr.

Anhänger alliterierender Klischees könnten den Förster übrigens noch zu einem ›forschen‹ machen, ohne aus dem Lehnwörter-Rahmen zu fallen. Allerdings stünde dort ein anderes Wort Pate: *fortis,* ›stark‹, ›tapfer‹. Der forsche Förster – das wäre unser starker Mann draußen, würde aber unser Anliegen, latentes Latein im deutschen Wortschatz aufzuspüren, vielleicht allzu stark forcieren (welche Tätigkeit ihrerseits dank französischer Vermittlung ein ›Stärker-Machen‹ bedeutet).

›Erpicht‹ auf den Kauf von Pfifferlingen, lesen wir, sei unser Förster. Das hört sich danach an, daß der Autor erpicht darauf ist, das Wort ›erpicht‹ unterzubringen. Klar doch! (Das ist so ›deutlich‹ und ›hell‹, daß man es nicht übersehen kann; es ruft gewissermaßen laut danach, erkannt zu werden: *clarus,* ›hell‹, ›laut‹, ist das Adjektiv zu *clamare,* ›rufen‹, ›schreien‹.) Von ›klar‹ zurück zu ›erpicht‹. *pix* ist lateinisch das, was das Deutsche als Lehnwort ›Pech‹ übernommen hat. Pech aber ist etwas, das ähnlich wie der ebenfalls sprichwörtliche Schwefel fest zusammenhält und -klebt. Wer somit auf etwas erpicht ist, der ›klebt‹ sozusagen wie Pech an diesem Vorhaben oder Plan.

Wäre unser Förster ›fixiert‹ auf seinen Kauf, so würde sich in der inhaltlichen Aussage wenig ändern. Doch müßten wir dann statt des Lehnwortes ein Fremdwort verwenden. *figere* (mit dem Partizip Perfekt *fixus*) bedeutet etwas ›festmachen‹. Als ›fixe Idee‹ im Kopf des Försters wäre der Pfifferlingskauf indes eine derart festsitzende Vorstellung, daß sie im Unterschied zum ›Erpicht-Sein‹ pathologische Züge aufwiese.

Und das ist ja bei aller Wertschätzung von Pfifferlingen eher nicht zu vermuten. Womit wir bei einem weiteren ›Verdächtigen‹ wären. Ist der ›Pfifferling‹ das Latein-unbelastete Wort? Nicht für den, der lateinisch *piper* als Ursprungswort für ›Pfeffer‹ kennt und den pfeffrig schmeckenden Pilz damit als lateinstämmige Delikatesse entlarven kann. Delikatesse? Richtig – kein Lehnwort, aber doch ein über das Französische ins Deutsche weitergereichtes Fremdwort. Was tut nämlich die Delikatesse? Sie ›erfreut‹ als Leckerbissen – und als Ableitung von *delectare,* ›erfreuen‹.

Am Lehnwort-Befund würde sich übrigens nichts ändern, wenn wir die spezielle Bezeichnung durch den Gattungsbegriff ›Pilz‹ ersetzten. Auch wenn es nicht auf den ersten Blick, sondern erst auf das zweite Hören erkennbar ist, hat das Deutsche den ›Pilz‹ von lateinisch *boletus* entlehnt.

Wo will der Förster tätig werden? Auf dem Markt. Das liegt nahe – von der Sache wie von der Etymologie. ›Markt‹ ist ein von *mercatus* abgeleitetes Lehnwort. Das Ursprungswort bezeichnet nichts anderes: einen Ort, auf dem *merces,* ›Waren‹, feilgeboten werden – und zwar von *mercatores,* ›Kaufleuten‹, die sich als partizipial agierende *mercatantes,* ›Waren Anbietende‹ im Lehnwort ›Marketender‹ wiederfinden. Wer im übrigen mit anderen Menschen Waren austauscht, handelt im eigentlichen Sinne ›kommerziell‹ (*com,* ›mit‹; *merx,* ›die Ware‹).

Verkaufssprache Latein

Pfefferpilze‹ sind bekanntlich nicht billig. Sie haben ihren ›Preis‹ (der seinerseits vor langer Zeit völlig kostenlos von lateinisch *pretium,* ›Preis‹, entlehnt worden ist: ach ja: auch ›kostenlos‹ ist eine kostenlose Übernahme vom lateinischen *constare,* ›zu stehen kommen‹, ›kosten‹).

Der Förster erwirbt die Pfifferlinge deshalb zu einer besonderen Gelegenheit: zur Feier des Tages. Da scheinen wir sie erwischt zu haben, die lateinfreie Ausnahme! ›Feier‹ – das hört sich ja zutiefst unlateinisch an! Bedenken stellen sich allerdings ziemlich schnell ein. Ist ›feiern‹ etwas so typisch Deutsches, daß man es genuin germanischen Ursprungs ›verdächtigen‹ dürfte? Die Skepsis ist angebracht. Feier, feiern, Ferien – all das geht auf lateinisch *feriae* zurück, einen Begriff, der aus *fesiae* entstanden ist und damit seine Verwandtschaft mit *festus* erkennen läßt. *festus* hat sich – bis auf die unterschiedliche Länge des *e*; im Lateinischen ist es lang! – ziemlich unverändert ins Deutsche übernehmen lassen; ›festlich‹ und ›Fest‹ entsprechen der Bedeutung von *festus.* Und natürlich ›feiert‹ sich auch im ›Festival‹ das Lateinische als sprachliche Grundlage.

Wenn wir ›feiern‹, sollten wir uns ab und zu daran erinnern, daß wir den Begriff für dieses angenehme Tun dem angeblich so spröden, freudlosen Latein verdanken. Betrifft das auch den Feier-›Tag‹? Es berührt uns merkwürdig, daß auch der ›Tag‹ lateinischen Ursprungs sein soll. Und doch leuchtet es ein, wenn man sich klarmacht, was den Tag gegenüber der Nacht auszeichnet: Er wird vom Licht der Sonne ›berührt‹. ›Berühren‹ aber heißt lateinisch *tangere,* und das Partizip Perfekt davon ist *tactus.* Womit auch in diesem Punkte unsere Lehnwort-Kette in-takt, das heißt ›un-berührt‹ bleibt.

Wenn der Markt als Ort des Warenumschlags lateinischen Ursprungs ist, so sollte das wie bei anderen Begriffen der Handelssprache auch auf ›Kaufen‹ zutreffen – die Schlußfolgerung liegt nahe. Und sie trifft zu! ›Kaufen‹ leitet sich vom *caupo,* dem ›Krämer‹, ›Schankwirt‹, ab, ›verkaufen‹ natürlich desgleichen.

Selbst das plattdeutsche ›koofen‹ könnte man notfalls darauf zurückführen; denn es gibt auch die Nebenform *copo* für *caupo.* Richtiger gesagt, war das nur die Schreibvariante, die der Aussprache der einfachen Leute entsprach. Sie sprachen *au* wie *o* aus, und zwar schon sehr früh: Ein Mitglied der Claudier, einer Familie der römischen Hocharistokratie, das sich aus politischen Karrieregründen von einem Plebejer adoptieren ließ, nannte sich fortan Clodius. So glaubte er auch lautlich der Plebs näher zu sein. Oder sollten wir – unter Mißachtung der zum Abfälligen hin verschobenen Bedeutung – das Lehnwort ›Pöbel‹ benutzen? Wir könnten uns zumindest darauf berufen, daß der Grundbegriff *populus* bei den Römern ganz wertfrei das (Gesamt-)Volk bezeichnete.

Das Weiterleben der vulgärlateinischen Aussprache *o* für *au* ist jedem bekannt, der Französisch gelernt hat: *au* geschrieben heißt *o* gesprochen. Claude heißt in Lautschrift *klo:d.*

Wir wissen nicht, warum der Förster gleich ein paar Pfund Pfifferlinge erwerben will. Aber wir wissen, daß seine Bestellung damit weiter voll ins Lehnwort-Deutsch lappt. Ein paar oder auch ein Paar kommt von lateinisch *par,* ›gleich‹. Das Deutsche hat es in nur leicht modifizierter Schreibweise übernommen, seinen lateinischen Ursprung damit aber viel stärker vernebelt, als es bei den Fremdwörtern Parität oder paritätisch der Fall ist. Auch von den Sprachniveaus her ergibt sich ein eklatanter Unterschied: Ein ›paar‹ geht jedermann leicht über die Lippen, die paritätische Mitbestimmung dagegen löst besonders bei Arbeitgebern Sprachhemmungen aus.

pendere und seine pfundigen Lehnwörter

Auch ›Pfund‹ ist ein Lehnwort, ein ganz pfundiges dazu, wenn man an den Ursprungsbegriff denkt, der uns Lehn- und Fremdwörter in geradezu abenteuerlichem Ausmaß geliefert hat. ›Pfund‹ ist eine Eindeutschung des lateinischen *pondus,* ›Gewicht‹. Der physikalische Terminus Pond, der eine Gewichts- und Krafteinheit bezeichnet, ist noch näher am Basisbegriff. Natürlich leitet sich auch englisch *pound* von *pondus* ab, ohne daß wir durch diesen Hinweis auf die Imponderabilien der Währungsbeziehungen, ihre ›nicht gewichtbaren Unwägbarkeiten‹, zu sprechen kommen wollen.

Aber bleiben wir noch eine Weile beim Finanziellen. Das liegt nahe, weil *pondus* das Substantiv zu *pendere* ist und dieses Verb einen so bedeutsamen Vorgang wie das ›Abwiegen‹ und ›Zahlen‹ bezeichnet. Die schöne Einrichtung der Pension hat zwar den sprachlichen Umweg über das Französische ins Deutsche gewählt, ist aber trotzdem hoch willkommen, weil sie ›ausgezahlt‹ wird. Auch bei der Fremdenpension ist bekanntlich Geld im Spiel: die *pensio,* ›Zahlung‹, ›Mietzins‹, wird an den Inhaber entrichtet. Auch beim Stipendium fließen Mittel, die Kombination von *stips* (›Geldbetrag‹) und *pendere* (›zahlen‹) war schon bei den römischen Legionären als ›Sold‹, ›Löhnung‹ beliebt.

Als Empfänger eines Stipendiums sind heute vor allem Studenten in ihre Fußstapfen getreten. Von ihnen wird erwartet, daß sie ihr tägliches Lern-Pensum absolvieren – ähnlich wie in der Frühzeit des *pensum* Sklavinnen die Menge der täglich zu verarbeitenden Wolle ›zugewogen‹ worden ist. Lautmalerisch deutet sich indes eine Arbeitserleichterung im Wandel der Zeiten an: Während das lange *e* des *pensum* eine dauerhaft belastende Zuteilung erwarten läßt, verspricht das kurze *e* im Fremdwort ›Pensum‹ ein vergleichsweise rasches Abarbeiten.

Erfreulich lang ist das *e* in einem anderen von *pendere* abgeleiteten Wort, das eine ›abgewogene Zahlung‹ bezeichnet. Die Rede ist von den durch italienische Vermittlung ins Deutsche gelangten ›Spesen‹, deren Üppigkeit sich freilich immer weniger an der Länge des *e* bemißt.

Mit dem Ausflug in die Fremdwörter-Welt des *pendere* wollten wir uns nicht von unserem eigentlichen Anliegen dispensieren, das heißt vor unserer Zahlung in Lehnwort-Einsichten drücken (die Vorsilbe *dis-* drückt eine Trennung aus). Vielmehr erweisen wir uns auch hier als spendabel. Die ›Spende‹ ist ein echtes Lehnwort, bei dem das *s* von der lateinischen Vorsilbe *ex* übriggeblieben ist. *ex-pendere* ist, wie auch der Blick auf englisch *expenses*, *expensive* zeigt, ein teures, im Falle der Spende indes freiwilliges Aus-Zahlen. Wo die *expensa* sich als ein Auszahlen in Nahrungsmitteln konkretisierte, griff auch das Deutsche begierig zu – und kaschierte diesen sprachlichen Mundraub als ›Speise‹. Wie man sieht, ist Latein eine durch und durch spendable Bildungs-Speise: Die Lern-Spesen zahlen sich aus. Selbst in Bundeswehrstuben und Umkleidekabinen hat man etwas davon – und wenn es nur in Gestalt des ›Spindes‹ ist, der ursprünglich als *spenda* den gleichsam Lebensmittel ›auszahlenden‹ Speiseschrank bezeichnete.

Haben wir mit der fast ›abenteuerlichen‹ sprachgeschichtlichen Fruchtbarkeit von *pendere* zuviel versprochen? Jedenfalls nicht im ursprünglichen Sinne des ›Abenteuers‹. Denn es stand ja die ›Ankunft‹ einer vielköpfigen Erbenzahl bevor. ›Abenteuer‹ leitet sich von *ad-ventura* ab, ›Dinge, die (an)kommen werden‹. Bleibt nur zu hoffen, daß die Lehnwörter-Lieferung bei den Lesern auch im übertragenen Sinne angekommen ist. Damit hätte sich der Autor von seinem Versprechen in gewisser Weise ›befreit‹: *liberare,* ›frei machen‹, ›aushändigen‹, hat dem deutschen ›liefern‹ das Basiswort geliefert.

Unfeine Irreführung mit feinem Ende

Sind wir nun am Ende unseres Förster-Pfifferling-Satzes? Aufmerksame Leser werden registriert haben, daß ein Wörtchen noch fehlt. Es sollen ja ›feine‹ Pilze sein! Da ist er also, der Ausreißer aus unserer Lehnwörter-

Kette (wieder ein solches, von lateinisch *catena,* eben ›Kette‹!). Nicht wirklich, um es in heutigem Dummdeutsch zu sagen. ›Fein‹ ist sehr wohl, wenngleich gut getarnt, lateinischen Ursprungs. Und daß wir es bis zuletzt aufgespart haben, hat seinen Grund in der ursprünglichen Bedeutung: *finitus* heißt ›beendet‹, ›vollendet‹ – und damit im besten Falle ›vollkommen‹. Eine feine Sache ist demnach eine, die keiner weiteren Bearbeitung bedarf. Was im Falle unseres Försters nicht heißt, daß die gekauften Pfifferlinge nicht noch geputzt, geschnitten und zubereitet werden müßten. Das weiß er sehr wohl, aber von der Natur erwartet er, daß sie die ganze Wachs-Arbeit getan und vollendet hat – eben in Gestalt ›feiner‹ Pilze von vollendetem Pfeffergeschmack.

Irgend etwas kann aber nicht stimmen. Anfangs war doch von einer Ausnahme die Rede, und am Ende sind alle sinntragenden Begriffe als Lehnwörter entlarvt (will sagen: der *larva,* ihrer ›Maske‹, beraubt). In der Tat hat der Autor seinen Lesern an einer Stelle etwas Falsches untergejubelt (diesen umgangssprachlichen Ausdruck erlaubt er sich, weil er durch seine Abstammung von lateinisch *iubilare,* ›jubeln‹, hinreichend geadelt erscheint). Er hat sie also ›getäuscht‹, denn das ›Falsche‹ ist ein Lehnwort von lateinisch *fallere,* ›täuschen‹, ›irreführen‹. Und damit fällt jeder ›Fehler‹, alles, was ›fehlt‹ und ›fehlerhaft‹ ist, letztlich aufs Lateinische zurück – was Latein-Schüler immer schon geahnt, gegenüber ihrem infalliblen (›unfehlbaren‹) Lateinlehrer aber nie auszusprechen gewagt haben.

Das Lehnwort-Falsifikat (*falsum* und *facere,* ›falsch machen‹) ist der ›Tag‹: Er hat nichts mit *tactus,* ›berührt‹, zu tun. Der Trick (von *tricae,* ›Unsinn‹, ›Ränke‹) lag darin, das Licht mit ins Spiel zu bringen – einen Begriff, der in ganz anderer Weise für das Wesen des Tages konstitutiv ist als das konstruierte ›berühren‹. Lehnwörter nehmen natürlich sinnvollerweise das Grundsätzliche am Bedeutungsgehalt des Basiswortes auf, sie beschreiten keine sprachlichen Um- oder Nebenwege.

Der Autor bekennt sich der etymologischen Kontamination schuldig. Darin steckt das *tangere* tatsächlich: Wie in Kon-takt bedeutet es ein ›gemeinsames Berühren‹ – allerdings von sprachlich nicht Zusammengehörigem. Eine der üblichsten gedankenlosen sprachlichen Kontaminationen der deutschen Gegenwartssprache ist übrigens ›meines Erachtens nach‹ – ohne ›nach‹ ebenso untadelig wie mit ›nach‹ plus Dativ.

Der Autor bittet, ihm seinen Lehnwort-Jux (Lehnwort zu lateinisch *iocus,* ›Scherz‹) nachzusehen, und fordert seine Leser auf, die falsche Herleitung aus dem Gedächtnis zu tilgen – und statt dessen das ›tilgen‹ als Lehnwort von lateinisch *delere,* ›zerstören‹, ›vernichten‹, aufzunehmen.

Von Lehnwörtern umzingelt

Hätte er den Fehler nicht berichtigt, wäre er gar der Meinung, der ›berührte‹ Tag sei eine grandiose (*grandis,* ›großartige‹) Erkenntnis, so wäre das recht peinlich. Will sagen: ›sträflich‹, ›bestrafenswert‹. *poena,* ›die Strafe‹, hat bei der ›Pein‹ (Qual als Strafe) und beim ›Peinigen‹ (Bestrafen durch Quälen) ebenso Pate gestanden wie beim Lehnwort ›verpönt‹ – denn das bezeichnet ein als strafwürdig angesehenes Verhalten.

Täuschung und Abbitte – Autor und Leser müßten jetzt miteinander quitt sein. Ein im Grunde recht bildhafter Ausdruck, der beschreibt, daß zwischen beiden Parteien ›Ruhe‹ herrscht: ›quitt‹ ist Lehnwort zu lateinisch *quietus,* ›ruhig‹. Wer etwas quittiert, erkennt an und gibt damit Ruhe.

Eine Verschnaufpause scheint angebracht zu sein – zum Glück ist ›Pause‹ griechischstämmig und meint ein (vorübergehendes) ›Aufhören‹. Denn es drängt sich ja fast der Eindruck auf, wir seien von Lehnwörtern geradezu umzingelt. Womit schon wieder eines unseren Weg kreuzt (ach, da kommt das nächste dazwischen: ›kreuzen‹ von lateinisch *crux,* ›das Kreuz‹): ›umzingeln‹ geht auf lateinisch *cingere,* ›gürten‹, ›umgeben‹, zurück. Wie sehr die Eindeutschung gelungen ist, zeigt die tautologisch hinzugefügte Silbe ›um-‹.

Wie mögen die Reaktionen der Leser auf die Lehnwort-Lawine sein, die auf sie ›herabgeglitten‹ oder in der Bedeutungsverstärkung ›herabgestürzt‹ ist (*labi,* ›gleiten‹, gehört ebenfalls zu dieser ›Lawine‹). Die einen mögen es als Gaudi ansehen und darüber *gaudium,* ›Freude‹, empfinden. Andere sehen sich vielleicht eher geplagt und damit vom Wortmaterial (*materia,* ›Baustoff‹) beziehungsweise vom Autor ge- oder sogar ›erschlagen‹ (*plaga* ist der ›Schlag‹). Bekommen gar allmählich einen Lehnwort-Rappel? Auch damit stünden sie freilich in der Nachfolge des Lateinischen: *rabies,* ›die Wut‹, macht sie so ›rappelig‹.

Bei Sprachpuristen, die nach sauberem germanischem Sprachgut trachten (o Gott! ›sauber‹ kommt von *sobrius,* ›nüchtern‹, ›besonnen‹; ›trachten‹ von *tractare,* seine Gedanken ›hin und her wälzen‹), macht sich möglicherweise eine gewisse Nüchternheit breit. Es würde damit gewissermaßen Nacht um sie. Denn ›nüchtern‹ geht auf *nocturnus,* ›nächtlich‹, zurück. Es bezeichnet einen Zustand, in dem man, wie nächtens üblich, noch nichts gegessen oder gar getrunken hat. Wer morgens nüchtern zum Arzt bestellt wird, soll also in nächtlicher Verfassung kommen. Daß Nüchternheit am Tage indes eher freudlos macht, erkennt man an der übertragenen Bedeutung der ›Ernüchterung‹.

Wenn das Wort erst in den Brunnen gefallen ist…

Der Weg von *nocturnus* zu ›nüchtern‹ erscheint weit; ebenso wie der von *quietus* zu ›quitt‹ und andere Wege. Das Ursprungswort ist kaum wiederzuerkennen. Eben das ist das Geheimnis der Lehnwörter. Im Unterschied zu Fremdwörtern, die meist als sprachliche Immigranten immer noch gut erkennbar sind, haben sich Lehnwörter in ihre neue Sprachumgebung perfekt integriert. Sie passen sich in jeder Hinsicht ihrer neuen Heimat an: In der Aussprache und Betonung genauso wie in der Schreibung und der Flexion.

Der Prozeß des sprachlichen ›Beischleifens‹ eines neuen Wortes läßt sich, je älter das Lehnwort ist, kaum nachzeichnen. Erst wenn eine schriftliche Bezeugung vorliegt, ist das Lehnwort erstmals dokumentiert. Dann kann man seinen weiteren Werdegang verfolgen. Viele Lehnwörter aus dem Lateinischen haben sich aber schon in weitgehend schriftloser Zeit ausgebildet. Kein Wunder: Gerade wenn mit dem Begriff auch die Sache selbst für die Germanen neu war, wurde das Wort schnell ›eingemeindet‹. Es gab ja keinen konkurrierenden eigenen Begriff, der den ›Eindringling‹ eine Zeitlang auf Distanz hätte halten können.

Mitunter gelingt es auch ›Modewörtern‹, in ihrer neuen Sprache heimisch zu werden – Begriffen also, die nichts Neues oder bisher in diesem Sprachraum Unbekanntes bezeichnen, sondern mit einem schon vorhandenen Begriff in Wettbewerb treten. Zum wirklichen Lehnwort haben sie es erst dann geschafft, wenn sie so ›deutsch‹ klingen wie der sprachliche Wettbewerber. Der kann daneben durchaus weiterexistieren und eine andere Nuance bezeichnen – die Sprache wird dadurch reicher und differenzierter –, er kann aber auch allmählich in Vergessenheit geraten.

Jacob Grimm, einer der größten und verdientesten deutschen Sprachforscher, hat in der Einleitung zum *Deutschen Wörterbuch* ein recht anschauliches Bild geprägt, wie Lehnwörter in ihre neue Umgebung hineinwachsen: »Fällt von ungefähr ein fremdes Wort in den Brunnen einer Sprache, so wird es so lange darin umgetrieben, bis es ihre Farbe annimmt und seiner fremden Art zum Trotz wie ein heimisches aussieht.«

Der Weg zu McDonald's – mit Latein-Relikten gepflastert

Nachdem wir die Leser über das Wesen von Lehnwörtern, neudeutsch gesprochen ›gebrieft‹ haben (ein Anglizismus, der indes wegen seiner lateinischen Herkunft durchgeht: wir haben es ›kurz‹ gemacht, lateinisch *brevis;* daher auch das deutsche Lehnwort ›Brief‹, ursprünglich eine ›kurze Mitteilung‹), möchten wir ihr Lehnwörter-Wissen erneut auf die Probe stellen. Wir können auch formulieren (das heißt es in eine klare Ausdrucksform, *forma,* bringen): sie darauf hin überprüfen. Klar, daß diese beiden fast schon verpönten (siehe oben) Wörter lateinische Wurzeln haben! ›Prüfen‹, ›auf die Probe stellen‹, allerdings auch das nettere ›probieren‹ (›nett‹, über das Italienische vermittelt, meint *nitidus,* ›glänzend‹, ›sauber‹) und ›erproben‹ sind samt und sonders Lehnwörter. Sie alle gehen auf *probare,* ›prüfen‹, ›billigen‹, zurück – ebenso wie das als Fremdwort noch erkennbare ›probate‹, also erprobte und damit brauchbare Mittel oder die nach staatlicher Prüfung erfolgte ärztliche ›Approbation‹.

Hinsichtlich seiner lebensweltlichen Modernität hat sich das zweite Beispiel gemausert: Es spielt in einem Ambiente von anderer ›Art‹ (modern ist, was der gegenwärtigen Mode, *modus,* ›Art und Weise‹ – nicht nur sich zu kleiden –, entspricht). Dazu paßt, daß die ›Veränderung‹ eine eher positive (also gut ›gesetzte‹, von *ponere,* Partizip Perfekt *positus*) ist – so jedenfalls verwenden wir die ursprünglich auf die Mauser von Tieren (von *mutare,* ›verändern‹, des Fells oder der Haare) bezogene Metapher.

Unsere neue Szene spielt zwischen einer Schule und einer McDonald's-Filiale (*filia,* ›die Tochter‹; mithin eine ›Tochter‹- oder Zweigstelle) – das ist die ›Bühne‹ (*scaena* nach griechisch *skene*) unserer Muster-Sätze. Mit denen wollen wir erneut aus der bunten Lehnwort-Welt etwas demonstrieren (*monstrare* wurde als Lehnwort ›mustern‹ vereinnahmt; *demonstrare* dagegen demonstriert mustergültig, daß es sich gegen dieses sprachliche Einsacken seitens des Deutschen – *saccus* ist natürlich ›der Sack‹ – wehrt, und trägt das von ihm abgeleitete Fremdwort wie eine Monstranz, ein ›Zeigegehäuse‹, vor sich her).

Wie bunt die Welt der Lehnwörter ist, hat sich wohl schon angedeutet; daß ›bunt‹ selbst ein solches ist, überrascht vermutlich doch noch. Wie der Punkt, das ›Gestochene‹, verdankt es seinen Ursprung dem Partizip Perfekt von *pungere,* ›stechen‹: ›bunt‹ ist ursprünglich das, was mit verschiedenen ›Punkten‹ oder Strichen verziert ist. Das ist zugegebenermaßen schon die hohe Kunst der Lehnwort-Ableitung. Fast einleuchtender erscheint da die Herleitung des eigentlich urdeutsch anmutenden Wortes ›Spund‹ aus dem Lateinischen. Das *s* als Rest (*re-stat,* ›es bleibt übrig‹) von lateinisch *ex,* ›aus‹, haben wir schon früher, *punctum* als ›Gestochenes‹ soeben kennengelernt. *ex-punctum* ist also der ›Ausstich‹, der ›Spund‹, somit das Loch im Faß. Bevor jetzt indes alle Lehnwort-Schleusen brechen, ruft sich der Autor zur Ordnung (siehe oben): Er wollte doch eine kleine Szene schildern. (Entschuldigung, aber darüber kann man nicht hinweggehen: Oder wußten Sie, daß auch die ›Schleuse‹ ein Lehnwort ist, insofern sie eine Menge mit (*aqua*) *exclusa,* ›ausgeschlossenem (Wasser)‹, zu tun hat?

Ein zweites sprachliches Lehnwort-Gewebe, vulgo: Text

Hier unsere zweite Szene: *Gut gelaunt und lärmend rasen die Schüler aus der Penne. Sie peilen ein McDonald's-Lokal an, um ein Dutzend Buletten mit doppeltem Käse-Belag zu ordern.*

Ganz so fruchtbar (von *fructus,* ›Frucht‹, ›Nutzen‹; also ›ertragreich‹) wie beim Förster-Satz erweist sich die lateinische Sprachmutter in diesem kleinen Text nicht. Denn in diesem sprachlichen ›Gewebe‹ (*texere* bedeutet ›weben‹; *textum* ist das ›Gewobene‹) passen ein Nomen und ein Verb nicht zum übrigen Latein-Erbe (dagegen paßt ›passen‹ schon: es geht, über das Französische vermittelt, auf ein vulgärlateinisch rekonstruierbares *passare,* ›durchschreiten‹, ›durchgehen‹, zurück; der Gebirgspaß ist ein Durchgang, und in ähnlicher Weise läßt uns der Paß als Ausweisdokument eine Grenze passieren). Unsere zwei ›Ausreißer‹ sind, abgesehen von McDonald's, das außer Konkurrenz ›mitläuft‹ *con-currere:* ›Belag‹ und ›rasen‹.

Kämen die Schüler rasant aus der Schule, wäre der germanische Fauxpas (*passus falsus,* ›falscher Schritt‹) vermieden; denn das leitet sich, erneut vom Französischen vermittelt, von *radere,* ›kratzen‹, ›schaben‹, ab; ›rasant‹ ursprünglich ›sehr flach‹, (den Boden) ›fast schabend‹, womit das ›Rasieren‹ ebenfalls geklärt wäre. Den ›Belag‹ könnten wir, wären wir skrupellos (*scrupulum,* ›spitzes Steinchen‹, das als Stolperstein ›Zweifel‹ auslöst) aufs Lateinische fixiert (*figere,* Partizip Perfekt *fixus:* ›festmachen‹; ›fix‹ ursprünglich ›beständig‹, ›fest‹ wie der ›Fix-Preis‹, dann zu ›schnell‹ weiterentwickelt), durch ›Kuvertüre‹ (*co-operire,* ›bedecken‹, als Ursprungswort des französischen *couvrir*) ersetzen. Da sich dieser Belag indes nur auf Süßes bezieht, wäre das reichlich bescheuert und würde uns damit im Gegensatz zur Etymologie von ›scheuern‹ Sorgen verursachen, statt sie zu ›vertreiben‹: ›scheuern‹ geht vermutlich auf *ex-curare,* ›(Schmutz) hinaus-besorgen‹, zurück; wer einen Boden scheuert, ›ent-sorgt‹ ihn von Dreck).

Nun aber zu unserem neuen Text! Er weist eine Mischung (*miscere,* ›mischen‹) von Lehn- und Fremdwörtern aus dem Lateinischen auf. ›Lokal‹ ist als Fremdwort von *locus,* ›Ort‹, sprachlich noch zu lokalisieren; der Lokus, ›das stille Örtchen‹, geht auf den lateinischen *locus necessitatis,* ›Ort der Notdurft‹, zurück, wobei man sich etwas beklommen fragt, ob die Verwandlung des kurzen *o* im Lateinischen in ein langes deutsches *o* lautmalerische Gründe hat. Da wir schon einmal dabei sind: Auch das ›Klo‹ ist – mit schönem Dank ans Französische – lateinischen Ursprungs: ›Klosett‹ meint einen ›abgeschlossenen‹ Raum und ist – ebenso wie das ›Kloster‹ und die ›Klausur‹ – von lateinisch *claudere,* ›schließen‹, abgeleitet.

Auch ›ordern‹ hat, da es erst relativ frisch aus dem Englischen importiert worden ist, eher Fremdwort-Charakter. Die Einschränkung ›eher‹ ergibt sich aus der Tatsache, daß dagegen ›Ordnung‹, ›ordentlich‹ und ›ordnen‹ ganz unstrittig Lehnwörter von *ordo,* ›Reihe‹, ›Ordnung‹, sind, die sich ordentlich ins deutsche Sprachgut ›eingereiht‹ haben. Indem das Ordnung liebende Deutsche in einer fast rebellisch anmutenden Aufwallung manches ›Ordentliche‹ als ›*zu* alltäglich‹, *nur* der Normalität entsprechend empfunden hat, hat es sich fast einen Sensibilitäts-Orden (einen ›besonderen Rang‹) verdient: Das Adjektiv ›ordinär‹ begehrt gewissermaßen gegen die ausschließlich positive Konnotation des Ordentlichen auf.

Die Penne als Hort der Muße?

Den Ordinarius als ›ordentlichen‹ Professor kennen wir heute fast nur noch von der Universität. Bis vor einigen Jahrzehnten hieß aber auch der Klassenlehrer in der höheren Schule so – ein eleganter (›ausgewählter‹,

›geschmackvoller‹, *elegans*) Übergang zum Schüler-Satz. ›Schüler‹ und ›Schule‹ sind Lehnwörter zum lateinischen *schola,* ›die Schule‹, das seinerseits ein Lehnwort des griechischen *scholé* ist. Und das bedeutet, man höre und staune, ›die Muße‹ – will sagen: das Freisein von Berufsbelastung. Die Schule als Ort und Hort der Muße: Das wäre eine tragfähige Konzeption, aber es hört sich wie eine Fata Morgana an, eine ›Fee‹ aus *Tausendundeiner Nacht* – wobei Morgana tatsächlich arabischen Ursprungs ist, die ›Fee‹ aber ebenso wie die Fata dem spätlateinischen *fata,* ›Schicksalsgöttin‹, entspricht, die das Fatum, ›Schicksal‹, verkündet (*fari,* ›sprechen‹).

Ist es in der Schule so langweilig, daß die Schüler der Schlaf übermannt? Bei ›Penne‹ denkt manch einer an ›pennen‹, den umgangssprachlichen Ausdruck für ›schlafen‹. Tatsächlich aber leitet sich die ›Penne‹ von einem wesentlichen Hilfsmittel des Schulbetriebs ab, der *penna,* ›Feder‹, mit der man schreibt (wobei natürlich *scribere,* ›schreiben‹, Pate gestanden hat – das Pendant des ›Lesens‹ hat sich wohl ebenfalls aus lateinisch *legere,* ›lesen‹, entwickelt).

Vermutlich sind die Schüler gut gelaunt, weil die Schule zu Ende ist – und nicht, weil sie zusätzliches Wissen gespeichert haben (*spicae,* ›Ähren‹, pflegen für den Winter ›gespeichert‹ zu werden). Das sollten sie indes im Raum der ›Muße‹ in möglichst soliden, variablen Vermittlungsprozessen beigebracht (*solidus,* ›fest‹; *varius,* ›verschiedenartig‹; *procedere,* Partizip Perfekt *processus,* ›voranschreiten‹) und nicht etwas ›eingetrichtert‹ bekommen haben (ja, auch der ›Trichter‹ ist ein Lehnwort aus dem Lateinischen; *traiectorium,* Gefäß zum ›Hinübergießen‹, *traicere* ist das Ursprungswort).

Die gute ›Laune‹ der Schüler hängt indes sprachgeschichtlich weniger von ihrem schulischen Erleben als vom Stand des Mondes ab: Mittelalterliche Astrologen glaubten, unsere Gemütsverfassung werde stark vom

Mond beeinflußt; also richtete sich die ›Laune‹ nach der *luna,* ›dem Mond‹.

Der gute Stand des Mondes wirkt sich auditiv (›das Gehör betreffend; von *audire,* ›hören‹) in Form (*forma,* ›die Gestalt‹) von Lärm aus. Ein urdeutsches Wort, möchte man meinen. Und doch ein – nicht unkompliziert über verschiedene Stufen vermitteltes – Lehnwort! ›Lärm‹ ist hervorgegangen aus ›Alarm‹: Das wiederum geht auf italienisch *all'arme* zurück – ›zu den Waffen!‹ *ad arma!* brüllten die Landsknechte, wenn Gefahr bestand. Geplagte (siehe oben) Schulweg-Anrainer wissen, in welch enger Beziehung ›Lärm‹ und ›Alarm‹ zueinander stehen …

duplus caseus und bullula – Lateinische fast-food-Ursprünge

Bei McDonald's dagegen löst das Kommen von Schülern berechtigte Profit-Erwartungen aus (›Vorteil‹, ›Gewinn‹ von *profectus,* ›Fortgang‹, ›Vorteil‹). Ihren Weg dorthin als ›anpeilen‹ zu bezeichnen ist ein umgangssprachlicher Lapsus (von *labi,* ›gleiten‹, also ein ›Ausrutscher‹), der hoffentlich durch den Lehnwort-Charakter nobilitiert wird (›veredelt‹ von *nobilis,* ›adlig‹, ›edel‹) – auch wenn diese Etymologie zugegebenermaßen in der Diskussion ist (der Glaube daran wird ›erschüttert‹: *discutere,* ›auseinanderschlagen‹, ›erschüttern‹). Wir jedenfalls wollen denen folgen, die ›peilen‹ von ›Pegel‹ und dies wiederum von lateinisch *pagella,* Verkleinerungsform von *pagina,* ›Seite‹, als aus Papyrusstreifen fest zusammengefügtes *pactus* Blatt, ableiten.

Auf deutlich sichererem Terrain (*terra,* ›der Boden‹) sind wir bei den übrigen Entlehnungen. Beim ›Dutzend‹ klingt noch das lateinische *duodecim,* ›zwölf‹, deutlich an; ›doppelt‹ ist ebenfalls für den ableitbar, der das gleichbedeutende lateinische *duplus* kennt – oder weiß, daß der Duplo-Riegel auf eine doppelte Schicht süßer Bestandteile hinweist. Das ›Duplikat‹ als ›Zweitschrift‹ rührt vom selben lateinischen Stamm her wie die ›Duplizität‹ der Ereignisse, die sich im schlichten Lehnwort-Deutsch einfach nur ›verdoppeln‹. Und da wir mittlerweile bei McDonald's angekommen sind, können wir auch den *double cheeseburger* ins Spiel bringen. Er enthält, wie auch jeder des Lateinischen Unkundige weiß, die doppelte Käse-Menge. Aber er schmeckt gewiß doppelt so gut, wenn man die etymologischen Hintergründe kennt und englisch *double* ebenfalls von lateinisch *duplex* abzuleiten vermag.

Vierfach so gut dürfte er schmecken (von einer Quadruplizierung des Effekts sprächen nur affektiert – *affectare,* ›erkünsteln‹ – Daherredende), wenn man sogar um die lateinische Herkunft von *cheese* und ›Käse‹ weiß. Beides lehnt sich an den lateinischen *caseus,* ›Käse‹, an – und wirkt dadurch erheblich vornehmer als das französische *fromage* oder das italienische *formaggio.* Diese Käse-Bezeichnungen leiten sich, wie bereits erwähnt, vom umgangssprachlichen *formaticum* (›in Form gebrachte Milch‹) ab, während die germanischen Sprachen sich an das hochsprachliche *caseus* gehalten haben – ebenso wie im romanischen Bereich das Spanische nur das vornehme *queso* kennt.

Objekt des McDonald's-spezifischen (*specificus,* ›eigentümlich‹) Kaufbegehrens ist natürlich zuvörderst der Hamburger, neben ›Fleischkloß‹ despektierlich (*de-spicere,* ›herab-schauen‹) auch ›Bulette‹ genannt. Sprachgeschichtlich ist das kein abschätziger Begriff. Wie könnte er auch, kommt er doch über das vornehme Französische aus dem nicht minder edlen Lateinischen! Er beschreibt schlicht die Form des Fleischkloßes: *bulla* ist die (Wasser-)Blase, die ›runde Kapsel‹. Römische Knaben der Oberschicht trugen, bis sie mündig wurden, eine solche *bulla* als Amulett (*amuletum,* ›Talisman‹) um den Hals. Sie war allerdings aus Gold, nicht aus Hackfleisch gefertigt, aber ebenso

›rund‹ wie die Bulette – nur kleiner, was ironischerweise der Verkleinerungsform Bulette (›kleine *bulla*‹) nicht anzusehen ist.

Mollige Körper durch Burger? – Latein ist nicht an allem schuld

Apropos ›rund‹: Auch das ist ein Lehnwort vom gleichbedeutenden *rotundus.*

Wer im übrigen zu viele von diesen ›kleinen *bullae*‹ ißt, droht mollig zu werden – wobei es als Trost dienen mag, daß dieser Zustand ein durch und durch lateinischstämmiger ist: *mollis,* ›weich‹, lieferte die Vorlage für den sich ja durchaus weich anfühlenden rundlich-molligen Körper. *corpus* wiederum stellte das Lateinische für den deutschen ›Körper‹ zur Verfügung. Für den Lateiner ist es freilich äußerst schmerzhaft, daß der lateinische Ursprungsbegriff von Möbelverkäufern wie von Fitneß-Studio-Adepten zunehmend als Maskulinum (›*der* Korpus‹) verwendet wird. *corpus, corporis* ist ein Neutrum, verehrte Verehrer lateinischer Originalbegriffe (*origo,* ›Ursprung‹), und deshalb heißt es wirklich *das* Korpus – was ihr als auch in anderer Hinsicht Latein-Bewegte wissen solltet, verkauft doch der eine ›Bewegliches‹ (›Möbel‹ von *mobilis,* ›beweglich‹, im Gegensatz zu ›unbeweglichen‹ Im-mobilien; beides von *movere,* ›bewegen‹), und erweist sich der andere doch als sich um sein (!) Korpus mühender Schüler (›Studio‹ von *studere,* ›sich bemühen‹; ›Adept‹ von *adipisci,* Partizip Perfekt *adeptus:* ›einer, der mit Mühe und Anstrengung etwas erreicht hat‹).

Auch wir haben etwas erreicht, nämlich das Ende unserer Erläuterungen zum Schüler-Buletten-Szenario, dessen Latein-Bezüge wir ratzekahl abgearbeitet haben. Sagt man in einem solchen Kontext ›ratzekahl‹? Eher nicht, aber es paßt (siehe oben) vom Bild recht gut: Unser

Erklärungs-Tableau (von *tabula,* im Deutschen als Lehnwort ›Tafel‹) ist, da nichts übrig ist, kahl; und zwar völlig, ›von der Wurzel her‹. Manche Linguisten leiten *ratze-* tatsächlich von *radix,* ›Wurzel‹, ab. Andere machen eher die ›Ratte‹ für die Kahlheit verantwortlich und erklären (von *clamare,* ›laut rufen‹) die ›Verwandtschaft‹ mit ›radikal‹ für eine wissenschaftlich nicht haltbare Volksetymologie. Wie dem auch sei: Mit ›radikal‹ sind wir wieder auf festem Lateingrund; etwas radikal entfernen bedeutet es ›mit der Wurzel‹ *radix* ausrotten. Als Lehnwörter hat die *radix* unseren ›Rettich‹ und unser ›Radieschen‹ hervorgebracht. Aber die gibt es bei McDonald's bekanntlich ja nicht zu kaufen.

Wohl aber die der Mollifizierung ihrer Fans verdächtigen Hamburger! ›Mollifizierung‹ ist eine artifizielle (*ars,* ›Kunst‹; *facere,* ›machen‹), also ›künstliche‹ Neubildung des Autors (*mollis,* ›weich‹; *facere,* ›machen‹; ›Mollifikatoren‹ und ›Mollifizierung‹ hören sich aber doch besser an als ›Dickmacher‹ und ›Verfettung‹ für die einschlägigen Verursacher und ihre Wirkungen). Mit dem aus dem Englischen übernommenen ›Fans‹ dagegen sind wir auf altlateinischem Boden: *fanatici* nannten schon die Römer ›begeisterte‹, aber eben auch ›besessen-rasende‹ Menschen.

Und die Hamburger selbst? Können wir ihnen nicht auch noch etwas Lateinisches abgewinnen? Ja und nein. Das *-burg* in Hamburg ist durchaus mit dem spätlateinischen *burgus,* ›Kastell‹, ›Burg‹, verwandt. Der Entlehnungsprozeß ist indes ein ganz anderer als bei allen bisher vorgestellten Wörtern: In diesem Falle ist das lateinische Wort aus dem Germanischen *burg* übernommen worden. Manch einer wird jetzt eher froh sein, daß damit die sprachliche Verantwortung für ›Burger‹ am Lateinischen vorbeigegangen ist...

Kommen wir zum Ende unseres kleinen Lehnwörter-Spaziergangs. Auch der lehnt sich – natürlich!? (›natürlich‹ ein Lehnwort von lateinisch *natura,* ›Natur‹) – ans

Lateinische an, nämlich an *spatium,* ›Raum‹, Entfernung‹; *spatiari* bedeutet ähnlich wie ›spazierengehen‹ ›einen Raum durchmessen‹. Wenn Astronauten demnächst keinen Spaziergang durch das All unternehmen, sondern einen Denglisch-gemäßen Space-Spaziergang, dann ist diese Alliteration keine zufällige, sondern eine auf der gleichen sprachlichen Basis beruhende, die natürlich beim größten denkbaren ›Raum‹ im Englischen Pate gestanden hat: *space.*

Das Ende des Lehnwort-Kurses (*cursus,* ›Lauf‹, ›Durchgang‹) signalisiert (*signum,* ›Zeichen‹) freilich keineswegs, daß wir unser sprachliches Pulver schon verschossen hätten – zumal auch Pulver vom lateinischen *pulvis,* ›Staub‹, entlehnt ist. Es gäbe durchaus noch einen prall gefüllten Korb *corbis* weiterer Lehnwörter, den man gewiß nicht als ›Rest‹ abtun kann, mithin als das, was ›übrigbleibt‹ *restat.*

Jux, Gaudi, Spaß – das ist Latein!

Sicher, wir haben bei der Zusammenstellung des Textes auch ein bißchen mit dem vorhandenen Sprachmaterial jongliert (›jonglieren‹ ist ein aus dem Französischen übernommenes Lehnwort; ›Jongleur‹ ist der lateinische *ioculator,* der ›Spaßmacher‹, ›Gaukler‹; das klingt auch noch fremd – ganz im Unterschied zu ›sicher‹, das wir aber ohne Sorge von lateinisch *se-curus,* ›sicher‹, da ›von der Sorge getrennt‹, als entlehnt vorstellen dürfen). Aber es war wirklich nicht schwer, einen entsprechenden Text zu formen (*formare,* ›bilden‹). Vollständigkeit streben wir an dieser Stelle indes nicht an; dazu gibt es Lexika.

Wir rufen uns daher mit einem energischen ›Stop!‹ zur Ordnung – und ›stopfen‹ damit unseren Drang, Erläuterungen weiter fließen zu lassen, mit einem übertragenen Stück ›Werg‹ oder ›Hanf‹, lateinisch *stuppa,* das ursprünglich dazu diente, undichte Stellen zu ›verstopfen‹, *stuppare,* und damit weiteren Abfluß zu ›stoppen‹.

Aber die Kostproben (nur zur Erinnerung: *constare* und *probare!*) zeigen doch, welchen Triumph das vermeintlich vermaledeite Latein auch in Sachen Lehnwörter im Deutschen errungen hat. Daß ›Triumph‹ von lateinisch *triumphus* übernommen ist, erstaunt weniger, als daß ›maledeien‹ aus *male dicere,* ›schlecht reden‹, ›verfluchen‹, entstanden ist. Das Gegenteil, das altertümliche ›gebenedeit‹, kennt man fast nur noch aus Kirchenliedern. Wenn zum Beispiel Maria als Gebenedeite besungen wird, so wird sie ›gutgeredet‹ *bene dicere,* ›gepriesen‹, ›gesegnet‹.

Ebenso gebildet, aber weniger eingedeutscht ist der Name Benedict (›der Gesegnete‹). Aus einsichtigem Grunde fehlt die Parallelbildung ›Maledict‹ als Name; die ›Malediktion‹ dagegen wurde früher durchaus für ›Schmähung‹, ›Verleumdung‹ verwendet.

Die Schlußfolgerung liegt nahe, daß es auch für solche etymologischen Einblicke ins lateinische Erbgut der deutschen Sprache lohnt, Latein zu lernen und daraus resultierende (*re-sultare,* ›zurück-springen‹) Einsichten als Zinsen für das investierte Lern-Kapital einzuheimsen. Dabei gehört die ›hinein-gekleidete‹ ›Hauptsumme‹ *in-vestire; caput* der Fremdwort-›Abteilung‹ an; die Zinsen dagegen sind ein Lehnwort zu lateinisch *censura.* Die römischen Censoren führten nämlich in regelmäßigen Abständen einen *census* durch, der das ›Vermögen‹ und die ›Steuerlast‹ der Bürger ›abschätzte‹ (*censere,* ›begutachten‹, ›schätzen‹). Der Zins ist daher ursprünglich die ›Steuerabgabe‹, wurde dann aber auch als Begriff für ›Abgaben‹ auf die geliehene ›Hauptsumme‹ (›Kapital‹) angewendet. Natürlich steht auch der Zensuren gebende Lehrer in der Nachfolge der römischen Censoren, die in ihrer Tätigkeit auch das moralische Verhalten der Führungsschicht ›zensierten‹ (›begutachteten‹). Außerhalb der Schule findet aber bekanntlich eine ›Zensur‹, eine staatliche ›Begutachtung‹ von Druckerzeugnissen, im demokratischen Rechtsstaat nicht statt; wohl aber dürfen und sollen Bücher ›(wieder) geschätzt‹, ›geprüft‹, also ›rezensiert‹ werden.

Manche der so gewonnenen Einsichten, das werden auch Latein-Renegaten (*re-negare,* ›verleugnen‹, ›abtrünnig werden‹) unter den Lesern (*legere!*) zugestehen, haben durchaus Pfiff (Lehnwort von *pipa,* ›Pfeife‹; auch ›piepen‹ von lateinisch *pipare*). Und es macht ganz einfach Spaß, auf solche sprachlichen Entdeckungsreisen zu gehen. ›Spaß‹ ist neben ›Jux‹ und ›Gaudi‹ schon der dritte einschlägige Begriff aus dem angeblich so freudlosen Latein; allerdings ›importiert‹ über das italienische *spasso,* ›Zerstreuung‹, ›Vergnügen‹, von lateinisch *ex-passus,* ›ausgebreitet‹, ›zerstreut‹. Manch einer wird sogar ob solcher Einsichten geradezu fasziniert sein und sich davon ›verhexen‹ *fascinare* lassen. Zumindest aber können solche Anwendungen lateinischer Vokabelkenntnisse (*vocabulum,* ›Benennung‹) doch auch als Baldrian auf den vom Lernen aufgewühlten Geist wirken und ihm damit zur ›Gesundung‹ verhelfen. Denn ›Baldrian‹ lehnt sich an lateinisch *valere,* ›gesund sein‹, an und ist wohl aus *valeriana,* ›Gesundheitskraut‹, hervorgegangen.

Wer indes Latein-Lernen als eine Art von Selbst-Kasteiung (›kasteien‹ von *castigare,* ›züchtigen‹, ›bestrafen‹) ablehnt, kann das, was er aus diesem Kapitel (›Haupt-Teil‹ eines Buches, von *capitulum,* ›Köpfchen‹) mitnimmt, gleichwohl als Bildungs-Tünche nutzen. Und sich sicher sein, daß er das Lateinische, ob er will oder nicht, ziemlich nah an sich herangelassen hat: Die ›Tünche‹ ist eine Entlehnung von *tunica,* dem hemdartigen Untergewand der Römer. Manchmal ist uns offensichtlich das lateinische Hemd näher als der germanische Rock.

III

›AGERE, FACERE, PONERE‹ – ALLERWELTSVERBEN AUF DER ERFOLGSSPUR

Agenda 2010 – Es gibt viele Dinge (!) zu tun!

Im Jahre 2003 stellte Bundeskanzler Gerhard Schröder die Agenda 2010 vor. Darunter waren wirtschafts- und sozialpolitische Kurskorrekturen zu verstehen, die gewissermaßen bis 2010 auf der Tagesordnung stehen sollten. Der Begriff war mit Bedacht gewählt, weil er sprachlich doppelt positiv ausstrahlte: Zum einen wirkte er entschlossen seriös – was bis dahin nicht gerade als Markenzeichen Schröderscher Politik gelten konnte –, und zum anderen klingt in Agenda ›aktiv‹ mit. Man wollte die Dinge nicht treiben lassen, sondern ›handeln‹. Hat der Anklang eine etymologische Grundlage? Keine Sorge: Er hat sie! Insoweit sind der sprachliche Befund und seine Wirkung seriös.

Der Begriff selbst wird freilich grammatisch falsch verwendet. Als Akkusativobjekt geht er auch beim gestrengen Lateiner durch: »Wir begrüßen die Agenda 2010« ist korrekt. Reiner Artikel-Zufall, denn schon das Dativobjekt müßte heißen: »Wir vertrauen den Agenda 2010« – und nicht ›der‹ Agenda. Ist das Wort Subjekt, so trennt das Prädikat die eingedeutschte Spreu vom lateinischen Weizen. »Die Agenda 2010 zeigt Wirkung«, behauptete die Regierung Schröder. »Sie zeigt keine Wirkung«, hielt die Opposition dagegen. Und beide lagen grammatisch daneben. Richtig wäre: »Die Agenda zeig*en* (keine) Wirkung.« Wie das? Weil Agenda das Gerundiv zu lateinisch *agere* ist – und zwar im Neutrum Plural. *agenda* sind ›Dinge, die getan werden müssen‹. Das End-*a* ist möglicherweise als ›typische‹ Femininum-Endung mißdeutet worden und hat das Wort zu einem weiblichen Singular werden lassen. Aber das ist lange vor Gerhard Schröder passiert.

Uns interessieren diese Ausrutscher auf dem glatten Parkett sprachgeschichtlicher Entlehnungen in diesem Kapitel nur am Rande. Im Vordergrund stehen einige lateinische Verben, die einen imposanten Siegeszug im deutschen Fremdwörtergut angetreten haben. Das Erfolgsrezept ist so schlicht wie effektiv: Man lasse sich als lateinisches Allerweltsverb oft und gern benutzen, vertrage sich gut mit Vorsilben, nehme dabei hin und wieder eine Vokalabschwächung in Kauf, setze großzügig auch klanglich unterschiedliche Perfektstämme als Bilde-Element ein, poche nicht unbedingt auf das lateinische Ursprungswort, sondern begnüge sich auch schon einmal damit, das Deutsche über andere – meist romanische – Sprachen zu ›unterwandern‹. Dieser Flexibilitäts-Cocktail garantiert größtmögliche Verbreitung im ehemals barbarischen Idiom.

Schauen wir uns das am Beispiel *agere* konkret an. Der Präsensstamm *ag-* wird zu *ig-*, wenn ein Präfix vorgeschaltet wird, also zum Beispiel *ex-ig-* oder *red-ig-*. Zu den Präpositionen, die als Präfixe vorgeschaltet werden können und so aus einem ›einfachen Verb‹ *verbum simplex* ein ›Kompositum‹ (zusammen-gesetztes Verb) werden lassen, sei auf das nächste Kapitel verwiesen. Warum die Schwächung des ›starken‹ *a* zu einem weniger starken *i*, obwohl es doch in *exígere* und *redígere* betont wird, also ›stark‹ ist? Weil in einem frühen Stadium der lateinischen Sprache jedes Wort auf der Anfangssilbe betont und damit die zweite Silbe bedeutungsloser wurde. Damals machte das starke *a* dem schwächeren *i* Platz; und das *i* behauptete sich, als sich die Betonungsregeln wieder änderten.

Neben dem Präsensstamm gibt es zwei Perfektstämme. Der eine, *eg-*, ist ›zuständig‹ für Verbformen im Aktiv, der zweite, *actum,* das Partizip Perfekt, für passive Formen. *eg-i,* die Erste Person Singular, heißt ›ich habe getan‹; *actum* zeigt an, daß etwas ›getan‹, ›verhandelt‹ worden ist.

Akte, Aktien, Transaktionen – Gehandelt wird immer

Akten‹ sind mithin Angelegenheiten, die bereits ›verhandelt‹ worden sind. Im ›Akt‹ hat sich etwas vollzogen wie zum Beispiel die ›Stellung‹ eines menschlichen Modells (nur im Deutschen wird das auf das reimende ›nackt‹ verengt), oder es vollzieht sich noch etwas wie bei einem Staats-, Feier- oder Trauer-Akt, im Theater oder – in Anlehnung an den ›nackten Akt‹ – im Bett. Dabei ist man dann in der Regel ›aktiv‹, ›handelnd‹, ›Akteur‹ des Geschehens und in ›Aktion‹, ›Handlung‹, begriffen.

Wer auf dem Börsenparkett agiert, handelt mit Aktien. Die haben sich indes aus einer spezielleren Bedeutung von *agere* ergeben: Mit diesem Verb drückten die Römer auch ein Handeln vor Gericht aus, und zwar von seiten des Anklägers, der vom Angeklagten etwas ›fordert‹ oder ›einklagt‹. Die Aktie ist eine ›einklagbare Forderung‹ gegenüber der Person oder dem Unternehmen, dem man Geld geliehen hat. Ist freilich die Firma pleite, hilft dem Aktionär meist weder besondere Aktivität noch umtriebige Agilität, ›bewegliche Handlungsfähigkeit‹, dabei, seinen aktuellen (›tätigen‹, das heißt zeitnahen, ›in der Gegenwart handelnden‹) Verlust wettzumachen.

In seltenen Fällen mag sich der enttäuschte Aktionär zum Agitator wider das kapitalistische, im konkreten Fall kapitalvernichtende System entwickeln. Er agitiert, das heißt, er wird eifrig tätig für seine (gewandelte) Überzeugung. Seine Agitation leitet sich natürlich ebenfalls von – einem allerdings schon im Lateinischen verstärkten – *agere* ab: *agitare* ist das sogenannte Intensivum zu *agere.* Es bezeichnet ein besonders heftiges, ›intensives‹ Tun.

Weniger aggressiv als der Agitator ist der Agent. *-nt* zeigt an, daß ein ins Deutsche übernommenes lateinisches Partizip Präsens vorliegt: ›ein Handelnder‹, der Geschäftsabschlüsse ›betreibt‹ oder auch schon einmal verdeckt in staatlichem Auftrag ›tätig‹ wird.

Wer agiert, muß mit Re-aktionen rechnen, also mit einem ›Zurück-Handeln‹ anderer. Die Extremen unter den Reagierenden sind diejenigen, die das Rad der Geschichte zurückdrehen wollen. Sie werden mit dem wenig schmeichelhaften Etikett ›Reaktionäre‹ versehen – und können sich nicht einmal selbstbewußt auf altrömische Vorbilder berufen. Denn das vom chemischen Terminus ›Reaktion‹ abgeleitete ›reagieren‹ ist eine neoklassische Bildung, die keinen lateinischen Vorläufer hat.

Re-agieren ist eine Zusammensetzung, die die Römer nicht schätzten. Denn sie wird ›erkauft‹ durch einen Hiat, das heißt zwei aufeinandertreffende Vokale, die zu einer kurzen Sprechpause zwingen. Anders, wenn man einen Übergangskonsonanten einfügt. In diesem Falle hat ein *d* diese ausschließlich phonetische Aufgabe übernommen: *re-d-igere* heißt das klassische Kompositum. Wir haben es als Fremdwort ›redigieren‹ übernommen, das ›(wieder) in Ordnung bringen‹ bezieht sich auf die Überarbeitung eines Textes. Man ›behandelt‹ ihn ›noch einmal‹ (*re-*). Die Substantive stehen dem *agere* näher: Der Redakteur – oder schweizerisch Redaktor – besorgt die Redaktion.

Bei der Trans-aktion wird dagegen von einem zum anderen ›hinüber‹ (*trans*) ›gehandelt‹. In-trans-igent – eine vornehm anmutende Bildung mit Doppel-Präfix – verhält sich jemand, der ›nicht‹ (Negation *in*) bereit ist, ›hinüber zu verhandeln‹. Der Volksmund sagt dazu ›stur‹.

Ist etwas so weit ›ausge- oder be-handelt‹, daß es keines weiteren Handelns bedarf, so ist es ex-akt.

Auf Genauigkeit kommt es auch beim Ex-amen an. Und tatsächlich hat es die gleichen sprachlichen Wurzeln. Das ›Heraustreiben‹ *ex-igere* des Züngleins an der Waage nannten die Römer *ex-agimen,* verkürzt zu *examen.* Daraus ergab sich die allgemeine Bedeutung des Abwägens und Prüfens. Hat nicht mancher Examinand – *-nd* zeigt an, daß mit ihm etwas geschehen *soll* – heute noch den Eindruck, es gehe darum, Kenntnisse aus ihm ›herauszubringen‹?

Die Römer haben sich nicht damit begnügt, das Handeln durch Präpositionalpräfixe zu variieren. Manchmal haben sie auch ein Akkusativobjekt oder ein Adjektiv mit *agere* verschmolzen – und wir sind ihnen dabei gefolgt. So beim Nav-igieren *navigare:* Da wird ›ein Schiff‹ *navis* ›getrieben‹; *castigare,* ›jemanden behandeln, daß er züchtig *castus* wird‹ – der Weg dahin führte gut römisch auch über das ›Züchtigen‹, ›Strafen‹ –, war im Mittelalter anscheinend so beliebt, daß sich das Lehnwort ›kasteien‹ daraus entwickelte. Wer den Darm ›rein machen‹ will, nimmt in vornehmer Mediziner-Sprache ein Purgativ; *pur-(i)gare* (*purum,* ›rein‹; *agere,* ›machen‹) nannten die Römer jede Form des Reinigens.

age, ›los!‹, ›mach voran!‹, war im alten Rom eine beliebte Aufforderung und zugleich eine Form der Zustimmung, die in manchen Kontexten unserem o.k. entspricht. Aus der Sicht von Lateinenthusiasten schade, daß sich das römische *age* nicht im Fremdwortschatz des Deutschen oder, hier noch besser, des Englischen eingebürgert hat. Sonst läsen wir auf digitalen Menü-Displays womöglich statt des grausam falschen o.k. (ursprünglich scherzhafte Abkürzung für *oll korrekt* statt *all correct*) ein beflügelnd richtiges *age!*

Den aufmunternden Zuruf *age!* braucht der Autor jetzt in besonderem Maße, wenn er auf den nächsten Punkt seiner Fremdwörter-Agenda schaut: *facere,* ›tun‹, ›machen‹, ist ein noch viel ergiebigeres Ursprungswort als *agere.* Auch dazu gibt es natürlich einen Imperativ. Er mag allerdings bei der Omnipräsenz der neuen Weltsprache Englisch bei Nicht-Lateinern auf Stirnrunzeln treffen: *fac!*

Zuviel Konfekt führt im Effekt zu gesundheitlichem Defekt – Variationen des Machens

Zunächst die Basisinformationen. Wie bei *agere* hat sich das *a* in zusammengesetzten Verben vom schwächeren *i* den Aussprache-Schneid abkaufen lassen: aus *in-facere* wurde also *in-ficere,* aus *de-facere de-ficere* und so weiter. Der Perfektstamm im Aktiv heißt *fec-,* das Partizip Perfekt Passiv ist *factum* beziehungsweise bei den Komposita *-fectum,* zum Beispiel *infectum.*

Ein Infekt ist etwas in einen Körper ›Hinein-Gemachtes‹. Wer sich infiziert, ›bringt‹ Krankheitserreger in sich ›hinein‹. Wohl dem, der das durch Des-in-fizieren noch rückgängig machen kann! *de-* (hier zur besseren Aussprache wegen des folgenden Vokals durch ein Binde-*s* ergänzt) heißt ›hinunter‹, ›weg‹, dem deutschen Präfix ent- vergleichbar. Sprachlich strenggenommen, kann Des-infektion nicht vorbeugend geschehen, sondern setzt ein vorheriges *in-ficere* voraus. Aber das sind philologische Empfindlichkeiten, die bei sprachlichen Übernahme-Prozessen gänzlich unangebracht sind. Weniger unangebracht scheint es, in diesem Zusammenhang die Kurzform ›Deo‹ für Deodorant als reichlich dämlich anzuprangern. Dessen Funktion ist es ja, den *odor,* ›Geruch‹, ›weg‹ (*de*) zu nehmen. Das einzige, was bei der Kurzform übrigbleibt, ist das *o.* Deo: »Weg mit dem o!« Und was ist mit dem ›Ziegenbock‹, wie die Römer den Achselschweiß gern umschrieben?

Mancher Infekt (richtiger wäre: manch*es,* da verkürzt aus dem Neutrum *infectum;* noch besser: die Infektion), hat einen gesundheitlichen Defekt – auch hier richtiger, aber rechthaberisch: *ein defect(um)* – zur Folge. *de-ficere,* ›weg-machen‹, ›verlassen‹; daraus intransitiv ›fehlen‹), führt zu einem als Fehler oder Schaden empfundenen Mangel. Bei einem Haushalts-Defizit ›mangelt‹ es an Einnahmen.

Viel angenehmer als Infekt und Defekt ist – zumal es den ›richtigen‹ Artikel hat – das Konfekt. Darunter versteht man das angenehm süß ›Zubereitete‹, das aus der Mischung, dem ›Zusammen-Machen‹ *con-ficere* leckerer Zutaten hervorgeht. Auch die ›Konfitüre‹ geht auf diese Wurzel zurück – ebenso wie ›Konfektion‹. Tja, damit müssen wir Normalverdiener uns wohl abfinden, daß da im Unterschied zur persönlichen Maßanfertigung allgemein etwas ›zusammen-gemacht‹, ›zusammengefügt‹ worden ist. Zum Trost: Im Lateinischen ist *conficere* als ›ausführen‹, ›anfertigen‹, durchaus wertneutral.

ex-(= ef-)ficere, ›heraus-machen‹, durch Aktivität ›aus‹ seinem früheren Zustand zu etwas ›machen‹, ›hervorbringen‹, hat sich mit gleich zwei Partizipien als ›effizient‹ (Präsens) oder ›effektiv‹ (Perfekt) für Fremdwortbildungen erwiesen. Effizienz und Effektivität – mit den Suffixen *-enz* und *-tät* die Fähigkeit anzeigend, ›aus‹ den Dingen etwas zu ›machen‹ – führen zu Effekten, ›hervorgebrachten‹ Wirkungen. Daß Effekten als Wertpapiere ›aus‹ Geld ›gemachten‹, erreichten Besitz darstellen, konnte man vielleicht vor dem Schwarzen Freitag oder dem effektvollen Platzen der New-Economy-Blase glauben, nicht aber mehr, nachdem bestimmte Effekten effektiv (›wirksam‹, daraus das vermutete Ergebnis verallgemeinernd: ›wirklich‹, ›tatsächlich‹) nichts mehr wert waren.

Das wiederum löste bei manchen Verlierern der Börsencrashs sehr negative Affekte aus. Es war ihrem Gemüt etwas ›an-getan‹ worden. Das Af-fizieren (*af- = ad-ficere*) der Seele kann natürlich auch von schönen Empfindungen ausgehen, so daß es auch positive Affekte gibt. Nicht nur bei den Stoikern: Die hielten, dem Ideal der stoischen Ruhe verpflichtet, alle *affectus animi,* ›Gemütsbewegungen‹, für schädlich. Reichlich affektiert finden das manche Kritiker – und verwenden das Fremdwort in einer schon den Römern gängigen Form: *affectare* als Intensivverb zu *afficere* bedeutet ›sich heftig, manchmal auch zu begierig an etwas machen‹. Das kann mit einem Verlust an Glaubwürdigkeit einhergehen: *affectatum* ist etwas Erkünsteltes, eben ›Affektiertes‹.

Wer bei der Plazierung seiner Effekten kein Defizit, sondern einen Profit erwirtschaftet, ›macht‹ gewissermaßen einen Sprung ›nach vorn‹ (*pro*). *proficere* bedeutet ›gewinnen‹, und der *profectus,* der im Französischen zum *profit* wurde und von dort ins Deutsche gelangte, ist ›das Gewonnene‹, ›der Gewinn‹. Näher am Lateinischen, da direkt übernommen, ist der Präfekt. Er ist einer großen Behörde oder einem Landesteil ›vorangestellt‹ *praefectus.* Schließlich die Vorsilbe *per.* Wenn etwas ›durch und durch‹, also ›bis zum Ende gemacht‹ worden ist, dann sollte es per-fekt sein. Im zeitlichen Sinne zu Ende Gebrachtes steht im Perfekt. Liegt es noch weiter zurück, ist es ›mehr als Perfekt‹, also ›Plus-quam-perfekt‹.

Fax und Factotum – Sprachliche Artefakte

Was dem *agere* recht ist, muß dem *facere* billig sein. In seinem Kompositum-Gewand *-ficere* verbindet es sich auch mit Adjektiven, Adverbien und Akkusativobjekten zu eigenständigen Wörtern: Alles, was im Deutschen auf *-fizieren* endet, ›macht‹ etwas mit seinem ersten Bestandteil. Einen Vertrag rati-fizieren heißt ihn ›gültig‹ *ratus* ›machen‹. Beim Exempli-fizieren ›macht‹ man ein ›Beispiel‹, beim Quali-fizieren ›macht‹ man etwas zu einem positiv ›Beschaffenen‹ *qualis,* beim Mumi-fizieren dagegen zu einer haltbaren Leiche.

Falsi-fizieren und Veri-fizieren, etwas als ›falsch‹ *falsum* oder ›wahr‹ *verum* erweisen, hätten die Römer zwar verstanden, gebildet aber haben sie diese Verben selbst nicht. Wie auch die meisten anderen Wörter auf *-fizieren* Neubildungen sind: identifizieren (›gleich machen‹) ebenso wie personifizieren (›zu einer Person machen‹), klassifizieren (›einer Abteilung zuweisen‹) und spezifizieren (›einer besonderen Art zuordnen‹), erst recht elektrifizieren (›elektrisch machen‹) und diversifizieren (›unterschiedlich anlegen‹). Das Zertifizieren (›sicher machen‹, einem bestimmten Standard anpassen) ist bei den lateinischen Kirchenvätern schon als *certificare* vorgeprägt, ebenso das Deifizieren (›vergöttlichen‹; *deificare*). Die Kodifikation des Rechts (›zur schriftlichen Aufzeichnung machen‹) war zwar in der Geschichte aller antiken Staaten ein Meilenstein, wurde aber auch von den Römern so nicht genannt.

Lateinische Begriffe, das zeigen diese und eine ganze Reihe anderer *-fizieren*-Begriffe, sind keineswegs an die historische Sprache der Römer gebunden. Sie blühen auch noch lange nach dem Untergang des Römischen Reiches und dem Aussterben der letzten *native speakers* als – unter Latein-Gebildeten – selbstverständliche Neukreationen auf. Da muß man manche Sumpfblüte wohl in Kauf nehmen.

Darunter fallen beispielsweise das Geowissenschaftlern vertraute ›petrifizieren‹ und das in Medizinerkreisen geläufige ›chronifizieren‹. Das eine soll ›versteinern‹, das andere ›chronisch werden‹ bedeuten. Beide Vorgänge sind indes intransitiv. Die Dinge ›werden‹ so, aber sie werden von niemandem so ›gemacht‹, wie es das *-fizieren* verlangt. Sicher keine böse Absicht, und doch – der echte Lateiner fühlt sich bei wissenschaftlich so anspruchsvoll daherkommender, aber sprachlich falscher Begriffsbildung fast ein bißchen ›culifiziert‹ (*culus* ist ein grober Ausdruck für den ›Hintern‹).

Bislang war nur von Fremdwörter generierenden Komposita die Rede. Aber natürlich hat auch das ›einfache‹ *facere* eine Menge zu bieten. Das wollen wir im folgenden ›faktifizieren‹, ›als Faktum erweisen‹. Nein, das Wort ›faktifizieren‹ gibt es nicht wirklich! Wohl aber das Faktum, ›das Gemachte‹, ›Geschehene‹ und damit Tatsächliche. Dem klassischen ›Faktum‹ ist in den letzten Jahren durch die vom Russischen, Ostdeutschen und Englischen nachhaltig propagierte Kurzform ›Fakt‹ mächtig Konkurrenz erwachsen – was nicht weiter schlimm wäre, wäre es bei der Verkürzung nicht zum Genus-Transvestiten mutiert: ›der‹ Fakt – das tut schon etwas weh, wenn man an den Ursprung vom Neutrum des Partizips Perfekt denkt. Aber so ergeht es einem sprachlichen Faktotum wie dem Lateinischen, das ›alles‹ *totum* ›macht‹ beziehungsweise mit sich machen läßt.

Beim ›Faktor‹ ist es zum Glück gutgegangen: Der ›Macher‹ hat als ›wichtiger Umstand‹ oder als mathematischer Vervielfältigungs-›Macher‹ mit Recht sein maskulines Geschlecht behalten – was keine unterschwellig frauenfeindliche Feststellung ist, sondern nur daran erinnert, daß alle Wörter mit dem Suffix *-tor* Maskulina im Lateinischen sind; wie etwa *mercator,* ›der Kauf*mann*‹, *piscator,* ›der Fischer‹ und *orator,* ›der Redner‹. Das jeweilige feminine Gegenstück bildet auf *-trix: mercatrix, piscatrix* und *oratrix* (was mit dem gallischen Obelix, Asterix *et cetera* nix zu tun hat).

Ähnlich wie Faktotum (›mach alles!‹) ist das – ebenfalls unrömische – Faksimile (›mach ähnlich!‹) gebildet, das wir in der Telekommunikation unter der wenig überzeugenden Kurzform ›Fax‹ verinnerlicht haben. Faktisch, ›tatsächlich‹, wird sich an diesem Sprachgebrauch nichts ändern, auch wenn es sich beim ›Fax‹ um ein sehr fragwürdiges sprachliches Artefakt (›Kunstprodukt‹) handelt.

Als Wortstamm drückt *fac-* auch eine ›Machbarkeit‹ aus; *facilis* ist etwas ›Machbares‹ und daher ›Mögliches‹; *facultas* ist die ›Machbarkeit‹, ›Möglichkeit‹ und ›Fähigkeit‹. Ein fakultatives Angebot ist deshalb ein ›mögliches‹; man ›kann‹ davon Gebrauch ›machen‹, muß es aber nicht. Lehrer, die eine Fakultas für ein Fach besitzen, sollten ›fähig‹ sein, es zu unterrichten; die Fakultät einer Hochschule verkörpert eine ›Fähigkeit des Wissens und Lernens‹, mithin eine bestimmte Lehr- und Forschungsrichtung.

Machen wir die sprachliche Rechnung auf oder ziehen wir, was hier näherliegt, ein ›Fazit‹ (*facit:* ›es macht‹, das heißt ›Ergebnis‹), so stellen wir fest: *facere* hat uns hinsichtlich der Faktizität (›Tatsächlichkeit‹, ›gegebene Wirklichkeit‹) seiner Eignung zur Fremdwortkreativität nicht enttäuscht. Selbst Sprachpuristen, die der Verwendung von Fremdwörtern abhold sind, dürfte es schwerfallen, gänzlich ohne die eine oder andere Anleihe bei *facere* oder *-ficere* auszukommen. Aber das mögen sie selbst entscheiden. Wir wollen niemanden zur Germano-Latinität bekehren, sondern jeden nach seiner Sprach-Fasson selig werden lassen. Auch die, die für Anglizismen schwärmen und diese als chic oder gar *fashionable* ansehen. Sie sollten nur wissen, daß sowohl ›Fasson‹ als auch ›Fashion‹ Variationen der Machbarkeit sind und folglich von *factio* abstammen …

Kompost und Kompott – Sprachgeschichtlich keine Opposition

Das dritte Allerweltsverb ist *ponere* mit den Stämmen *pon-, posu-* und *positus.* Es bedeutet ›setzen, stellen, legen‹. Stellt man sich auf bewußte Wirkung hin, so nimmt man eine ›Pose‹ ein oder bringt sich in ›Positur‹. Neutraler ist die ›Position‹, eine ›Stellung‹ oder ›Stelle‹.

Sehr modern ist es, sich in wichtigen Fragen zu ›positionieren‹: Man bezieht ›Stellung‹. ›Positionelles‹ Denken ist als hierarchiefixiert in demokratischen Gesellschaften zumindest offiziell nicht erwünscht, ›positives‹ dagegen sehr – wenngleich es von der Sprachgeschichte her in einem gewissen Widerstreit mit dem ebenso hoch im Kurs stehenden kritischen Denken steht. ›Positivum‹ ist nämlich ›das Gesetzte‹, ›Gegebene‹ – indem man es akzeptiert, bejaht man es. Verneint man es, so äußert man sich ›negativ‹ (von *negare,* ›verneinen‹).

Der (Wach-)›Posten‹ ist an einen bestimmten Ort ›gestellt‹. Für die ›Post‹ paßt das, auch wenn die Brief-Laufzeiten manchmal diesen Eindruck erwecken könnten, offenbar gar nicht. Nicht einmal, wenn man berücksichtigt, daß ›Post‹ über das italienische *posta* eingedeutscht worden ist und die italienische Staatspost nicht gerade als die dynamischste gilt. Die Lösung des Rätsels der scheinbar statischen Post ist eher kultur- als sprachgeschichtlicher Natur: Es waren die ›festgelegten‹ Wechselstellen für die Pferde und Boten des frühen Postwesens, die der Organisation den Namen gaben (*statio* oder *mansio posita,* ›die feste Station‹, wurde – übrigens über französische Vermittlung – zur sprachlichen Taufpatin des ›gelben Riesen‹).

Imposant ist die Zahl der aus den Komposita von *ponere* hervorgegangenen Fremdwörter – beginnend mit ›imposant‹ selbst. Wenn mir etwas imponiert, ›legt‹ es Eindruck ›in‹ mich, flößt es mir Achtung ein; ›be-ein-drucken‹ ist eine ähnliche, allerdings rein deutsche Bildung. Wer anderer Meinung ist, ›op-poniert‹ gegen eine bestimmte Auffassung, er ›stellt sich dagegen‹. Wenn sich die politische Opposition mit eigenen Vorschlägen ›weit aus dem Fenster lehnt‹, wie man heute in der Alltagssprache sagt, so ›ex-poniert‹ sie sich in gehobenem Deutsch; sie ›stellt sich heraus‹, hebt sich von der Normalität ab. ›Exponenten‹ der Opposition sind ihre ›heraus‹-ragenden Vertreter;

›Exponate‹ dagegen ›Ausstellungsstücke‹ in Museen. Im literarischen Bereich sind die ›Exposition‹ und das ›Exposé‹ angesiedelt, ersteres eine ›Ausstellung‹ in Form einer Erörterung beziehungsweise Einführung in die Handlung eines Dramas, das andere eine ›ausgestellte‹ Skizze eines literarischen oder filmischen Vorhabens.

Mit Kunst hat auch ein anderes Kompositum (›zusammengesetztes‹ Verb) zu tun: Das ›Zusammen-Stellen‹ von Noten nennen wir ›kom-ponieren‹ *com-ponere.* Auch der Literat strebt eine ›Zusammen-Fügung‹ von Einzelteilen seines Werks in Form einer ›Komposition‹ an. Etwas weniger kunstvoll geht es beim Kom-post zu; aber auch er ist ›zusammen-gesetzt‹ *com-positum* aus zahlreichen Bestandteilen. Das ›Kompott‹ (ebenfalls aus *com-positum*) ist dagegen nur aus Zucker und gekochtem Obst ›zusammen-gestellt‹. Man könnte diese beiden Bestandteile als ›Kom-ponenten‹ bezeichnen, die das ›Zusammengestellte‹ (Passiv) ›zusammenstellen‹ (Aktiv; *-nt!;* ›zusammenstellend‹). Mischt man das überlegt oder kunstvoll Zusammengestellte, so entsteht ein heftiges Durcheinander. Dieses ›bunte Gemisch‹ war früher – jedenfalls mehr als heute – als ›Mixtum compositum‹ bekannt.

Busse und Straßenbahnen werden im De-pot ›abgestellt‹. Im ›De-ponieren‹ schwingt gelegentlich neben der Bewegung des ›ab‹, ›weg‹ die gleichzeitige des ›hinunter‹ mit; ebenso bei der De-ponie, auf die Abfälle ›nieder‹- beziehungsweise ›weg-gelegt‹ werden *de-ponere.* Daß Ordnung auch eine Menge mit vorangehender Trennung zu tun hat, ruft uns *dis-ponere* mit der Grundbedeutung ›auseinander-stellen‹ in Erinnerung. Beim ›Dis-ponieren‹ werden verschiedene Vorhaben an verschiedene Orte gerückt, damit verteilt und zu einem getrennten und überschaubaren Ganzen ›geordnet‹. Der ›Dis-ponent‹ in einem Speditionsunternehmen ist der für die Verteilung der Aufträge zuständige ›Auseinandersteller‹. Steht etwas zur ›Disposition‹, so kann es vom ursprünglich vorgesehenen Ort ›weg-gestellt‹ werden: Es ist verfügbar oder ›dis-ponibel‹. Ist etwas dagegen schon ›disponiert‹, so ist es von anderem entfernt und damit ›geordnet‹ und ›geplant‹. Daß man eine ›Disposition‹ für eine bestimmte Krankheit hat – der Körper ist dafür gewissermaßen geplant –, muß nicht dem gelegentlichen Gefühl widersprechen, ›indisponiert‹ zu sein: Unpäßlichkeit kann sich gerade dadurch einstellen, daß der Körper generell zum Beispiel für eine zu große Menge Alkohol ›nicht geplant‹ ist.

Apropos Suppositorien …

Prae-ponere, ›voran-stellen‹, hat sich in der grammatischen Bezeichnung ›Präposition‹ im Deutschen erhalten: ›in‹, ›unter‹, ›nach‹, ›infolge‹, ›trotz‹ und so weiter sind in der Tat einem Substantiv ›vorangestellt‹. Gleichwohl ist der deutsche Begriff hier dem lateinischen an Aussagekraft überlegen: ›Verhältniswörter‹ geben ein örtliches, zeitliches, kausales oder Gegengrund-Verhältnis zwischen zwei Personen und/oder Sachen an. Manche Verhältniswörter wie ›wegen‹ oder ›entlang‹ können vor oder hinter der adverbialen Bestimmung stehen, ganz wenige wie ›halber‹ und ›zufolge‹ fast nur dahinter. Sie als ›nachgestellte Präpositionen‹ zu bezeichnen, wie es oft geschieht, ist ziemlich gedanken- und auf jeden Fall recht ›latein-los‹. Als hätte das Lateinische kein Gegenstück zu *prae!* Anstelle der abenteuerlichen Kombinationslogik von ›nach‹ und ›*prae*‹ sollte man von ›Postposition‹ sprechen.

Mit der ›Ap-position‹ (von *ad-ponere,* ›hinzu-stellen‹) bleiben wir in der grammatischen Begrifflichkeit. Die ›Hinzustellung‹ ist eine nähere Bestimmung durch ein Substantiv – und da sie, Sportreporter aufgemerkt!, als Erklärung zu einem anderen Substantiv ›hinzugestellt‹ wird, steht sie prinzipiell im gleichen Kasus wie die

›Hauptaussage‹: Ballack gibt weiter an Kurany, *den* Mittelstürmer.

Während sich das schon behandelte ›Opponieren‹ großer Beliebtheit erfreut, ist das ›Proponieren‹ ziemlich aus der Mode gekommen. Sprachlich natürlich nur! Unter einer ›Pro-position‹ verstand man früher einen Vorschlag oder Antrag, den man einer bestimmten Öffentlichkeit ›vor-setzte‹ *pro-ponere.* Der Antragsteller war folgerichtig der ›vor-setzende‹ ›Proponent‹. Ins zeitgenössische Deutsch hat sich immerhin über französische Vermittlung ein ›apropos‹ erhalten: *ad propositum,* ›zum vorgeschlagenen (Gesprächsgegenstand)‹, hätte ich da noch eine Idee ... Als Lehnwort zu *proponere,* das seine lateinische Herkunft erfolgreich verschleiert, kennen wir noch den Dom- oder nicht näher spezifizierten ›Probst‹. Auch der nicht näher spezifizierte muß weiter oben in der Kirchenhierarchie stehen, ist er doch ein *propositus,* ein ›Vorangestellter‹.

Zum Abschluß der als vielleicht etwas akademisch empfundenen Erläuterungen zu *ponere* und Komposita noch ein Tip für die lebensweltliche Alltagspraxis gefällig? Bitte schön: Es soll ja Zeitgenossen geben, die bei der Verschreibung von Sup-positorien durch den Arzt nicht so recht wissen, wie sie den Wirkstoff in ihren Körper bekommen, und die das Suppositorium nach üblicher Einnahmepraxis schlicht hinunterschlucken. Das würde selbst weltfremden Lateinern nie passieren. Denn sie wissen, daß *sup- sub* dazu auffordert, ein Zäpfchen ›unten‹ einzu›setzen‹.

Der Verfasser kann und will nicht verleugnen, daß er Pädagoge ist. Vermutlich verrät er sich hier und da mit etwas zu aufdringlichen Belehrungen. Zur Pädagogik gehören Transferübungen und Lernerfolgskontrollen. Beides zugleich legt er den Leserinnen und Lesern nahe, indem er sie zu eigenen, jedenfalls weniger gelenkten Blicken hinter die Kulissen der Fremdwortbildungen und -bedeutungen anstiftet. Was für *agere, facere* und *ponere* gilt, ›geht‹ genausogut mit anderen häufig gebrauchten lateinischen Verben wie *capere* beziehungsweise *-cipere* ›fangen‹, ›fassen‹ (akzeptieren, Rezept), *cedere,* ›gehen‹, ›weichen‹ (Rezession, Prozession), *ferre,* ›tragen‹ (transferieren, Konferenz, Differenz), *mittere,* ›schicken‹ (Mission, Emission), *regere,* ›lenken‹ (Regierung, Direktor, Erektion), *premere,* ›drücken‹ (depressiv, pressieren, Impression), *trahere,* ›ziehen‹, ›schleppen‹ (Traktor, abstrakt, extrahieren, Subtraktion), *struere,* ›bauen‹, ›schichten‹ (Struktur, konstruktiv, Instrument), *venire,* ›kommen‹ (Advent, Konvention, Inventur, präventiv) und *vertere,* ›wenden‹ (Version, Aversion, Kontroverse, reversibel).

Lust an der Erkenntnis, an semantischer Dechiffrierarbeit? Dann erwarten Sie interessante Perspektiven (*perspicere,* ›durch-schauen‹): ›Durchblicke‹.

IV

LATEINISCHE PRÄPOSITIONEN – FUNDAMENT EINES SPRACH-SCHATZES

Extrawurst und Ultraschall – Die Macht der Vorsilbe

Im Lateinischen ist *glutinus* ›der Leim‹. Wenn die Römer etwas ankleben, ankitten oder anheften wollten, sprachen sie von *agglutinare.* Das lateinische Wort ist wie die entsprechenden deutschen Verben aus einem einfachen Verb (*glutinare,* ›leimen‹, ›heften‹) und der Vorsilbe *ad-* (im Deutschen ›an-‹) zusammengesetzt. Zur besseren Aussprache wird *ad-* zu *ag-* assimiliert (›angeglichen‹); dadurch erübrigt sich eine kurze Sprechpause zwischen den beiden Bestandteilen des Wortes.

Die Sprachwissenschaftler haben den Begriff ›agglutinieren‹ übernommen. Sie verwenden ihn für unterschiedliche Phänomene. Im Bereich der Wortbildung gibt es sowohl im Lateinischen wie im Deutschen eine Form der Agglutination, die sich im ›Ankleben‹ von Vor- und Nachsilben an Grundwörter erweist. Beide Sprachen beherrschen diesen Trick zur Vervielfachung des Sprachmaterials perfekt. Das Deutsche hat sich freilich dadurch als noch virtuoser und offener erwiesen, daß es neben den eigenen Vorsilben auch lateinische Präfixe in großer Zahl übernommen hat – in der Regel im Zusammenhang mit ohnehin lateinstämmigen Wörtern, manchmal aber auch im Zusammenspiel mit eigenen deutschen Begriffen.

Mit dieser Offenheit gegenüber lateinischen Präfixen steht das Deutsche nicht allein. Auch die romanischen Sprachen und das Englische haben sie – meist in nur leichter Schreib- und Aussprachevariation – übernommen. Man kann daher, ohne zu vollmundig zu sein, mit Fug sagen: Die Kenntnis lateinischer Präpositionen – sie bilden das überwiegende ›Material‹ der Präfixe – ist ein Sprachschatz, der einem große Teile des Vokabulars zahlreicher Weltsprachen erschließt. Dem Anliegen dieses Buches entsprechend verengen wir im folgenden die Perspektive, indem wir uns auf das Deutsche konzentrieren.

Vollständigkeit kann dabei nicht angestrebt werden, ohne die Leser zu ermüden. Wir beschränken uns, was konkrete Beispiele angeht, auf die besonders häufig übernommenen Präfixe. Die weniger oft verwendeten sollen aber wenigstens im Überblick erwähnt werden, von *a* wie *ante* bis *u* wie *ultra.*

ante, ›vor‹, ist weitgehend aus der Mode gekommen. Wer mit Stil, also lateinisch, mogeln wollte, sprach früher vom ›Antedatieren‹ eines Dokuments. Heute sprechen wir ganz banal vom ›Vordatieren‹. *contra,* ›gegen‹, schätzen bei gutem ›Gegen‹-Blatt Skatspieler, die nicht nach den offiziellen Regeln spielen; ›kontraindiziert‹ sind Arzneimittel bei ›Gegenanzeigen‹. *extra,* ›außerhalb‹, lebt in der umgangssprachlichen ›Extrawurst‹ weiter, die jemand ›außerhalb‹ der üblichen Regeln beansprucht oder erhält; ›extraterrestrisch‹ nennen Physiker alles, was ›außerhalb der Erde‹ liegt.

infra, ›unterhalb‹, findet sich im ›Infrarot‹ und ›Infraschall‹ – beides liegt ›unterhalb‹ der menschlichen Wahrnehmung. *intra* dagegen meint ›innerhalb‹; ›intravenös‹ ist eine Injektion, wenn sie ihr Ziel ›innerhalb‹ einer Vene hat. Intrarollenkonflikte erkennen Sozialwissenschaftler dort, wo jemand ›innerhalb‹ einer bestimmten Rolle, die er spielt, abwägen muß – im Gegensatz zu Interrollenkonflikten, bei denen es um Probleme ›zwischen‹ *inter* unterschiedlichen Rollen geht.

Im Unterschied zu den meisten anderen Präfixen sind *intro* und *retro* keine Präpositionen, sondern Adverbien. Das eine bedeutet ›inwendig‹, ›hinein‹, das andere ›rückwärts‹, ›zurück‹. Eine Retrospektive ›schaut zurück‹ *spicere* auf das Werk eines Künstlers; ein introvertierter Mensch ist ›nach innen gewandt‹ *vertere. se-* vor Verbstämmen bedeutet ›beiseite‹, ›weg‹. Beim Se-parieren *se-parare* ›schafft‹ man etwas ›zur Seite‹ und ›trennt‹ es damit; ein Se-kret (*secretum* von *secernere*) ist etwas ›Ab-geschiedenes‹, im Englischen im übertragenen Sinne etwas von den Augen anderer ›Weg-genommenes‹ und damit Geheimnisvolles (englisch *secret*).

super- und *supra-* bezeichnen etwas, das ›oberhalb‹, ›über‹ einem anderen ist. Supervision ist eine ›Sicht von oben‹, supranational bedeutet ›überstaatlich‹, Supraleiter überschreiten die Leitfähigkeit anderer Stoffe bei weitem. *ultra* ist mit den beiden letzten Präfixen bedeutungsverwandt: ›jenseits‹, ›darüber hinaus‹. Ultraschall, Ultrakurzwelle und ultrakonservativ bezeichnen eine Größenordnung ›jenseits‹ der Normalität.

Von aggressiv bis regressiv – Variationen lateinischen Gehens

Den häufiger gebrauchten Präfixen nähern wir uns über Variationen in *-gredi.* Genauer gesagt, heißt das Ursprungswort *gradi,* ›gehen‹, ›schreiten‹. Tritt eine Präposition davor, so geht das starke *a* in ein schwächeres *e* über. Das Partizip Perfekt heißt *-gressus.* Mit diesem Basiswissen können wir in die Sache hineingehen, sobald wir uns klargemacht haben, wie viele Richtungen des Gehens vom Weg-gehen zum Hinüber-gehen bis zum Zurück-gehen es gibt.

Geht man heftig *auf* jemanden *zu,* so wirkt das aggressiv (*ad:* ›an, bei, zu‹); geht man in seiner geistigen Entwicklung zurück, so heißt das regressiv (*re:* ›zurück‹); schreibt man Ausgaben in sich allmählich vermindernder Weise ab, so verfährt man degressiv (*de:* ›hinunter, herab‹). Einen Tempusgebrauch schließlich mit neu einsetzenden Handlungen, die sozusagen ins Geschehen hineingehen, nennen Sprachwissenschaftler ingressiv (*in:* ›in, hinein‹). Fortschrittliche Menschen bezeichnen sich als progressiv (*pro:* ›nach vorn, vor, für‹); das Ende eines Vorgangs oder Zustandes kann man, obwohl selten gebraucht, mit einem lateinstämmigen ›egressiv‹ adeln (*e, ex:* ›aus, heraus‹). Gehen viele Menschen zielstrebig an einen Ort zusammen, so könnte es sich bei der Veranstaltung um einen Kongreß handeln (*con:* ›zusammen, mit‹). Bei einer Digression schweift man dagegen ab; man ›geht weg‹ vom eigentlichen Thema (*dis, di:* ›auseinander, weg‹).

Auch das Partizip Präsens lädt zur Bildung mit Präfixen ein: das *pro-* einer progredienten Krankheit kennen wir bereits, wissen also, daß es sich um eine ›fortschreitende‹ handelt; auch das *in-* bei Ingredienzien ist uns schon begegnet: Bestandteile, die ›hineingehen‹. Neu aber ist transgredient – da wird etwas ›überschritten‹ (*trans, tra:* ›hinüber‹).

Obwohl wir nicht in der Schule sind, könnten wir am Beispiel von *-primere* (alias *premere,* ›pressen‹, ›drücken‹; Partizip Perfekt: *pressus*) eine kleine Lernerfolgskontrolle ohne Nachhilfe des Autors veranstalten. Haben Sie nicht die Impression, daß zu komprimierte Stoffvermittlung im Oberlehrerstil repressiv wirkt, die Leser depressiv macht und sie expreßartig nach geistigen Kompressen verlangen läßt? Oder wenigstens nach einem Espresso? Herr Ober, es pressiert!

in – ›hinein‹ oder ›nicht‹?

Nach diesem Appetizer (*ad-petere,* ›anstreben‹, ›nach etwas verlangen‹) in Sachen Präfix-Variationen werden wir etwas systematischer. Dabei lassen wir uns zunächst von drei Gegensatz-Paaren leiten: *con-* und *dis-, ab-* und *ad-, ex-* und *in-.*

Ex- und Import ist das geradezu klassische Beispiel: im einen Falle werden Waren ›aus‹ dem Land ›gebracht‹, im anderen ›in‹ das Land. Exklusiv- und Inklusiv-Preise (*claudere,* ›schließen‹) schließen die Umsatzsteuer ›aus‹ oder ›ein‹. Der Emigrant ›wandert aus‹, der Immigrant ›ein‹ (*migrare,* ›wandern‹). Die Immatrikulation ist die ›Ein‹-Schreibung in das ›Verzeichnis‹ *matricula* der Studierenden, die Exmatrikulation die ›Aus‹-Schreibung. Eine Sache explizit zu erläutern heißt, sie ›auszufalten‹ *explicare,* ein implizites Vorgehen läßt sie ›eingewickelt‹. Beim Epilieren rupft man die Haare *pili* ›heraus‹, beim Implantieren ›pflanzt‹ man sie ›ein‹ – oder versucht es jedenfalls. Der Arzt injiziert eine Arznei und ›schleudert‹ *iacere* sie damit ›in‹ den Körper, der Physiker spricht vom ›Ejizieren‹, wenn Materie ›ausgeschleudert‹ wird.

Nicht selten fehlt allerdings die Bildung des Gegenteils. Zu ›evakuieren‹ (*e + vacuus;* ›aus-leeren‹), edieren (*e + dare;* ›heraus-geben‹) oder eliminieren (*e + limen;* ›weg von der Schwelle‹ nehmen, ›aus dem Hause treiben‹) gibt es keine *in*-Oppositionen. Umgekehrt ist auch *in-* oftmals auf sich allein gestellt: Beim Inkasso etwa (*in + capsa,* italienisch *cassa,* ›hinein in den Geldbehälter‹), bei der Inkarnation (*in + caro,* ›Fleisch‹, Verwandlung ›ins Fleisch hinein‹, ›Fleischwerdung‹) und der Infusion (*in + fundere,* ›gießen‹, ›fließen lassen‹).

Die Vorsilbe *in-* hat im Lateinischen allerdings noch eine zweite, dem Deutschen *un-* entsprechende Bedeutung: Sie drückt das Gegenteil aus. Instabil ist etwas, das ›nicht steht‹ *stare;* intolerant jemand, der andere Meinungen ›nicht erträgt‹ *tolerare;* immobil etwas ›Unbewegliches‹ *movere;* inkurabel jemand, der ›nicht heilbar‹ *curare* ist; infam etwas, das ›keinen guten Ruf‹ *fama* hat oder schafft; und intakt eine Sache, die ›unberührt‹ *tangere* und damit unversehrt ist. Damit bleibt die Liste der *in-* und *ex*-Wörter im Deutschen zwar inkomplett (*complere,* ›füllen‹); die Leser indes bleiben ›in-e-nerviert‹ (ihre ›Nerven‹ werden ›nicht‹ ›heraus‹genommen).

Konkubinen und Kumpane – Vertraute Mit-Menschen

Die Vorsilben *di(s)-* und *con-* beziehungsweise *com-* bilden ein Gegensatzpaar von ›weg‹, ›auseinander‹, ›getrennt‹ beziehungsweise ›zusammen‹, ›mit‹, das eher selten in direkten Oppositionen wie bei ›divergieren‹ und ›konvergieren‹ (›auseinander-‹ beziehungsweise ›zusammenstreben‹) oder ›Kontribution‹ (bei der etwas auf *einen* Empfänger hin ›zusammen zugeteilt‹ wird) und ›Distribution‹ (bei der Waren an verschiedene Empfänger ›auseinander zugeteilt‹ werden) vorkommt – oder sogar in einem einzigen Wort wie ›Diskontinuität‹ (*dis* + *con* + *tenere,* ›nicht zusammen halten‹). Wohl aber werden die beiden Präfixe einzeln großzügig vom Deutschen eingesetzt: ›kooperieren‹ und ›kollaborieren‹ als unterschiedliche Formen des ›Zusammenarbeitens‹ *operari; laborare,* ›koedukativ‹ als ›gemeinsame Erziehung‹ *educare* beider Geschlechter, ›Kollekte‹ als ›gemeinsames Sammeln‹ *legere,* ›Konkubine‹ als ›Mit-Liegerin‹ *cubare* oder ›Koalition‹, bei der man ›gemeinsam wächst‹ *alescere.* Selbst das ›Kostüm‹ drückte ursprünglich ein Miteinander aus – nämlich die Tracht, die man aus ›gemeinsamer Gewohnheit‹ *consuetudo* trug.

Bei *di-, dis-* oder *dif-* gehen die Dinge auseinander. Eine Dissonanz ist ein ›Mißklang‹ *sonare,* eine Diskrepanz ein ähnlich disharmonisch (griechisch *harmonia,* ›Fügung‹)

auseinanderstrebender Schall *crepare.* Beim Diskriminieren wird jemand ins ›Abseits bestimmt‹ *cernere,* beim Diskutieren sollen Argumente ›auseinandergeschüttelt‹ *quatere,* und beim Diffamieren soll jemand von seinem ›guten Ruf‹ *fama* ›getrennt‹ werden. Erfreulicher ist – jedenfalls in unseren Geiz-ist-geil-geprägten Zeiten – der Diskont beziehungsweise *discount:* Denn da wird vom Preis etwas ›weg-gerechnet‹ *dis-computare.*

Manchmal haben *dis-* und *con-* ziemlich überraschend auch etwas mit dem Essen zu tun. Der Kumpan und auch der Kompagnon waren ursprünglich Menschen, ›mit‹ denen man ›gemeinsam‹ sein ›Brot‹ *panis* einnahm. Und sowohl das morgendliche Dejeuner als auch das festliche abendliche Din(n)er verdanken ihre Bezeichnung dem Präfix *dis-* – das erlöst die Speisenden nämlich vom Zustand der *ieiunitas,* der ›Nüchternheit‹, ›Leere des Magens‹ (beides aus *dis-ieiunus* entstanden).

Wo Verwechslungen zum Gegenteil führen – Das Präfixpaar ab- und ad-

Ein weiteres Gegensatzpaar ist *a-* beziehungsweise *ab-* (›weg, von‹) und *ad-* einschließlich zahlreicher Assimilationsvarianten (›an, bei, zu‹). Ein Absolvent ›löst sich von‹ *ab + solvere* einer Institution wie zum Beispiel einer Universität; ein Abstinenzler *abs + tenere* ›hält sich fern‹ vom Alkohol, kommt also nicht in die Gefahr des Alkohol-Abusus *ab + uti,* ›Mißbrauchs‹, oder eines abnormen (*ab + norma;* ›weg von der Richtschnur‹) Trinkverhaltens, bei dem die Besinnung mitunter abrupt *ab + rumpere* ›wegbricht‹.

Auch der berühmt-berüchtigte fünfte Fall des Lateinischen, der Ablativ, trägt das Präfix *ab-* (+ *latus,* von *ferre,* ›tragen‹) – von den antiken Grammatikern so benannt, weil eine seiner Funktionen die des Trennens ist. Eine

Verkürzung auf den Separativ, bei der die anderen beiden Ablativ-Funktionen (Instrumentalis und Lokativ) weggefallen sind.

ad- begegnet uns, weil es sich vor Konsonanten lautlich angeglichen besser sprechen läßt, in zahlreichen Assimilationsformen: von af-fin, ›an-grenzend‹ *ad+finis* über ag-gressiv, ›heran-gehend‹ *ad+gradi,* Ak-kumulation, ›An-häufung‹ *ad+cumulus,* An-nonce, ›Ankündigung‹ *ad+nuntiare,* ap-portieren, ›heran-bringen‹ *ad+portare,* ar-rogant, ›an-maßend‹ *ad+rogare* bis zur As-servatenkammer *ad+servare,* in der *corpora delicti* ›auf-bewahrt‹ werden. Wir beenden die Passage auch hier mit einem grammatischen Begriff: Das Adverb gehört ›zum Verb‹ *ad+verbum.* Freilich auch dies eine Verkürzung seiner Funktion, denn ein Adverb bestimmt ja auch ein Adjektiv oder ein anderes Adverb näher! Nun aber adieu zu diesem Präfix-Paar, ›zu Gott‹ befohlen *ad+deum!*

Ein ›Prost!‹ soll uns nach vorn bringen

Die nächsten Präfixe werden einzeln behandelt, auch wenn sie hier und da in Bedeutungsopposition stehen können. Apropos (*ad propositum,* ›zum vorgenommenen‹ Thema) ›Opposition‹ – *ob-* bedeutet ›entgegen‹; opponieren *op+ponere* also sich ›entgegenstellen‹, obstruieren gar ›entgegen bauen‹ *ob+struere* im Gegensatz zum Kon-struieren. Angenehmer ist das Offerieren *ob+ferre;* bei dem man etwas ›entgegenträgt‹ und es damit wie zum Beispiel eine Oblate (*ob+latus,* ›entgegengetragen‹) anbietet. ›Dem Hafen gegenüber‹ und damit ›günstig zur Fahrt gelegen‹ nannten die Römer *opportunus* (*ob+portus*). Vom negativen Beigeschmack des Opportunismus waren sie ebenso weit entfernt wie die Engländer, wenn sie von *opportunity,* ›günstiger Gelegenheit‹, sprechen. Auch das Deutsche kennt das – nicht anrüchige – Opportunitätsprinzip, bei dem sich das Handeln nach ›Zweckmäßigkeit‹ richtet.

Deutlich positiver als *ob-* ist *pro-*. Wer ›pro‹ ist, steht ›für‹ etwas oder orientiert sich ›nach vorn‹. So ›stößt‹ etwa der Propeller das Flugzeug ›voran‹ *pro + pellere;* Bilder zu projizieren heißt, sie ›nach vorn zu werfen‹ *pro + iacere,* etwas zu prolongieren bedeutet es ›nach vorn‹, in die Zukunft, zu ›verlängern‹ *pro + longus.* Prostituierte pflegten ihre Körper im Alten Rom ›vor‹ ihrer Behausung ›hinzustellen‹ *pro + statuere* und sie damit öffentlich anzubieten. Hier wie in ›proklamieren‹ (*pro + clamare,* ›nach vorn rufen‹), ›propagieren‹ (*pro + pangere,* ›nach vorn in den Raum treiben‹) und ›protestieren‹ (*pro + testari,* ›nach vorn bezeugen‹) enthält *pro-* nicht selten die Vorstellung, etwas in die Öffentlichkeit zu bringen.

Der Prospekt ist eine ›Voraus-Schau‹ *pro + spicere* des Tatsächlichen, ein Provisorium ein behelfsmäßiges ›Vorsehen‹, ›Vor-sorgen‹ *pro + videre. pro,* ›für‹ in der Bedeutung ›je‹ (›pro Stück‹), kannten auch die Römer schon. Sie sagten aber *centesima* (*pars*), ›der hundertste Teil‹, oder *millesima* (*pars*), ›der tausendste Teil‹, wenn sie ›Prozent‹ (*pro + centum,* ›auf hundert‹) beziehungsweise Promille (*pro + mille,* ›auf tausend‹) meinten. Zum letzten Begriff fällt uns ein kräftiges Prost! ein – eine Zusammenziehung aus *pro-sit,* ›es soll für (dich) sein!‹, ›es möge nützen!‹. Wer denkt schon in dem Augenblick daran, daß im ›Zuprosten‹ eine bemerkenswerte Kombination von deutschem und lateinischem Präfix (zu + *pro*) steckt?

Neben solchen Zusammensetzungen führt *pro* auch ein Eigenleben, indem es vor Begriffen steht, ›für‹ die – beziehungsweise für deren Inhalte – man eintreten will. ›Pro Familia‹, ›pro Asyl‹ und ›pro Natur‹ sind allgemein bekannt. Ein Blick in das Telefonbuch verrät, daß sich darüber hinaus etliche Unternehmen vom ›Pro‹ im Namen das Image (*imago,* ›Bild‹) des Dynamischen, Vorwärtsgewandten versprechen. Da gibt es Firmen, die sich

›Pro Reisen‹ oder ›Pro Parkett‹ oder auch in lateinisch-englischer Harmonie ›Pro Consult‹ oder ›Pro Advice‹ nennen.

Löblich, wenn sich ein großes Münzhandelshaus lateinisch profilieren will und sich Pro Aurum (›Für das Gold‹) nennt! Grammatisch liegt es damit aber nicht goldrichtig; bei Pro Aur*o* könnte es sich auch im Geschäft mit Lateinern eine goldene Nase verdienen. Das gleiche – oder angesichts des Ortes noch schlimmer! – in Italien. Gegen die als zunehmend repressiv empfundene Behandlung von Rauchern setzt sich ein Geschäft in der Innenstadt Roms energisch zur Wehr: ›pro fumum‹ nennt sich der Laden für Raucherbedarf – und übersieht dabei, daß, wenn man das Bekenntnis zum ›Rauch‹ schon mit der Sprache der bekanntlich nichtrauchenden alten Römer adeln will, es bitte schön *pro fumo* heißen müßte – *pro* steht nämlich mit dem Ablativ, und *fumum* ist Akkusativ – wie man zum Beispiel am Namen einer – nicht nur gesünderen, sondern auch grammatisch verläßlicheren – Bekenntnis-Organisation ablesen kann: ›Pro lingua Latina‹.

Was vorn ist, hat das Prä

Kasus-Probleme verursacht mitunter auch das Präfix *prae,* ›vor‹ (*prae*+*figere,* ›vor-heften‹). Es steht im Deutschen, mit einem Verb zusammengesetzt, gelegentlich mit dem Dativ. Daß der Präsident (*prae*+*sedere,* ›vorsitzen‹) *dem* Bundestag präsidiert, wird meist richtig gesagt. Beim Präludieren (*prae*+ *ludere,* ›vorspielen‹) hört man dagegen nicht selten den Akkusativ. Tatsächlich aber präludiert das Orgelspiel *dem* Chorgesang. Ein Präjudiz *prae*+ *iudicare* ist ein ›Vor-Urteil‹, eine Entscheidung, hinter die man nicht mehr zurückkommt, ähnlich wie ein Präzedenzfall so wirksam ›vorangeht‹ *prae*+*cedere,* daß in ähnlichen Fällen genauso verfahren werden muß. Die Prämisse ist eine Voraussetzung, weil bei ihr eine Feststellung ›vorangeschickt‹ *prae + mittere* wird.

Zu den Präliminarien gehört alles, was ›vor der Schwelle‹ *prae + limen* zum Eigentlichen, Bedeutsamen liegt. In gewisser Weise trifft das auch auf ein Präservativ zu: Es soll ›vorher beobachten und bewahren‹ *prae + servare* – eine Präventivmaßnahme sozusagen, mit der man einer unerwünschten Entwicklung ›zuvorkommen‹ *prae + venire* will. Ein ›Prä‹ (›Vorteil‹, ›Vorrang‹) in den Augen des Autors aber hat, wer prälakteale Dentition aufgrund seiner Latein-, nicht seiner Mediziner-Kenntnisse versteht: Es handelt sich dabei um den Prozeß des Zahnens vor der Herausbildung der Milchzähne (*dens,* ›Zahn‹; *prae,* ›vor‹, *lac,* ›Milch‹). Etwas prätentiös, dieser Schluß? (*prae + tendere,* ›vor sich hinhalten‹, ›vormachen‹; daraus ›selbstgefällig‹): Präzise erfaßt! (*prae + cisus,* ›vorn abgeschnitten‹; daraus ›kurz und bündig‹).

Mit de- und sub- geht's nach unten

Vom ›voran‹ zum ›herab‹, ›ab‹ und ›weg‹ – lateinisch *de-,* häufig gleichbedeutend mit dem deutschen Präfix *ent-.* Vornehmeres Ent-haaren nennen wir De-pilieren (*pilus,* ›Haar‹), vornehmeres Ent-arten De-generieren (*genus,* ›Art‹, ›Abstammung‹), vornehmeres Entjungfern De-florieren (›Ab-pflücken des *flos,* ›der Blüte‹), vornehmeres Ent-stellen schließlich De-formieren (›weg mit der Gestalt, Schönheit‹, *forma*).

de- zieht häufig in eine weniger schöne Stimmung oder Welt ›hinunter‹. Das erweist sich im Demolieren (*de + moliri,* ›nach unten ins Werk setzen‹, ›niederreißen‹) ebenso wie im Degradieren (*de + gradus,* ›eine Stufe herab‹), in der Dekadenz (*de + cadere,* ›herabfallen‹ von einer zivilisatorisch-ethisch erreichten Stufe) ebenso wie in der Depression (*de + premere,* ›hinabdrücken‹), in despektierlichem Verhalten (*de + spicere,* ›herabschauen‹) ebenso wie in demotivierenden oder demoralisierenden Verhaltensweisen (*de + movere,* ›jemanden nach unten bewegen‹; *de + mores,* ›den Charakter, die Einstellung nach unten‹ bringen).

Gottlob gibt es aber auch erfreulichere *de*-Bewegungen – und zwar immer dann, wenn der Grundbegriff gewissermaßen negativ hoch angesiedelt ist. Ausgesprochen förderlich ist es zum Beispiel, einen kontaminierten, das heißt ›verseuchten‹ Boden zu de-kontaminieren, einen gefährlichen Konflikt zu de-eskalieren (*de + scalae,* ›von der Treppe herab‹) oder eine Armee zu de-mobilisieren (*de + mobilis,* ›von der Bewegung wegbringen‹).

Auch die Arbeit des De-tektivs ist in der Regel eine verdienstvolle; er ›ent-hüllt‹, nimmt die ›Decke weg‹, ›deckt auf‹ *de + tegere.* Und gelegentlich ist auch die Demission (*de + mittere,* ›wegschicken‹; Entlassung, Rücktritt) eines Ministers nicht gänzlich unangebracht. Ob indes das tiefe Dekolleté (*de + collum,* ›nach unten mit dem Hals‹) etwas eher Wünschenswertes oder eher Anstößiges ist, darüber sind die Meinungen geteilt. Manche halten das gar für degoutant (*de + gustus,* ›weg mit dem Geschmack‹, ›geschmacklos‹). Doch erscheinen derartige Definitionsfragen (*de + finire,* ›ab-grenzen‹) an dieser Stelle reichlich deplaciert (*de + platea,* ›weg vom Platz‹, ›fehl am Platz‹).

Substantieller dagegen ist die Beschäftigung mit einem weiteren Präfix, das die Bedeutung von *de,* ›hinab‹, gewissermaßen fortführt: *sub-* heißt ›unten‹, ›unterhalb‹. Und Substanz hat etwas mit ›Unterbau‹ zu tun (*sub + stare,* ›darunter stehen‹). Die Subvention kommt zwar in der Regel ›oben‹ vom Staat, aber sie ›kommt unten‹ zu etwas hinzu: Und so bedeutete schon bei den Römern *subvenire* ›helfen‹. In der biologischen Fachsprache heißt ›unterseeisch‹ ›submarin‹ (*sub + mare,* ›unter dem Meer‹); ›subkutan‹ nennen die Mediziner das, was ›unter der Haut‹ ist oder ›unter die Haut‹ geht *sub + cutis.* Das Subjekt haben die antiken Grammatiker so genannt, weil sie es dem Prädikat für ›unterworfen‹ *sub + iacere* hielten; die Subkultur ist in der Soziologie eine ›Unter‹-Gruppe innerhalb eines übergeordneten Kulturbereichs, ähnlich wie die Subspezies eine ›Unter-Art‹ in der Biologie bezeichnet.

Im Unterschied zur Repression, die ein ›Zurückdrängen‹ persönlicher Entfaltung und Freiheit beschreibt *re + premere,* ist die vom Arzt betriebene Suppression etwas Positives: Sie soll eine Krankheit ›unterdrücken‹ *sub + premere.* Manchmal geschieht das mit Hilfe von ›unten (ein)gelegten‹ Suppositorien, vulgo ›Zäpfchen‹ *sub + ponere.* Im ernsthaften Gebrauch noch nicht recht durchgesetzt hat sich ›suboptimal‹ – ›unterhalb des Bestzustandes‹, häufig ironisch verwendet, um etwas *weit* vom Bestzustand Entferntes zu charakterisieren. Dabei ist diese Wortbildung deutlich erträglicher als die üblen Steigerungsformen von ›optimal‹: ›optimaler‹ und ›am optimalsten‹ ist nämlich wirklich suboptimal, weil wir im Deutschen ja auch nicht vom ›Besteren‹ und ›Bestesten‹ sprechen.

Vorsilbenkunde – Intersubjektiv transparent und traditionell interessant

Vom Subskribieren zum Transkribieren – im ersten Fall ›unterschreibt‹ *sub + scribere* man eine Bestellung, bevor ein Buch überhaupt produziert ist, und erhält dadurch den günstigeren Subskriptionspreis; im zweiten Fall ›schreibt‹ man ›hinüber‹ in eine andere Schrift, also zum Beispiel von kyrillischen oder griechischen Buchstaben in lateinische. *trans* bedeutet ›hinüber‹, ›hindurch‹ und ›jenseits‹. Von transatlantischer Partnerschaft – ›über den Atlantik hinweg‹ – ist in der Außenpolitik viel die Rede, von notwendigen Transformationsprozessen in der Wirtschaft (*trans + forma + procedere,* ›fortschreiten über die – alte – Gestalt hinaus‹) ebenso.

Bei der Transfusion wird Blut ›hinübergegossen‹ *trans + fundere,* bei der Tradition werden Werte und Normen ›übergeben‹ *trans + dare.* Transzendent ist, was die Grenzen der mit den Sinnen erfaßbaren Welt ›überschreitet‹ *trans + scendere,* ›transsexuell‹ ist, wer in ein anderes ›Geschlecht hinüber‹ geht. Der Transvestit ›kleidet sich hinüber‹ zum anderen Geschlecht *trans + vestire* und wundert sich vielleicht, daß er in den neuen Kleidern transpririert, das heißt am Schweiß erkennbar ›durchatmet‹ *trans + spirare.* Die Liste der Beispiele dürfte genügen, um die Bedeutung von *trans* transparent gemacht zu haben (*trans + parere,* ›hinüberscheinen‹, ›durchscheinen‹).

inter- ist wie *trans-* als Präfix in aller Munde: international, interfraktionell, interkonfessionell, interkulturell, interparlamentarisch, interkontinental, intergalaktisch – stets spielt sich ›zwischen‹ mindestens zwei ›Partnern‹ unterschiedlichster Art etwas ab. *inter-* verbindet, sowohl bei der Interaktion *inter + agere,* bei der ›zwischen‹ Menschen ›gehandelt‹ wird, als auch beim Interregnum, einer Zeitspanne, die ›zwischen‹ zwei ›Regierungen‹ liegt und selbst gewissermaßen das Bindeglied darstellt.

Auch das Interesse hat etwas durchaus Verbindendes. Wer sich interessiert, ›ist dazwischen‹ *inter + esse,* nimmt also an bestimmten interessanten Personen und Dingen Anteil. Das Interesse kann sich auf Naheliegendes, aber auch ganz Fernes beziehen: *inter-* signalisiert, daß ein – geistiger – Kontakt zustande gekommen ist. Sehr starkes Interesse führt gelegentlich zur Intervention, die meist mehr Verbindung schafft, als der anderen Seite lieb ist: Der Intervenierende ›kommt‹, ob gerufen oder nicht, ›dazwischen‹ *inter + venire.*

Das Interpretieren ist ein Vermittlungsakt ›zwischen‹ dem Text und dem Leser; der *interpres* war bei den Römern ein Unterhändler, der ›zwischen‹ zwei Parteien vermittelte. Der rein sprachlich vermittelnde Dolmetscher wurde ebenfalls *interpres* genannt: Er garantierte die Kommunikation zwischen Menschen verschiedener Sprache.

Von der Interpunktion hielten die ›klassischen‹ Römer dagegen weniger; lateinische Texte waren in *scriptio continua,* ›durchgängiger Schrift‹, geschrieben. Es oblag dem Leser, die Wortgrenzen zu erkennen. Mit dem ›Dazwischen-Stechen‹ *inter+pungere* von Trennzeichen kam vordergründig etwas Trennendes in die Texte, so daß unsere These vom verbindenden *inter-* hier nicht so recht zu passen scheint. Tatsächlich spielte bei der Wortbildung der ›technische‹ Aspekt die entscheidende Rolle, insofern in den ›Zwischenraum‹ von Wörtern zusätzliche Zeichen ›gestochen‹ wurden oder, genauer gesagt, ein Zwischenraum dadurch erst entstand. Inhaltlich gesehen ist die Interpunktion indes sehr hilfreich; sie lenkt das Verständnis und verbindet Teile von Aussagen miteinander. Hoffen wir, daß diese Interpretation intersubjektiv (›zwischen verschiedenen Personen‹ vermittelbar) einsichtig ist!

Perfektion in Permanenz – Durch und durch wünschenswert?

Inter hat mit *per* im Lateinischen eine Gemeinsamkeit: Beide Präpositionen stehen mit dem Akkusativ. Was das mit dem Thema des Buches zu tun hat? Zum Beispiel, daß manch einer sein Jahreseinkommen mit soundso viel Euro *per anno* angibt – was entweder eine mißliche Mischform aus Latein und Italienisch ist oder schlicht falsches Latein: *per annum* muß es heißen – oder *pro anno.* Aber das andere, zunehmend zu Hörende und zu Lesende, geht nicht! Lateinkundige erkennen das an anderen noch gebräuchlichen lateinischen Ausdrücken wie *per pedes,* ›durch‹, ›mit Hilfe der Füße‹ irgendwohin kommen. Oder auch an der ärztlichen Anweisung, etwas *per os* einzunehmen, ›durch den Mund‹, beziehungsweise etwas *per anum,* ›durch den After‹, einzuführen. *per acclamationem* ist gewählt, wer ›durch Zuruf‹ eindeutig gewünscht wird. *per* bedeutet also, das dürfte *per se* (›durch sich selbst‹) klargeworden sein, ›durch‹, ›hindurch‹, ›mittels‹.

Eine Perforation ist mithin eine ›Durch-Bohrung‹ *per + forare,* permeabel ist eine Membran, wenn sie ›durchgehbar‹ ist (*per + meare* + Suffix *-bel,* das die Möglichkeit ausdrückt); persistent ist eine Krankheit, die ›durchgängig bestehen bleibt‹ *per + sistere,* sich also als hartnäckig erweist.

Bei ›permanent‹ liegt eine gesteigerte Bedeutung des Präfixes im Sinne eines ›durch und durch‹ vor. *manere* heißt schon ›bleiben‹; ›manent‹ wäre daher als ›bleibend‹, ›dauerhaft‹ ausreichend. Mit dem Präfix *per-* wird die Dauerhaftigkeit zusätzlich unterstrichen. Ähnlich verhält es sich bei ›perfekt‹; *fectum* (*factum*) ist ›gemacht‹, *perfectum* ist etwas, das ›durch und durch gemacht‹, das in seiner Qualitätsentwicklung nicht auf halbem Wege stehengeblieben, sondern das Ziel – durch alle möglichen Schwierigkeiten hindurch – erreicht hat, eben bis zur Perfektion gelangt ist.

›Perplex‹ ist ebenfalls eine Steigerung zu *plexus,* ›verflochten‹; ›durch und durch verschlungen‹ heißt im übertragenen Sinne ›verworren‹, ›verwirrt‹. Wer perplex ist, wirkt ratlos bis hin zur Bestürzung. Der vor allem aus der Musik bekannte Begriff ›Perkussion‹ – auch die Mediziner verwenden ihn, wenn sie durch ›Beklopfen‹ der Körperoberfläche ein Organ untersuchen – wäre auch als ›Quassion‹ (zusammen mit einem Präfix verwandelt sich *quatere,* ›stoßen‹, ›schlagen‹, ›schwingen‹, zu *-cutere*) durchaus aussagekräftig. Vor allem beim englischen *percussion* kann man freilich gut nachempfinden, wie das Schlagzeug ›durch und durch‹ wirkt, ›durch Mark und Bein‹ geht.

Abgemildert hat sich dagegen die eigentlich verstärkende Vorsilbe *per-* in der ›Persiflage‹. Die geistreiche Verspottung, die ja in der Regel mit dem feinen Florett der ridikülisierenden Imitation kämpft, geht auf ein deutlich drastischeres lateinisches *persibilare* zurück, ›durch und durch auszischen‹, ›auspfeifen‹.

Am Ende steht das Präfix *re-* – allerdings nicht, weil es statistisch nach hinten gehören würde. Im Gegenteil. Es ist eine der – nicht nur im Deutschen – meistgebrauchten lateinischen Vorsilben. Beim Skatspiel genügt sogar die bloße Vorsilbe, wenn man ein ›Contra‹ (›Gegen‹) mit ›Re‹ ›zurück‹-gibt. Daß sie hier lateinisch ›kontern‹ (von *contra*), wissen die meisten Skatspieler vermutlich. Aber wissen sie auch, daß ihr Spiel sprachlich gesehen lateinischen Ursprungs ist? ›Skat‹ ist gewissermaßen die Verneinung von *charta,* ›Papier‹, ›Karte‹. Das italienische Präfix *s-* (aus lateinisch *dis-* entstanden) drückt die Trennung von etwas und damit häufig sein Gegenteil aus. *scarto* nannte man das ›Weg‹-Werfen der unnützen ›Karten‹. Den beiden Karten, die man im Skatdeutsch ›drückt‹, verdankt das Spiel also seinen Namen. Doch nun zurück zum *re-!*

Rekorde und Recorder – bringen etwas ins Herz zurück

Zurück‹ oder ›wieder‹ – das ist seine Bedeutung. Jemanden zu re-animieren heißt, ihm den *animus,* den ›Atem‹, und damit das ›Leben‹, ›zurück‹zugeben. Wer re-belliert, will sozusagen ›zurück zum Krieg‹ *bellum,* wer re-konstruiert, ›erbaut‹ etwas ›wieder‹ *construere,* wer re-noviert, macht es ›wieder neu‹ *novus,* wer re-kapituliert, faßt die ›Hauptpunkte‹ (*capita*, Singular *caput*) ›noch einmal‹ zusammen. Der Recorder und der Rekord haben eine vergleichbare Funktion: Sie bringen etwas ins ›Herz‹ *cor* und damit ins Gedächtnis ›zurück‹. Zu einer ›erneuten Vergegenwärtigung‹, ›Erinnerung‹ *recordari* führen nur wenige Ereignisse, ›Rekorde‹ sind daher ›erinnerungswürdige‹ Höchstleistungen.

Im Unterschied zur Degeneration, bei der etwas ›bergab‹ geht, bringt die Regeneration eine frühere ›Beschaffenheit‹ *genus* ›zurück‹; die Reduktion ›führt‹ zu einem früheren Zustand ›zurück‹ *re + ducere.* Wer die Wahl hat zwischen Reinfektion und Reinkarnation, wird sich wohl für die ›Rückkehr zur Fleischwerdung‹ entscheiden. Im Schüler-Lehrer-Verhältnis müssen Renitenz und Respekt keine Gegensätze sein; das eine Verhalten kann ja ein sich ›Zurückstemmen‹ *re + niti* gegen unbegründete, das Präfix *re-* also falsch verwendende Repression sein, das zweite meint nichts anderes als ›Rücksicht‹ *re + spicere,* die man bei einem auf Reversibilität (*re + vertere + bil + tät;* ›Zurück‹ = ›Um‹-›kehr‹-›bar‹-›keit‹) beruhenden Verhältnis erwarten darf – eine Einsicht, für die es keiner gründlichen Reflexion bedarf.

Das Licht wird reflektiert, indem es ›zurückgebogen‹ und damit gespiegelt wird *re + flectere;* das ›Zurückbeugen‹, ›Umwenden‹ der Gedanken führt zu einem gründlichen Abwägen, so daß die Reflexion das Gegenteil des geistigen Schnellschusses ist. Den umgangssprachlichen ›Schuß‹ haben wir natürlich nur hineingebracht, um zum Revolver überleiten zu können: Bei dem ›rollt‹, ›dreht‹ sich nämlich das Magazin ›zurück‹ *re + volvere.*

Kann man angesichts der vielen Einsichten in die eigentliche Bedeutung deutscher Wörter über *re-* und viele andere Bausteine das Lateinische wirklich als Bildungs-Relikt bezeichnen, das aus früherer Zeit ›zurückgelassen‹ ist *relinquere* (wobei übrigens das scheinbare Gegenteil ›modern‹ ebenfalls lateinischen Ursprungs ist; spätlateinisch *modernus:* ›neu‹)?

Angesichts der vielen weiteren *re*-Bildungen ist die Rezidivgefahr beim Autor hoch, den eigentlich angestrebten Abschluß des Kapitels durch weitere Beispiele hinauszuzögern. Obwohl man diesen medizinischen Begriff (*re* + *cadere,* ›zurückfallen‹) für einen ›Rückfall‹ nicht wirklich gebrauchen kann, da Latein doch keine Krankheit ist! Aber keine Sorge – es gibt kein *revival* (*re* + *vivere,* ›wieder aufleben‹) der abgeschlossenen *re*-Passage. Sie können, verehrte Leserinnen und Leser, *relaxen* (*re* + *laxari,* ›wieder locker werden‹).

V

DIE FAST ENDLOSE GESCHICHTE DER ENDUNGEN – SUFFIXE OHNE ENDE

Konfirmand, Proband, Dividend – Mit ihnen muß etwas geschehen

Konfirma*nd* oder Konfirma*nt*? Da gerät mancher, neue Rechtschreibung hin oder her, ins orthographische Grübeln. Es sei denn, er zieht den lateinischen Ursprung des Wortes zu Rate. *confirmandus* ist einer, der – in diesem Fall: im Glauben – ›bestärkt werden muß‹. Die Lateiner sprechen vom Gerundivum, einem passivischen Verbaladjektiv, das eine Notwendigkeit zum Ausdruck bringt, also ein Sollen oder Müssen. Das Erkennungszeichen dafür ist *-nd*, und dieses *-nd* hat sich als Suffix *-and* oder *-end* in zahlreichen deutschen Fremdwörtern erhalten. Und zwar mit der gleichen, wenn auch oft nicht mehr reflektierten Bedeutung, daß etwas mit einer Person oder Sache geschehen soll.

Deutet es auf hierarchische Strukturen und positionelles Denken hin, daß mit denen, die im universitären Bereich Karriere machen wollen, stets etwas geschieht? Die einzigen, die das noch nicht betrifft, sind die Studenten. Sie tun – wir werden das Suffix *-nt* unten systematisch erläutern – noch etwas. Spätestens dann aber, wenn sie sich zur Prüfung melden, werden sie zu Muß-Objekten der akademischen Obrigkeit. Examin*and* ist der, der

›geprüft werden muß‹: Wer sich weiterem – natürlich nur rein sprachlich gesehen – Druck aussetzen will, setzt seine Studien als Promovend fort, das heißt als einer, der ›nach vorn gebracht werden muß‹. Der Begriff zeigt, daß die Ausdrucksweise, jemand ›promoviere‹, modern und jedenfalls vom ursprünglichen Sprachgebrauch und Denken her falsch ist. Richtig ist, daß man promoviert wird – und nach erfolgter Promotion promoviert (worden) ist und nicht etwa, welche Anmaßung!, promoviert ›hat‹. Die Parallelbildung Doktorand beweist es einmal mehr. Man vermutet bei ihm nicht ganz zu Unrecht, er erarbeite sich gewissermaßen ›aktiv‹ qua Doktorarbeit den Doktor-Titel. Aber nein: Das wäre ja ein Doktor*ant*. *-nd* zeigt, daß er von anderen dort hinzubringen ist.

So verhält es sich auch auf der nächsten Stufe der akademischen Weihen: Der Habilitand ist jemand, der ›fähig gemacht werden muß‹, ein ›zu Befähigender‹. Hat man ›sich‹ also nicht habilitiert, wie es heutzutage heißt? Im traditionellen Wortsinne und in traditionsbewußten akademischen Kreisen tatsächlich nicht! Man ist natürlich habilitiert worden. Wir sehen: Das *-nd*-Suffix wirkt gewissermaßen wie eine stete Mahnung, die akademischen Lehrer zu ehren. Sie sind die wahren Subjekte der wissenschaftlichen Initiationsrituale.

Wohl dem aber, der die drei *-nd*-Stufen hinter sich hat! Er wechselt vom Objekt zum Subjekt: Sei es als Privatdoz*ent*, sei es als Profess*or*, er erhält ein Suffix, das ihn als Handelnden ausweist – ohne jede Konnotation eines Zwangs.

Mit ›Proband‹ bleiben wir noch in der wissenschaftlichen Sphäre. So nennt man ja unter Medizinern und Psychologen Versuchspersonen, die etwas ›ausprobieren‹, zum Beispiel ein neues Medikament ›testen‹ (von *probare,* ›prüfen‹). Mit solchen Beschreibungen ihrer Funktion werden sie mitunter angeworben, aber eine aktive Rolle spielen sie keineswegs. Dann wären sie ja Prob*an*ten.

Vielmehr sind sie selbst *probandi,* ›zu Prüfende‹, ›auf den Prüfstand zu Stellende‹. Der Volksmund spricht despektierlich von ›Versuchskaninchen‹ – und weiß gar nicht, wie recht er damit hat.

Hoffen wir für die meisten Probanden, daß die an ihnen herausgefundenen Ergebnisse eher stupend als horrend sind. Stupend (von *stupere,* ›staunen‹) ist etwas, das ›bestaunt werden muß‹, horrend (von *horrere,* ›schaudern, sich entsetzen‹) dagegen ist, worüber man sich erschrecken oder entsetzen muß. Die Rechnung im Nobelrestaurant kann stupend sein, wenn sie deutlich niedriger ausfällt als erwartet, sie kann horrende Ausmaße annehmen, wenn sie selbst kühn-realistische Erwartungen übertrifft.

Von ›horrend‹ ohne böse Gedanken zur Mathematik. Auch dort tauchen mathematische ›Wesen‹ mit *-nd*-Suffix auf, mit denen etwas zu geschehen hat. Der Summand soll hinzugezählt, der Minuend abgezogen, der Dividend geteilt und der Multiplikand vervielfacht werden.

Gelegentlich behalten die *-nd*-Suffixe ihre lateinische Genus-Endung oder bekommen eine entsprechende deutsche. So etwa bei der Dividende, die unter den Aktionären ›aufgeteilt‹ *dividere,* bei der Remittende, die ›zurückgeschickt‹ *remittere* oder der Legende, die ›gelesen werden soll‹ *legere.* Lateinisch ist die Endung beim Corrigendum geblieben. Dort ›muß‹ ein Fehler ›berichtigt werden‹ *corrigere;* als Addendum bezeichnet man eine ›notwendige Hinzufügung‹ *addere* und als Memorandum etwas, an das ›erinnert werden soll‹ *memorare.* Der etwas aus der Mode gekommene Vorname Amanda ist die feminine Variante – eine Frau, die einfach ›geliebt werden muß‹ *amare.*

Überzeugen diese Beispiele für ein passives Müssen, sobald man auf ein lateinstämmiges *-end* oder *-and* trifft? Dann können wir in diesem Punkt mit einer klassischen mathematischen Beweisformel abschließen: *quod erat demonstrandum,* ›was zu beweisen war‹.

-nt wie Agent – Ein Handelnder

Der nächste Beweis gilt dem Suffix *-ant*, *-ent*. Dieses geht auf das lateinische Partizip Präsens zurück, das im Stamm auf *-nt* endet. Im Nominativ ist das *t* zur leichteren Aussprache entfallen. *students* hieß ursprünglich der ›sich Bemühende‹; daraus wurde *studens.* Nicht aber im Deutschen: Hier blieb das *-nt* auch im Nominativ erhalten, wie uns der Stude*nt* zeigt. Leider gibt das deutsche Äquivalent (›das Gleichbedeutende‹) Anlaß zu erheblicher Konfusion, da das deutsche Partizip Präsens ausgerechnet auf *-nd* endet.

Die Fülle der *-nt*-Bildungen bei Substantiven und Adjektiven ist zwar nicht exorbita*nt* (›von der Bahn abweichend‹; *orbis*), aber doch signifika*nt* (›Zeichen setzend‹, ›bedeutend‹; *signum*). Sie umschließt den Demonstranten, den (seine Meinung) ›Zeigenden‹ *demonstrare* und den ›lenkenden‹ Dirigenten *dirigere,* den ›anvertrauenden‹ Mandanten *mandare* und den ›lehrenden‹ Dozenten *docere,* den ›handelnden‹ Agenten *agere* und den ›Glück wünschenden‹ Gratulanten *gratulari,* den ›helfenden‹ Assistenten *assistere* und den ›gemeinsam laufenden‹ Konkurrenten *concurrere.* Der Patient (*pati,* ›erleiden‹) ist ebenso dabei wie der Präsident (*praesidere,* ›vorsitzen‹), der Aszendent (*ascendere,* ›aufsteigen‹) wie der Absolvent (*absolvere,* loslösen) und der Emittent (*emittere,* auf den Markt ›hinausschicken‹). Gesellschaftlich sehr unterschiedliche Gruppen teilen das gleiche sprachliche Schicksal: Die Migranten (*migrare,* ›wandern‹) und die Spekulanten (*speculari,* ›spähen‹, ›lauern‹), die Simulanten (*simulare,* ›vorgaukeln‹) und die Regenten (*regere,* ›regieren‹). Und selbst die Querulanten sitzen, selten genug, im selben sprachlichen Boot (*queri,* ›sich beklagen‹).

Eine deutsche Endung hat die Tangente, die ›berührende‹ *tangere* Gerade erhalten, ebenso die ›wechselnde‹ Variante *variare,* die freilich wie auch manche anderen

Wörter auf *-nt* über das Französische ins Deutsche gelangt ist. ›Orient‹ und ›Okzident‹ sind mit Recht Maskulina, weil die Sonne im Lateinischen männlich ist (*sol oriens; sol occidens,* ›aufgehende‹ und ›untergehende Sonne‹). ›Der‹ Kontinent löst dagegen bei Lateinern leichtes Stirnrunzeln aus, ist doch die ›zusammenhaltende Erde‹ *terra continens* als große Mutter ein Femininum.

Gemeinsam ist allen einschlägigen Begriffen, daß sie handelnde Personen bezeichnen – ›Agenten‹ gewissermaßen in einem umfassenden Sinn. Daß die Biologen gut beraten waren, einen doch eher ›Veränderten‹ mit dem Fachbegriff ›Mutant‹ zu benennen, darf mit Fug bezweifelt werden. Und zwar auch dann, wenn er dazu beiträgt, ›sich‹ zu ›verändern‹ – auch das wäre im Lateinischen eine Passiv-Form; *mutans* ist stets nur der, der anderes oder andere verändert.

Ist diese Kritik an biologischen Fremdwort-Produzenten (*producere,* ›hervorbringen‹) extravagant oder gar provokant? Wie auch immer – wir gehen zu den Adjektiven über, die vom lateinischen Partizip Präsens abgeleitet sind. Bei ihnen bezeichnet das Suffix *-ant* beziehungsweise *-ent* eine Eigenschaft, die allerdings in der Regel auch mit Handeln verbunden ist. Extravagant ist das, was ›außerhalb‹ eines normalen Rahmens ›umherstreift‹ *extra; vagari,* provokant das, was ›herausfordernd‹ *provocare* wirkt. Vielleicht sollten wir bei der kritischen Sichtung mancher Fremdwörter toleranter gegenüber Divergentem sein, mithin ›ertragender‹, ›duldsamer‹ *tolerare* gegenüber ›Auseinander-Strebendem‹, ›Unterschiedlichem‹ *dis-vergere.* Oder nicht gar so arrogant (›anmaßend‹, von *ar-rogare* = *ad-rogare*).

›Konstant‹ beschreibt die Eigenschaft des ›Fest- und Fortbestehens‹ *constare,* eminent die des ›Herausragenden‹ *e-minere,* resistent die des ›Widerstand-Leistens‹ *re-sistere,* abstinent die des ›Sich-Enthaltens‹ *abs-tinere* und ›existent‹ die des vorhandenen Seins *exsistere.*

›Potent‹ ist ein ›Könnender‹ *posse,* präsent ein ›Gegenwärtiger‹ *praeesse,* latent einer, der ›im Verborgenen bleibt‹ *latere,* ambulant dagegen einer, der ›herumläuft‹ *ambulare.* Redundant schließlich ist ein Autor, bei dem die ›Welle‹ *unda* des Gesagten immer wieder ›zurück‹ (*re*) schwappt *red-undare* – und das gilt wohl auch für das *-nt*-Suffix. Redundant ja, vielleicht auch persistent (›anhaltend‹, ›hartnäckig‹; *per-sistere*); aber immerhin nicht impertinent, ›ungehörig‹, ›unverschämt‹. Denn das wäre im eigentlichen Sinne des Wortes nur dann der Fall, wenn er etwas ›nicht dazu Gehörendes‹ *im-pertinere* von sich gäbe.

Das würde er indes mit Blick sowohl auf solvente Subskribenten der Buchreihe als auch auf möglicherweise prominente Rezensenten niemals wagen (*solvere,* ›lösen‹, ›bezahlen‹; *sub-scribere,* ›unter-schreiben‹; *pro-minere,* ›her-vor-ragen‹; *recensere,* ›prüfen‹) – erschiene er dann doch mit gewissem Recht als dement (allmählich sich einbürgerndes Adjektiv zu ›Demenz‹, von *de-mentia,* ›Abwesenheit von Verstand‹, ›Verrücktheit‹). ›Dement‹ in diesem Zusammenhang wäre in der Tat impertinent; denn es hat mit dem Partizip Präsens nichts zu tun.

Instru-ment – Ein Mittel zum Herstellen

Zu einem weiteren Suffix. Es ist mit *-ent* verwechslungsträchtig, wenn man das davorstehende *m* übersieht. *-ment,* lateinisch *-mentum,* gibt ein Mittel oder ein Gerät an. Das Instrument ist ein Werkzeug, mit dem man etwas ›herstellt‹ oder ›herrichtet‹ *instruere.* Das Monument ist ein ›Mahnmal‹; mittels seiner wird man an etwas ›gemahnt‹ und ›erinnert‹ *monere.* Das Temperament ist ursprünglich das ›rechte Maß‹, ›Mittel‹, um etwas im allgemeinen Sinne zu ›temperieren‹, ›ins Verhältnis zu bringen‹ *temperare.*

Das Ornament dient dazu, etwas zu schmücken *ornare,* das Dokument dazu, etwas zu ›beweisen‹, ›lehren‹ *docere.* Das Medikament soll ›heilen‹ *medicari,* das Argument soll etwas ›erklären‹ und ›erweisen‹ *arguere.* Mit Hilfe des Fundaments wird etwas ›gegründet‹ *fundare,* mit Hilfe des Sakraments etwas ›heilig gemacht‹ *sacrare.* Das Pigment schließlich ist ein Mittel zum *pingere,* ›Anstreichen‹, ›Malen‹. Weitere einschlägig gebildete Substantive könnte man als Supplemente zu diesem Punkt bezeichnen, ›Mittel‹, um ihn ›aufzufüllen‹ *supplere.* Wir aber wollen es im Moment dabei belassen – und damit der (Zeit-) ›Bewegung‹, dem Augenblick, Genüge tun (*momentum* aus *movimentum;* von *movere,* ›bewegen‹). Kompliment für den, dem weitere *-ment*-Bildungen einfallen! Er ›erfüllt‹ freilich genaugenommen eine Pflicht, die man von ihm erwarten kann – so führt über das Französische und das Spanische der Weg zum lateinischen *complere* (›erfüllen‹) zurück.

Lateinisch -tas, deutsch -tät – Stets eine Eigenschaft

Vom Mittel zur Eigenschaft. Da hat sich das Deutsche gleich zwei häufig gebrauchte Suffixe aus dem lateinischen Fundus gegriffen; zum einen *-anz* beziehungsweise *-enz,* entstanden aus lateinisch *-antia* beziehungsweise *-entia,* zum anderen *-tät* nach dem Muster von lateinisch *-tas, tatis.* Da die lateinischen Endsilben stets Feminina bezeichnen, braucht man sich über die erdrückende weibliche Dominanz (*dominari,* ›herrschen‹) bei dieser Fremdwörter-Gruppe nicht zu wundern. So schöne Eigenschaften wie Humanität (›Menschlichkeit‹; *humanus,* ›menschlich‹) und Toleranz (›Duldsamkeit‹; *tolerare,* ›ertragen‹), Kreativität (›Fähigkeit, Dinge zu erschaffen‹; *creare,* ›hervorbringen‹) und Intelligenz (›Einsichtsfähigkeit‹; *intellegere,* ›erkennen‹) sind daher Feminina. Freilich auch weniger schöne wie Arroganz (›Anmaßung‹; *arrogare,* ›sich anmaßen‹) und Brutalität (*brutus,* ›roh‹), Servilität (sklavische Ergebenheit; *servus,* ›der Sklave‹) und Ignoranz (›Unwissenheit‹; *ignorare,* ›nicht wissen‹). Wie wenig das grammatische Geschlecht mit den bezeichneten Eigenschaften zu tun hat, erhellt aus Begriffen wie Potenz (*posse,* ›fähig sein‹) und Virilität (›Männlichkeit‹; *vir,* ›Mann‹).

In der Welt der Ökonomie stoßen wir auf die Volatilität (das schnelle Auf und Ab von Aktienkursen; *volare,* ›fliegen‹) und Liquidität (Eigenschaft, ›flüssig‹, *liquidus,* zu sein), im medizinischen Kontext auf Insuffizienz (›Unzulänglichkeit‹; *in + sufficere,* ›nicht ausreichen‹), Inkontinenz (Unvermögen, den Harn oder Stuhl ›zusammenzuhalten‹, *in + continere*) und Debilität (›Schwachsinn‹; *debilis,* ›schwächlich‹). Gegensätze bilden Appetenz (›begehrliches Sexualverlangen‹; *appetere,* ›nach etwas verlangen‹) und Abstinenz (›Enthaltsamkeit‹; *abs-tinere,* ›sich weg-halten‹), Rationalität (*ratio,* ›Vernunft‹) und Emotionalität (*emotio,* ›Bewegung‹). Ebenso besteht eine Inkompatibilität (›Unvereinbarkeit‹; verneinendes *in + com,* ›zusammen‹, ›miteinander‹ + *pati,* ›erdulden‹; also: Eigenschaft, ›es nicht miteinander auszuhalten‹) zwischen Flexibilität (*flectere,* ›biegen‹) und Rigidität (*rigidus,* ›starr‹, ›hart‹) sowie zwischen Uniformität (*una + forma,* ›ein und dasselbe Aussehen‹) und Exklusivität (*ex-cludere,* ›ausschließen‹).

Viele entsprechende Bildungen wie Intensität, Autorität, Kollegialität, Differenz, Distanz oder Tendenz gehören zur ganz selbstverständlichen Alltagssprache. Andere werden seltener verwendet und erschließen sich besser mit Lateinkenntnissen; so zum Beispiel die Frugalität (›Genügsamkeit‹; *frugalis,* ›bieder, brav‹), die Marginalität (Existenz ›am Rande‹ etwa einer sozialen Gruppe; *margo,* ›Rand‹), die Indulgenz (›Nachsicht‹; *indulgere,* ›nachsichtig sein‹), die Prävalenz (›Überlegenheit‹; *praevalere,* ›vor anderen mächtig sein‹) oder ältere Begriffe wie Hilarität (›Heiterkeit‹; *hilaris,* ›heiter‹) und Exiguität (›Geringfügigkeit‹; *exiguus,* ›klein, wenig‹).

Auch gefürchtete Zungenbrecher werden leichter beherrschbar für den, der ihren Aufbau aus lateinischen Wortbausteinen durchschaut: Kompressibilität meint die ›Fähigkeit‹ (*-tas* + *-bilis*) ›zusammendrückbar‹ zu sein *compressio.* Ähnlich ist die Explosibilität gebildet: ›Fähigkeit, auseinanderzutreiben‹ *ex-plodere;* oder auch Irreversibilität: ›Un-vereinbarkeit‹ (*ir-* = verneinendes *in* + *re,* ›zurück‹, + *vertere,* ›wenden‹, + *-bili-tas*, Suffixe für die Eigenschaft).

Sensibilität (*sentire,* ›fühlen‹) für die Geduld der Leser legt es nahe, ihre Resistivität (›Widerstandskraft‹; *re-sistere,* ›Widerstand leisten‹) gegenüber den Ausführungen zum gleichen Thema nicht zu erproben, ist doch der Grat zwischen Virtuosität der Darstellung (*virtus* + *-osus,* ›voll der Mannhaftigkeit‹; *vir,* ›Mann‹) und Skurrilität (*scurra,* ›der Possenreißer‹, ›Clown‹) ein schmaler.

Emanzipat-ion – Vorgang und Ergebnis

Der Unterschied zwischen Explosibilität beziehungsweise Explosivität einerseits und Explosion andererseits ist kein ganz unbedeutender. Während das Suffix *-tät* qua Eigenschaft eine Möglichkeit eröffnet, bezeichnet *-ion* (von lateinisch *-io, -ionis*) die Tätigkeit oder schon das Ergebnis. In ähnlicher Weise grenzen sich Erigibilität (›Fähigkeit, sich aufzurichten‹; *erigere*) und Erektion voneinander ab: Das erste ist die notwendige, aber nicht hinreichende Voraussetzung für das zweite. Für die Antike stand die Emanzipation der Frau (*ex* + *manu* + *capere,* ›Entlassung aus dem Zustand des Mit-der-Hand-Ergreifens‹ und damit Besitzens) auch deswegen nicht auf der gesellschaftlichen Tagesordnung, weil die meisten männlichen

Denker die Emanzipabilität (Neuschöpfung!) der Frau ausschlossen.

Schauen wir uns einige weitere Beispiele für ein durch *-ion* bewirktes Ergebnis an. Die Dekoration ist der Zustand nach dem ›Schmücken‹ *decorare,* die Rezession der nach dem ›Zurückgehen‹ der Wirtschaftskraft *re-cedere,* die Devotion der nach dem Sich-Hingeben *devovere;* Partizip Perfekt Passiv: *devotus.*

Oft werden Tätigkeit und Ergebnis mit demselben Wort bezeichnet: Die Konstruktion kann im ›Zusammenbau‹ *con-struere* sein oder schon vollendet; die Intervention meint sowohl das gerade stattfindende ›Dazwischen-Kommen‹ *inter-venire* als auch das bereits erfolgte. Von einer Akquisition (*ac-quirere,* ›hinzu erwerben‹) spricht man im Planungs- und im Durchführungsstadium ebenso, wie wenn sie bereits erfolgt ist.

Das Ergebnis kultureller ›Übergabe‹ *tra-dere* nennen wir Tradition, das ungesetzlicher finanzieller Übergabe Korruption (*corrumpere,* ›verderben‹); Subversion liegt vor, wenn etwas ›von unten umgewendet‹ und damit zerstört wird *sub-vertere,* Aversion, wenn man sich von etwas ›ab-wendet‹ *a-vertere;* Reversion, wenn etwas zu einer ›Zurückwendung‹, ›Umwendung‹ kommt *re-verti.* Belassen wir es bei diesen wenigen Beispielen. Die lateinstämmigen Substantive auf *-ion* sind geradezu ›Legion‹ – eine kaum überschaubare Zahl wie einst die der für den Militärdienst ›ausgewählten‹ Römer, die eine *legio,* ›Auswahl‹ (*legere,* ›wählen, ausheben‹) bildeten.

Vom Investor zum Terminator – Motoren des Handelns

Aus Paritätsgründen (*par,* ›gleich‹) gegen die wahre Wörterflut, die sich aus den soeben besprochenen femininen Suffixen speist, geben wir dem männlichen *-tor* die Chance des Gegengewichts. Tatsächlich kann es im Verein mit dem französischen *-(t)eur*, das natürlich aus lateinisch *-tor* hervorgegangen ist, einiges an sprachlich maskulinem Boden wettmachen. *-tor* bezeichnet den Täter, der in der Regel dauerhaft handelt (im Unterschied zu einem eher vorübergehend Handelnden auf *-ent* oder *-ant*).

Klar, daß der Motor ein maskuliner ›Beweger‹ (*movere,* ›bewegen‹) ist. Der Stabilisator dient dauerhaft dazu, die Lage eines Schiffes (und den Magen der Passagiere) stabil (›standhaft‹) zu halten; der Indikator ist ein ›Anzeiger‹ (*indicare,* ›anzeigen‹), der Koordinator jemand, der die Dinge ›zusammen ordnet‹ *co-ordinare.* Der Propagator ›breitet etwas weiter aus‹ *pro-pagare,* der Promotor ›vermehrte‹, ›förderte‹ (*pro-movere,* ›nach vorn bewegen‹) etwas, bevor er zum gleichbedeutenden englischen Suffix *-ter* (Promoter) überlief. Der Inquisitor galt als hartnäckiger ›Untersucher‹, ›Nachforscher‹ *inquirere,* der Reformator als sein bester ›Kunde‹, obwohl er die Dinge eigentlich nur ›zurück‹ in die frühere ›Form‹ bringen wollte *re-formare.* Der Debitor ist der ›Schuldner‹ (*debere,* ›schulden‹, ›zahlen müssen‹); der Kreditor als ›Gläubiger‹ (*credere,* ›glauben‹; ›anvertrauen‹) sein Gegenüber. Der Investor ›kleidet‹ gewissermaßen ein Geschäft ›ein‹ – und zwar durch Geld (*in-vestire,* ›ein-kleiden‹).

Der Ingenieur hat sozusagen sein *ingenium,* seine ›Begabung‹, seinen ›Erfindungsgeist‹, zum Beruf gemacht und sich damit das Suffix *-eur* verdient, das ihn als ›Macher mit Geist‹ ausweist. Der deutsche Redakteur scheint eher frankophil zu sein, der schweizerische Redaktor eher latinophil. Beide ›bringen‹ einen Text (›zurück‹) in eine bestimmte Fassung (*red-igere,* ›in eine Form bringen‹, ›machen zu‹). Der Konstrukteur könnte folglich auch Konstruktor heißen, der Gouverneur als Gubernator (›Steuermann‹, ›Lenker‹, von *gubernare*) bezeichnet werden. Dann wäre er sprachlich näher am Lateinischen.

Genau gesagt: Es wäre das gleiche Wort. Bei den Römern war der *gubernator* der berufsmäßige Lenker eines Schiffes. Die Sprachwissenschaftler sprechen von *-tor* als einem *nomen agentis*, ›Substantiv für einen Handlungsträger‹. Im Deutschen nimmt *-er* (Pfleger, Metzger, Wanderer und so weiter) diese Funktion wahr.

Einige dieser ursprünglichen lateinischen *nomina agentis* sind als ›unmittelbare‹ Berufsbezeichnungen ins Deutsche übernommen worden, allerdings mit einer gewissen Bedeutungsverschiebung. Der Konditor stellt heute hauptsächlich süße Sachen her, der römische *conditor* war Verfertiger ›würziger‹ Speisen (*condire*, ›würzen‹). Und der *pastor* (*pasci*, ›weiden‹) ist vom Hüter einer Viehherde zum Glaubens-›Hirten‹ avanciert. Daß er dabei sein ursprünglich langes Aussprache-*a* eingebüßt hat, kann man mit Fug bedauern, spiegelt sich darin doch lautmalerisch die Geduld, die der Schaf- und Rinderhirt ebenso benötigt wie der Seelen-Hirt.

Gab es keine Frauen, die handelten? Vom sprachlichen Befund im Lateinischen deutlich weniger als handelnde Männer – ein Spiegel des Normbildes der römischen Frau, die jedenfalls in der Öffentlichkeit oder gar als gewerbsmäßige ›Täterin‹ möglichst wenig in Erscheinung treten sollte. Gleichwohl kennt das Lateinische auch ein Suffix für das *nomen agentis* einer weiblichen Person. Es heißt *-trix*, Genitiv *-tricis*. Die *ornatrix* (›Schmückerin‹), ›Friseuse‹, ›Kosmetikerin‹, war in der Alltagssprache ebenso geläufig wie in der Sprache der Poesie die *genetrix*, ›Erzeugerin‹, ›Mutter‹. Und selbst die *victrix*, ›Siegerin‹, ist gut bezeugt. Bei genauem Hinsehen freilich keine Überraschung, war doch die stets siegreiche Stadtgöttin Roma weiblichen Geschlechts. Im Deutschen hat sich dieses weibliche Pendant zum männlichen *-tor* nicht durchgesetzt. Statt dessen wird das deutsche Suffix *-in* an das lateinische angehängt, um eine ›tätige‹ Frau zu bezeichnen: Rektorin, ›Leiterin‹ (*regere*, ›lenken‹), Autorin (*auctor*,

›geistiger Urheber‹), Supervisorin (›Oberaufseherin‹; *super,* ›über‹; *videre,* ›sehen‹), Restauratorin (*restaurare,* ›wiederherstellen‹). Merke: Kein Aufwand, nicht einmal der des Doppel-Suffixes, ist der Sprache zu groß, um tatkräftige Frauen zu bezeichnen ...

Die Terminatorin, die diesem Abschnitt ein Ende machen könnte (*terminare,* ›abgrenzen‹, ›beenden‹), gibt es freilich nicht. Dieses Schicksal teilt sie indes mit dem im klassischen Latein auch nicht belegten männlichen *terminator.* Der kam erst, von einem astronomischen Terminus technicus abgesehen, mit Arnold Schwarzenegger in den deutschen Sprachschatz – und zwar aus dem Englischen. Das ist in Suffix-Hinsicht ebenso wenig originell wie das Deutsche: Es hat das lateinische *-tor* für *nomina agentis* ebenso aus dem Lateinischen übernommen wie die meisten anderen schon behandelten Suffixe (unter anderem *-ion; -ment; -ant; -tas* wird zu *-ty*).

Prüderie und Perfidie, Statur und Struktur – Von Eigenschaften und Ergebnissen

Das maskuline Intermezzo (*intermedius,* ›dazwischen in der Mitte‹) war relativ kurz. Die nächsten beiden Suffixe gehören wieder zum femininen Wortbestand. Infamie, Industrie und Kopie sind Beispiele dafür: Aus lateinisch *-ia* wurde deutsch *-ie.* In den meisten Fällen bezeichnen Wörter mit diesem Suffix eine Eigenschaft: *infamia* ist der ›nicht gute Ruf‹, ›die Schande‹; *industria* ist der ›Fleiß‹ und *copia* die ›Fülle‹. *perfidia,* die ›Treulosigkeit‹, wird zur Perfidie, *in-somnia,* die ›Schlaflosigkeit‹, zur Insomnie, *gloria,* der ›Ruhm‹, zur Glorie, *iniuria,* das ›Unrecht‹, steht nicht nur Pate bei einer englischen Körper-Verletzung *(injury),* sondern auch bei einer deutschen Ehr-Verletzung: Die Injurie ist eine Beleidigung; mit Worten ausgeführt, ist sie eine Verbalinjurie. Ein viel zu vornehmer Ausdruck für einen ›Ehrabschneider‹ ist ›Injuriant‹. Beide Begriffe, der deutsche wie der lateinische, sind indes rar geworden – gehen wir inzwischen höflicher miteinander um?

Gelegentlich ist das Suffix *-ie* über das Französische in die deutsche Sprache gelangt. Ein aufschlußreiches Beispiel dafür ist die Prüderie. Im Lateinischen gibt es kein Substantiv, das man als Vorläufer dafür ansehen könnte. Wohl aber ein Verb – und zwar *prodesse,* ›nützen‹. Die Prüderie ist demnach zunächst ein ›nützliches Verhalten‹. Warum? Weil sie ursprünglich ›Ehre‹ einbrachte. Seit dem 18. Jahrhundert sieht man das etwas anders – es sei denn, man definiert den Nutzen in einer ganz bestimmten Weise.

Hat sich bei lateinisch *-ia* das Suffix in ein *-ie* verändert, so hat es im Falle von *-ura* das *a* verloren – aber das feminine Geschlecht natürlich behalten. Prominenteste Beispiele sind wohl die ›Natur‹ (*natura,* ›natürliche Beschaffenheit‹, ›Schöpfung‹) und die ›Kultur‹ (*cultura,* ›Pflege‹, ›Ausbildung‹, ›Veredelung‹). Kultur ist nicht nur ein erreichter Zustand, sondern auch ein kontinuierlicher Prozeß. Auch insofern hat es exemplarischen Wert: *-ura* gibt zum einen ein Ergebnis, zum anderen eine Fähigkeit an. Das zweite dominiert bei der Statur (*statura,* ›Körpergestalt‹, von *stare,* ›stehen‹), das erste bei der Politur (*politura,* ›das Glätten‹, von *polire.* Bei der Prozedur (›Verfahren‹, von *procedere,* ›vorgehen‹, ›Fortschritte machen‹) steht die Tätigkeit im Vordergrund, bei der Struktur (*structura,* ›ordentliche Zusammenfügung‹, ›Bauwerk‹, von *struere,* ›bauen‹) ist vorrangig das Ergebnis im Blick. Die Mensur (›Abstand der Fechter‹, dann studentischer Zweikampf, von *metiri,* ›abmessen‹) kann bei geschickt geführtem Hieb die Rasur ersetzen (*rasura,* von *radere,* ›scheren‹). Nicht ausgeschlossen, daß sie gelegentlich auch als Tortur (*tortura,* ›Krümmung‹, ›Qual‹, von *torquere,* ›drehen‹, ›quälen‹) empfunden wird.

Manche Tinktur, ›Auszug aus pflanzlichen oder tierischen Stoffen‹ (*tinctura,* von *tingere,* ›tränken‹, ›färben‹) erweist sich als üble Mixtur (*mixtura,* ›Mischung‹, von *miscere,* ›mischen‹, ›vermengen‹), die nicht jeder Kreatur (*creatura,* ›Geschöpf‹, von *creare,* ›erschaffen‹) bekommt. Die Klausur (*clausura,* ›Verschluß‹, von *claudere,* ›schließen‹) findet bei geschlossenen Türen (und Büchern, Heften *et cetera*) statt, die Junktur (*iunctura,* ›Verbindung‹, von *iungere,* ›verbinden‹) schafft dagegen eine ausdrückliche ›Verbindung‹ sowohl in anatomischen als auch in sprachwissenschaftlichen Zusammenhängen. Wer lateinisch *ligare* als ›verbinden‹ kennt, erspart sich in der Musik, in der Medizin und in der Schreibkunde das Lernen eines Fremdworts. Die Ligatur *ligatura* ist stets eine ›Verbindung‹ – in der Schrift zum Beispiel die innige Buchstaben-Verbindung von *o* und *e* in ›Œuvre‹.

Agentur (von *agere,* ›tun‹, ›ausführen‹), Klaviatur (*clavis,* ›Schlüssel‹, mittellateinisch ›Taste‹) und Abbreviatur (*abbreviare,* ›abkürzen‹) haben zwar keine direkten Vorläufer im klassischen Latein, sind aber ›korrekt‹ nach dem *-ur(a)*-Suffixmuster gebildet. Abitur und Imprimatur dagegen sind ›falsche Freunde‹. Ganz falsche sogar: Abitur ist die Kurzform für das – auch nicht gerade klassisch-lateinische – (*examen*) *abiturium,* das das ›Weggehen‹ *abire* der erfolgreichen Prüflinge einleitet. Und das Imprimatur, die Druckerlaubnis seitens des Autors und/oder des Bischofs, ist eine Verbform der Dritten Person Passiv: ›es möge gedruckt werden‹.

Das Implantat(um) – Etwas Eingepflanztes

Was einer ordentlichen Femininum-Endung im Lateinischen passieren kann – daß ihr Spezifikum *-a* gestrichen wird und sie nur noch im deutschen Artikel ›die‹ weiterlebt –, muß sich die Neutrum-Endung *-um* ebenso gefallen lassen: Was als deutsches Diktat daherkommt, hieß einst vollständig *dictatum,* ›das Diktierte‹. Das ist das Neutrum des Partizips Perfekt Passiv; es bezeichnet meist etwas Abgeschlossenes. Ein Testat (›Bescheinigung‹) ist etwas ›Bezeugtes‹ *testatum,* ein Präparat etwas ›kunstgerecht Zubereitetes‹ *praeparatum* wie zum Beispiel ein Arzneimittel, ein Implantat etwas ›Eingepflanztes‹ *im-plantatum.* Durch das Zertifikat ist etwas ›sicher gemacht‹ und damit bestätigt worden *certi-ficatum.* Ersatzstoffe sind Surrogate (*sub-rogatum,* ›an die Stelle gesetzt‹), Derivate dagegen ›Ableitungen‹ (*de-rivatum,* bildlich ›vom Bach – *de rivo* – weggenommen‹, ›abgeleitet‹).

Beim Konkordat herrscht Harmonie zwischen Kirche und Staat; die ›Herzen‹ *corda* schlagen sozusagen ›gemeinsam‹ (*con-cordatum,* ›vereinbart‹); dem Ejakulat (*e-iaculatum,* ›das Herausgeschleuderte‹) kann eine andere Form der Harmonie präludieren (›vor-spielen‹). Den von Pflanzen und Tieren ›bewohnten‹ Lebensraum nennen die Biologen Habitat (*habitatum,* ›das Bewohnte‹), die unterdrückte, unterlegene Schicht bei Verschmelzungsprozessen heißt bei den Sprachwissenschaftlern und Ethnologen Substrat (*sub-stratum,* ›das unten Hingelegte‹), das ›darüber gelegte‹, siegreiche Element Superstrat. Im Kondensat schlägt sich der zuvor gasförmig ausgedehnte Stoff in ›zusammen-gedichteter‹ Form nieder *con-densatum,* im Kombinat waren in der DDR Wirtschaftsunternehmen zu einem Großbetrieb ›vereinigt‹ *com-binatum.* Befremden ob seiner sprachlichen Gestaltung löst manches Inserat aus. Bei Lateinern eigentlich sogar jedes – denn ›Inserat‹ (›das Hineingebrachte‹) ist eine falsche Analogiebildung, die freilich nur demjenigen auffällt, der die Stammformen von *(in)serere* beherrscht. Angesichts des Partizips Perfekt *insertum* wäre es richtiger, von einem ›Insert‹ zu sprechen.

Andererseits: Die Lateiner haben es gerade nötig, sich aufs hohe Roß zu setzen: Tragen sie in ihrer ›Normalerscheinung‹ als Lateinlehrer doch kräftig dazu bei, fehlerhafte Übersetzungen ihrer Schüler abwertend als Elaborate, ›flüchtige, schlechte Machwerke‹, zu bezeichnen – obwohl gerade sie wissen müssen, daß ein *e-laboratum* eigentlich etwas sorgfältig und eifrig ›Aus-gearbeitetes‹ darstellt.

-os und -ös zeigen eine Fülle an

Wenden wir uns Suffixen zu, die bestimmte Adjektivgruppen prägen, und beginnen wir mit der Eigenschaft der Fülle. Das Lateinische verwendet dazu die Bildesilbe *-osus*. Im Deutschen wird sie verkürzt zu *-os* oder, stärker eingedeutscht, zu *-ös*. ›Dubios‹ kommt uns etwas vor, das uns mit Zweifeln (Singular: *dubium*) erfüllt, glorios nennen wir etwas ›Ruhmreiches‹ (*gloria*, ›Ruhm‹), als furios sehen wir den Auftakt eines Fußballspiels an, bei dem sich ›rasende‹ Kampfesbegeisterung oder gar ›Wut‹ *furor* gleich in den ersten Minuten zeigt, und als virtuos rühmen wir eine Leistung, die voller ›Tüchtigkeit‹ *virtus* steckt.

Eine offiziöse Verlautbarung zeichnet sich zwar durch besondere Dienstfertigkeit oder Beflissenheit aus (›voll von *officium*‹), aber nicht unbedingt durch Glaubwürdigkeit; allzu generös (›großzügig‹) sollte man ihr gegenüber mit seinem Vertrauen nicht umgehen. *generosus*, ›hochherzig‹, wirft ein bezeichnendes Schlaglicht auf das römische Wertesystem; denn es weist denjenigen als ›edel‹ aus, der ›voll (guter) Abstammung‹ *genus* ist. Im Deutschen nichts Unbekanntes, ist doch ›edel‹ das Adjektiv zu ›Adel‹.

Ist es die selektive Wahrnehmung des Autors, oder entspricht es der Wirklichkeit? Der Befund ist jedenfalls nahezu desaströs (*dis* + griechisch *astron*, ›der Stern‹ + *-osus*, ›voll von Unsternen‹): Das Suffix *-os* scheint in zwei Bereichen besonders ergiebig zu sein: in der Medizin und in der Erotik. Ist etwas voll von Geschwüren (Singular: *ulcus*), so sprechen die Mediziner von ›ulzerös‹ (›geschwürig‹); biliös ist ›voll von Galle‹ *bilis,* infektiös ist das, was ›voll Ansteckung‹ *infectio* ist, kanzerös schließlich alles, was der *cancer* (›Krebs‹) ›voll‹ im Griff hat – was im allgemeinen als perniziös, ›bösartig‹, ›unheilbar‹, weil ›voll‹ von *pernicies,* ›Verderben‹, zu bewerten ist. Im amourösen Kontext (*amor,* ›Liebe‹) wiederum hören wir gelegentlich von libidinösen Verirrungen (*libido,* ›Sexualtrieb‹) oder gar von inzestuösen Verwicklungen (*incestum,* ›Blutschande‹). Monströs, ›ungeheuerlich‹! (voll von *monstra,* ›Ungeheuern‹, ›Widernatürlichkeiten‹), empören wir uns. Oder auch: Skandalös (›voll von Ärgernis‹; griechisch *skandalon,* ›der Anstoß‹, wird von Kirchenvätern als *scandalum* ins Lateinische übernommen)!

Werden Sie nervös (›voll von Nerven‹; *nervus*) und fürchten, daß der Autor in odiöse, ›widerwärtige‹, ›Haß erzeugende‹ (*odium,* ›Haß‹) Bereiche abgleiten könnte? Keine Sorge! Er kehrt mit dem letzten Beispiel ›glamourös‹ zur unverfänglichen Grammatik zurück. Das englische *glamour,* ›Glanz‹, ›Zauberei‹, leitet sich von *grammar,* ›Grammatik‹, ab. Das waren Zeiten, als lateinische Grammatik als Inbegriff der Zauberei begriffen und positiv bewertet wurde! Lateiner könnten geradezu invidiös, ›neiderfüllt‹ (*invidia,* ›Neid‹) darauf zurückblicken – wenn es dieses Adjektiv gäbe.

Eigenschaften und Zugehörigkeiten auf -il und -är

Graziös‹ ist eine Person voller Anmut und Grazie *gratia;* ›grazil‹ klingt phonetisch an, ist aber für Römer etwas durchaus anderes. Und zwar etwas deutlich weniger Positives: *gracilis* ist ›schmal‹ in meist abwertendem Sinne des ›Mageren‹, ›Dürren‹. Daß sich diese Bewertung ausgerechnet in einem dem Schlankheitskult nicht gerade huldigenden Land wie Deutschland zum Positiven verschiebt, erscheint bemerkenswert: *-il* gibt in der Nachfolge von lateinisch *-ilis* die Möglichkeit und die Eigenschaft an. Wer juvenil (›jugendlich‹; *iuvenilis*) ist, sollte stabil (›standfest‹; *stabilis*) und mobil (›beweglich‹; *mobilis*) sein – zumindest in einer Weise, die man Senilen (›greisenalt‹; *senilis*) und Infantilen (›noch nicht sprechend‹; *in-fantilis*) nicht zutraut, um von erektiler (›erektionsfähig‹; wie ›erigibel‹ Neubildung zu *erigere*) Kapazität und taktilen (›Berührungs-‹; *tactilis*) Reizen in diesem Zusammenhang nicht zu sprechen. Wenden wir uns lieber unverfänglichen Adjektiven wie agil (›beweglich‹; *agilis*); servil (›sklavisch‹ ergeben; *servilis*) und steril (›unfruchtbar‹; *sterilis*) zu. Das alles ist weder besonders subtil (›fein‹; *subtilis*) noch diffizil (›schwierig‹; *difficilis*).

Adjektive, die eine Zugehörigkeit ausdrücken, enden im Lateinischen häufig auf *-arius* oder *-arus*. Im Deutschen haben sich diese Suffixe als *-ar* und *-är* erhalten. Zum Volk gehört das Populäre *populus; popularis,* zur Zeit das Temporäre *tempus; temporarius,* zum Jahrhundert, in christlicher Lesart dem weltlichen Diesseits, das Säkulare *saeculum; saecularis* und zum Soldaten das Militärische *miles; militaris.* Die Lehre erweist sich mitunter in dem ins Unduldsame abgeglittenen Doktrinären *doctrina; doctrinalis,* das Urteil im nicht minder zum Willkürlichen hin verrutschten Arbiträren *arbitrium; arbitrarius.* Zu starke Fixierung auf ein Bild kann sich zu imaginärem Wunschdenken entwickeln *imago; imaginarius.* Und wer *zu* gewöhnlich an der üblichen Ordnung festhält, kann schon einmal ins Ordinäre abgleiten *ordo; ordinarius.*

Komplementär (*complere,* ›ergänzen‹) und defizitär (*deficere,* ›fehlen‹) sind sekundäre (*secundus,* ›der zweite‹) Analogie-Bildungen, die keinem entsprechenden lateinischen Adjektiv, sondern nur einem lateinischen Stamm verpflichtet sind. Solche Sprachentwicklungen sind indes keineswegs singulär (*singularis,* ›einzigartig‹), sondern geradezu ubiquitär (›überall verbreitet‹; von *ubique,* ›überall‹).

»Kollateral«-Geschwätz: Totaler zerebraler Frontalschaden

Auch *-al* und *-ell* geben die Zugehörigkeit an. Beide deutschen Suffixe gehen auf das gleichbedeutende lateinische *-alis* zurück. ›Kausal‹ und ›temporal‹ sind Adjektive zu *causa,* ›Grund‹, und *tempus,* ›Zeit‹, ›rational‹ zu *ratio,* ›Vernunft‹, und ›formal‹ zu *forma,* ›äußeres Aussehen‹. Der aktive Wortschatz in diesem Bereich steigt vermutlich proportional (*pro portione,* ›gemäß der Menge‹) zur sozialen (*socialis,* ›die Gesellschaft betreffend‹) und professionellen (*professio,* ›Gewerbe‹) Nähe zu Personen mit medizinalem Hintergrund (*medicina,* ›Heilkunst‹). Für Angehörige der Heilberufe ist es völlig normal (›der Norm *norma* entsprechend‹), die Zugehörigkeit zu Körperteilen mit dem Suffix *-al* zu kennzeichnen – von anal (*anus,* ›After‹) bis zu zerebral (*cerebrum,* ›Gehirn‹). Alphabetisch dazwischen liegen unter anderem aural (*auris,* ›Ohr‹), dorsal (*dorsum,* ›Rücken‹), nasal (*nasus,* ›Nase‹), oral (*os, oris,* ›Mund‹), renal (*renes,* ›Nieren‹) und vaginal. Um Erkrankungen zu begegnen, muß man manchmal das Übel mittels Radikal-Kur (*radix,* ›Wurzel‹) an der Wurzel packen. Kapitale (*caput,* ›Kopf‹; daher *capitalis,* ›das Leben betreffend‹) Fehler von Ärzten können letale (*letum,* ›Tod‹) Folgen haben. Bracchiale Gewalt (*bracchium,* ›Arm‹) führt selten zu vitalen (*vita,* ›Leben‹) Ergebnissen, sondern eher sogar gegenüber Verbündeten und Unbeteiligten zu Kollateralschäden (*con* + *latus,* ›gemeinsame Seite‹). Wer diesen zynischen Begriff bedenkenlos nachplappert, lädt dazu ein, ihm einen totalen (*totus,* ›ganz‹, ›vollständig‹) zerebralen Frontalschaden zu attestieren (*frons,* ›Stirn‹).

Der zweite Erbe der lateinischen Endsilbe *-al* ist, in der Regel mit französischer Patenschaft, *-ell.* Manchmal haben sich aus der lateinischen Wurzel zwei deutsche Suffixe mit unterschiedlicher Bedeutung entwickelt: Ein realer Zins (*realis,* ›tatsächlich‹, von *res,* ›Sache‹) muß nicht unbedingt reell sein (über französisch *réel* auf *realis* zurückgehend, nur im Deutschen die Bedeutung: ›anständig‹). Meist liegen die Unterschiede zwischen *-al* und *-ell-* nur in der Verwendung, nicht aber in der Bedeutung. Die Experimentalphysik (*experimentum,* ›Erprobung‹) geht experimentell vor, der Sexualpartner (*sexus,* ›Geschlecht‹) ist sexuell einbezogen, der Eventualfall (*eventus,* ›Vorfall‹, ›Ausgang‹) kommt eventuell zum Tragen, und die Spezialbehandlung (*species,* ›Anblick‹, ›Sorte‹) bleibt eine spezielle. Prinzipiell (auf das *principium,* ›den Anfang, bezogen‹ ›die erste Stelle einnehmend‹) intellektual (›einsichtig‹, Neubildung). Oder intellektuell (*intellectus,* ›Einsicht‹) eher banal (französisch, nicht lateinisch)? Egal (auch französisch, aber vom lateinischen *aequalis,* ›gleich‹, abgeleitet)!

Obsessiv oder naiv? –
iv-Bildungen am laufenden Band

Aus lateinisch *-ivus* hat sich zur Bezeichnung einer Fähigkeit, einer Möglichkeit oder einer Eigenschaft das deutsche Suffix *-iv* ergeben. Manche Adjektive auf *-iv* haben kein direktes lateinisches Vorgänger-Adjektiv, sondern sind über das Französische heimisch geworden oder als Analogiebildung in den deutschen Sprachschatz gekommen. ›Aktiv‹ heißt ›handlungsfähig‹ (*activus,* von *agere,* ›handeln‹), ›passiv‹ ›leidensfähig‹, ›leidend‹ (*passivus,* von *pati,* ›erdulden‹). Ostentativ laszives Verhalten kann exzessiv, ja situativ sogar explosiv wirken (*ostendere,* ›zeigen‹; ›zur Schau stellen‹; *lascivus,* ›zügellos‹; *excedere,* ›aus dem Maß heraustreten‹; *situs,* ›Lage‹, ›Situation‹; *explodere,* ›heraustreiben‹).

Präventiv aggressives Verhalten als intensive Putativ-Notwehr positiv zu beurteilen wäre massiv spekulativ (*praevenire,* ›zuvorkommen‹; *aggredi,* ›angreifen‹; *intendere,* ›alle Kräfte anspannen‹; ›die Aufmerksamkeit richten auf‹; *putativus,* ›vermeintlich‹, ›scheinbar‹; *positivus,* ›gesetzt‹, ›gegeben‹, daher ›bejahend‹; *massa,* ›Masse‹; *speculativus,* von *speculari,* ›umherspähen‹). Obsessiv (*obsidere,* ›besetzen‹; also ›besetzt‹ im Sinne einer Zwangsvorstellung) mit der Reihung von Adjektiven auf *-iv* fortzufahren könnte auch meditativ (*meditari,* ›nachdenken‹) veranlagte Leser aggressiv werden lassen. Es wäre also wenig konstruktiv (*construere,* ›aufbauen‹) – das nicht vorherzusehen geradezu naiv. Auch ›naiv‹ geht, wenngleich durch den Umweg über das Französische schwer erkennbar, auf ein lateinisches Wort zurück: *nativus* (von *nasci,* ›geboren werden‹) heißt ›geboren‹, ›natürlich‹. Ein Mensch, der sich so ›natürlich‹ wie ein gerade geborenes Kind verhält, erfüllt offenbar nicht die Ansprüche, die die Gesellschaft gemeinhin an ihn stellt – im Unterschied zum nativen Olivenöl, das als ›im natürlichen Zustand‹ belassen hoch geschätzt wird und auch Pate gestanden hat bei der Namensgebung einer Farbe: oliv, ›olivenfarbig‹.

mutare zum Beispiel – Wenn Infinitivendungen mutieren

Das am häufigsten vorkommende Suffix haben wir für das Ende des Kapitels reserviert. Reserv-ieren ist Teil dieser – erneut nicht unerheblich durch das Französische geförderten – sprachlichen Erfolgsstory (*story* aus *historia,* ›Geschichte‹): Die lateinischen Infinitivendungen *-are*, *-ere*, *-ire* und *-ere* bilden das fast unerschöpfliche Reservoir für das deutsche Verbalsuffix *-ieren.* Es ist so allgegenwärtig im Sprachgebrauch, daß man das nicht ausführlich zu demonstrieren (*demonstrare,* ›zeigen‹) oder zu illustrieren (*illustrare,* ›beleuchten‹) braucht. Wir limitieren (*limitare,* ›begrenzen‹, zu *limes,* ›Grenze‹) daher unsere Anzahl von Beispielen und beschränken uns auf einige, deren ursprüngliche Bedeutung nur mit Lateinkenntnissen rekonstruiert (*reconstruere,* ›wieder aufbauen‹) werden kann.

Im Restaurant lassen wir uns Speisen servieren. Die das tun, sind bei strengem Hinschauen unsere ›Diener‹, ja ›Sklaven‹ (*servire* von *servus,* ›wie ein Sklave dienen‹). Es würde einen Sturm der Entrüstung auslösen, würden wir die Kellner etwas ›apportieren‹ lassen. Denn dieser Begriff ist im deutschen Sprachgebrauch auf Hunde beschränkt. Im Lateinischen ist er dagegen harmloser als *servire: apportare* heißt ›herbeibringen‹.

Wer als Beamter gegen das Recht oder sittliche Normen verstößt, wird möglicherweise bis zur Klärung der Sache suspendiert. Damit werden die Dinge vorläufig ›in der Schwebe gehalten‹ (*suspendere,* ›etwas aufhängen, so daß es schwebt‹). Man tut also gut daran, bei bestimmten Versuchungen im Freudschen Sinne zu sublimieren (*sublimare,* von *sublimis,* ›hoch-‹, emporheben‹, ›ins Erhabene steigern‹). Eine in Kulturleistungen sublimierte Libido wird nicht sanktioniert (*sanctio,* ›Strafgesetz‹, *sanctionare* kennt das Lateinische nicht).

Wer Geld akkumuliert, trägt es gewissermaßen ›auf einen Haufen‹ zusammen (*ac-cumulare,* ›aufhäufen‹, von *cumulus,* ›Haufen‹). Wer jemanden assoziiert, macht ihn zu seinem *socius,* ›Teilhaber‹, ›Genossen‹ *as-sociare.* Wer etwas absolviert, löst sich davon (*ab-solvere,* ›loslösen‹), wer etwas definiert, steckt die Grenzen ab (*de-finire,* von *finis,* ›Grenze‹). Und wer repräsentiert, macht etwas und sich selbst ›wieder gegenwärtig‹ (*re-praesentare,* ›vergegenwärtigen‹). Signieren bedeutet, sein Zeichen *signum* unter etwas zu setzen (*signare,* ›kennzeichnen‹); zedieren, eine Forderung ›abzutreten‹ (*cedere,* ›weichen‹); tendieren, ›zu etwas neigen‹ (*tendere,* ›anstreben‹, ›hinneigen‹).

Menschen – etwa durch langatmige Ausführungen – lästig zu fallen bedeutet, sie zu molestieren (*molestare,* ›belästigen‹, von *molestus,* ›lästig‹). Kapiert (*capere,* ›fassen‹, ›begreifen‹)?

VI

ALTE LEIER ODER WUNDER PUNKT? – DEUTSCHE REDEWENDUNGEN MIT LATEINISCHER VERGANGENHEIT

Entsetzen oder Glück – Haltungen zum Lateinlernen

Manchem stehen die Haare zu Berge, wenn er an seinen schulischen Lateinunterricht denkt, ein anderer wehrt sich von vornherein mit Händen und Füßen dagegen, Latein zu lernen, einem dritten dagegen macht eben das Spaß, und er verbindet das Angenehme mit dem Nützlichen. Jeder ist halt auch seines Bildungsglückes Schmied – wenngleich die Fama des Schwierigen, vermeintlich Unnützen und die Unwissenheit über die durchaus hebbaren Latein-Schätze vielen die persönliche Schmiedearbeit abnehmen.

So unterschiedlich die gerade skizzierten Positionen zum Lateinlernen sind, eines ist ihnen gemeinsam: Alle bildhaften Redewendungen, die wir zur Veranschaulichung der verschiedenen Haltungen verwendet haben, sind im Lateinischen vorgeprägt. Ja, sie stammen, über einen zweitausendjährigen kontinuierlichen Kulturstrom vermittelt, aus der phantasievollen Sprachwelt der Römer.

Der erste Gewährsmann dafür, daß ›sich die Haare vor Entsetzen aufrichten‹, ist der mythische römische Stammvater Aeneas – der Held, der mit wenigen Getreuen aus dem brennenden Troja nach Italien floh und dort die

Fundamente für das zweite und größere Troja, eben Rom, legte. Vergil läßt ihm im Nationalepos *Aeneis* gleich mehrmals »das Haar stehen« – einmal in der Traumbegegnung mit dem Gott Merkur (*adrectae horrore comae;* Aen. IV 280) und bei zwei weiteren Gelegenheiten, als er mit den Schatten ihm nahestehender Toten konfrontiert wird: »Ich erstarrte, und es standen die Haare« (*obstipui steteruntque comae;* Aen. II 774, III 48). Das Deutsche hat im wahrsten Sinne des Wortes anschaulich noch eins ›draufgesetzt‹, indem es die ›Berge‹ hinzufügte: »Mir graust, der Atem stockt, zu Berge steigt mein Haar«, dichtete Schiller *(Die Zerstörung von Troja).* Und Wieland »stehen die Haare zu Berge, wenn ich Euer Gnaden so reden höre« *(Die Abentheuer des Don Sylvio).* Wobei seine Gnaden – selbstverständlich – *nicht* über Latein sprachen...

»Mit Händen und Füßen« *manibus pedibusque* müht sich in der Komödie *Andria* des Terenz ein Sklave schon im 2. Jahrhundert v. Chr. ab, um seiner Pflicht zu genügen (Terenz Andr. 676). Daß der Ausdruck sprichwörtliche Qualität für ›äußersten Einsatz‹ bekommen habe, bestätigt ein spätantiker Grammatiker des 4. Jahrhunderts ebenso wie der große Humanist Erasmus von Rotterdam in seinen *Adagia* (I 4, 15). Hat es etwas mit dem ›Nationalcharakter‹ der Deutschen zu tun, daß wir die Hände und Füße als extreme Mittel der *Abwehr* bemühen und nicht als unbedingten Einsatz *für* etwas?

Das Angenehme mit dem Nützlichen zu verbinden, rät der römische Lyriker Horaz in seiner *Dichtkunst.* Denn dadurch könnten die beiden vielfach konträr gesehenen Aufgaben des Dichters, »nützen *oder* erfreuen« (*aut prodesse volunt aut delectare poetae,* ars poet. 333 f.), gewissermaßen unter einen Hut gebracht werden: Unterhaltung *und* Erziehung. »Demjenigen ist aber Beifall gewiß, der Nützliches mit Angenehmem mischt *qui miscuit utile dulci,* indem er den Leser in gleicher Weise erfreut wie ermahnt« (ars poet. 343 f.).

Selbst seines Glückes Schmied zu sein – das ist eine Aufforderung zu aktiver, selbstverantwortlicher Lebensführung, die nicht erst neoliberalem Gedankengut des frühen 21. Jahrhunderts entspringt. Das Erfolgsrezept wird in unterschiedlichen Variationen seit rund 2300 Jahren ›gehandelt‹. Als sein geistiger Vater gilt Appius Claudius Caecus. Er formulierte in seinen um 300 v. Chr. publizierten Sentenzen: *fabrum esse suae quemque fortunae* (Ps.-Sallust ep. ad Caes. I 1,2), »daß jeder der Schmied seines Glückes sei«. In der Regel wird aus dem AcI, *Accusativus cum Infinitivo,* der lateinischen Originalstelle der Sprichwort-angemessene Aussagesatz *faber est suae quisque fortunae.* Was seinen Erfinder angeht, so erweist sich der ›Spruch‹ als goldrichtig: Appius Claudius ist die erste wirklich faßbare historische Persönlichkeit der römischen Geschichte. Und sein Ruhm strahlt bis heute in Gestalt der ›Königin der Straßen‹ fort: Die berühmte *Via Appia* trägt seinen Namen. Er hat sie ebenso wie die erste Wasserleitung des antiken Rom, die *Aqua Appia*, im Jahre 312 v. Chr. erbauen lassen.

Das einzige, was seinem Nachruhm fehlt, ist die Zuweisung der noch heute gängigen Redewendung an ihren Vater als *proverbium Appium.* Das klänge zwar hübsch in der Parallele zur *Via* und *Aqua,* wäre aber unlateinisch. Die Römer hätten von *illud Appii,* dem ›berühmten Wort des Appius‹, gesprochen.

Klartext – Deutsch reden heißt Latine loqui

Hätten Sie, verehrte Leserinnen und Leser, gedacht, daß die gerade verwendeten ›typisch‹ deutschen Redensarten aus lateinischen Wurzeln gewachsen und erst im Laufe des Mittelalters und der frühen Neuzeit zu deutschen Stilblüten – von solchen *flores* sprach man früher ohne negative Konnotation – gleichsam mutiert sind? Das

›Tückische‹ ist ja, daß viele von ihnen ganz ohne gelehrte lateinische Zutat daherkommen und in ihrer volkssprachlichen Bildhaftigkeit irgendwie ursprünglich deutsch wirken. Ihr Erfolgsgeheimnis liegt vielfach in ihrer Anschaulichkeit und ihrem Sitz im Leben. Es bedarf keines wissenschaftlichen Apparats oder komplizierter literarischer Ursprungssuche, um sie zu verstehen.

Glaubt man jedenfalls. Tatsächlich sind sie oft genug voraussetzungsreicher, als man denkt. Aber man macht sich, da man mit ihnen groß geworden ist und sie wie selbstverständlich versteht, keine Gedanken über die Bilder, von denen ihre plastische Wirkung ausgeht. Und bei denen, die in der Tat der Lebenserfahrung und tagtäglichen Anschauung entsprechen, kommt man nicht auf die Idee, daß sie gewissermaßen aus zweiter Hand stammen und unseren deutschen Vorvätern kein Copyright auf sie zusteht.

Wie sie im einzelnen vom Lateinischen ins Deutsche gesickert sind, welche Umwege etwa über die romanischen Sprachen sie dabei genommen haben, ob der Vermittlungsprozeß über die hohe Literatur – nur dort können wir die Redewendungen im lateinischen Ursprungsgewand ›dingfest‹ machen – oder unter der literarischen Oberfläche über volks- und umgangssprachliche Wendungen verlaufen ist: das alles läßt sich in den meisten Fällen nicht rekonstruieren. Diese Art gelehrter Spurensuche ist auch nicht Anliegen dieses Buches. Wohl aber wollen wir anschaulich werden lassen, *daß* viele sprichwörtliche Redensarten sich bis in die Römerzeit zurückverfolgen lassen und wir alle, wenn und indem wir sie benutzen, Lateiner sind...

Und zwar selbst dann, wenn wir kernig, ungeschminkt, modisch ausgedrückt: Klartext reden. ›Deutsch reden‹ sagen wir dazu, wenn's unverblümt darum geht, die Wahrheit auszusprechen. ›Deutsch reden‹ ist indes eine epigonenhafte Variante des *Latine loqui.* ›Latein sprechen‹

im Sinne von ›offen, deutlich reden‹, ›die Dinge beim Namen nennen‹ will der scharfzüngige, frivole Epigrammatiker Martial. So formuliert er es programmatisch in der Vorrede zu seinen Spottgedichten (I praef.) – und warnt die Prüden und auch sprachlich Verklemmten vor der Lektüre seiner Verse. *Latine loqui* – das sei so ungeschminkt ehrlich und offen wie die Darbietungen der nackten Prostituierten am Floralienfest. Verlogene Spießer ertrügen das eine wie das andere nicht. Auch Cicero verwendet das direkte, nicht beschönigende ›Latein sprechen‹ als Synonym für wahrhaftiges, ungekünsteltes Reden – und stellt das *Latine loqui* dem ebenso übertreibenden wie nicht gerade glaubwürdigen *loqui* nach Advokatenart gegenüber.

In der Reformationszeit wurde ›Deutsch reden‹ als Pendant zu *Latine loqui* gebildet. ›Deutsch reden‹ hieß offen und verständlich – und gerade *nicht* Latein reden. Ironie der Sprachgeschichte: Die bewußte Abkehr vom Lateinischen kommt ohne Anleihe beim Lateinischen nicht aus ...

Zweitausend Jahre aufgewärmter Kohl

Geht man hart mit der Nationalsprache ins Gericht, so handelte es sich zumindest bei dieser Übernahme um aufgewärmten Kohl. Als Metapher für ›abgegriffene Gedanken‹, ›abgedroschenes Zeug‹ ist dieser Kohl freilich auch nicht der deutschen Phantasie entsprungen: Die *crambe repetita,* ›der wiederholt aufgewärmte Kohl‹, ist vielmehr ein Bild, das der römische Satiriker Juvenal erstmals verwendet hat – und zwar in einer der seltenen Passagen aus der antiken Literatur, die es mit den Lehrern *gut* meinen: *occidit miseros crambe repetita magistros,* fühlt Juvenal den armen Schulmeistern nach, ›aufgewärmter Kohl‹ – also die ewigen Wiederholungen, das öde Zeug, das man schon hundertmal gesagt und gehört hat – »tötet die Lehrer« (VII 154). Das ist die nackte Wahrheit! pflichten jetzt vermutlich viele Lehrerinnen und Lehrer unter den Lesern dem zumindest hier so verständnisvollen Juvenal bei – da habe er einen wunden Punkt des ›Pauker‹-Daseins erwischt. Und zumindest ein paar Lateinlehrer wissen, daß schon wieder zwei lateinstämmige Redewendungen im Spiel sind: Die nackte Wahrheit, *nuda veritas,* findet sich erstmals in einer Horaz-Ode (I 24, 7), um dann immer wieder in der lateinischen Literatur bemüht, beschworen, beklagt oder gelobt zu werden. Der Ausdruck war ganz geläufig, gewissermaßen ›in aller Munde‹ – so wie *in omnium ore* spätestens seit Servius und Macrobius in aller Munde war (Servius ad Aen. III 3, 3; Macrobius sat. V 16, 7).

Der ›wunde Punkt‹ geht auf das *ulcus,* ›Geschwür‹, oder eben den ›wunden Punkt‹ zurück, an dem man seit Terenzens Komödie *Phormio* möglichst nicht rühren soll: »Was wäre weniger hilfreich gewesen, als diesen wunden Punkt zu berühren?« läßt Terenz einen seiner Protagonisten anläßlich einer ungeschickten Bemerkung sagen (Phorm. 690).

Freilich macht es manchen Menschen ja durchaus Freude, die Finger auf ein *ulcus* zu legen – vor allem, wenn sie dem so unangenehm Berührten etwas heimzahlen, sich an ihm rächen wollen. Das war schon den Römern klar, und deshalb ist die Ableitung der unschönen Tätigkeit des *ulcisci,* ›sich rächen‹, von eben der schwärenden Wunde, dem *ulcus,* alles andere als ein Zufall. Wer auf solche etymologischen Fiesheiten kommt, dem ist auch der Gedanke nicht fremd, daß Rache süß ist. Und tatsächlich geht die deutsche Redewendung auf Juvenal zurück, der diese ›Erkenntnis‹ noch stärker formuliert: ›Rache ist ein angenehmeres Gut als das Leben selbst‹; *vindicta bonum vita iucundius ipsa* (XIII 180). Will sagen: Jemanden aus Vergeltung zu töten und seinen

Rache-Impuls auf diese Weise abzureagieren ist weniger befriedigend, als ihn rächend ›schmoren‹ zu lassen.

Eine ebensowenig edle Emotion wie die Rache ist der Neid. Die Römer blieben auch von ihm nicht verschont. Im Gegenteil: ›vor Neid platzen‹ wurde zu einer überaus gebräuchlichen Redensart, seit der Dichter Phaedrus in seiner berühmten Fabel vom Frosch und vom Ochsen den auf die Größe seines ›Nebenbuhlers‹ neidischen und sich immer weiter aufblasenden Frosch schließlich platzen läßt (I 24). Den literarischen Höhepunkt dieser Metapher erreichte der Epigrammatiker Martial mit seinem *rumpitur-invidia*-Gedicht (IX 97). Leitmotivisch platzen da alle möglichen Leute vor Neid auf den erfolgreichen Dichter (elfmal wiederholt sich das *rumpitur-invidia*-Motiv; ›es platzt jemand vor Neid, weil ...‹), bevor Martial diese ihn scheinbar belastenden Neidattacken mit dem letzten Vers abschüttelt: *rumpatur, quisquis rumpitur invidia,* »soll doch platzen, wer auch immer vor Neid platzt«.

»Sehen und gesehen werden« – Die römische Toskana-Fraktion läßt grüßen

Gibt es im römischen ›Sprüchearsenal‹ vielleicht auch etwas Lockeres, Positives, Lebensbejahendes? Keine Sorge: Auch die Toskana-Fraktion findet da die eine oder andere durch Klassiker-Mund nobilitierte Lebensgefühl-Essenz. Das süße Nichtstun zum Beispiel ist mitnichten erst eine Erfindung von Spätrömern, vulgo Italienern. Am *dolce far niente* berauscht sich sogar der sonst nicht gerade Lebensfreude versprühende pflichtbewußte Plinius. ›Dieses untätige, aber doch so angenehme Nichtstun‹ – *illud iners quidem, iucundum tamen nihil agere* (ep. VIII 9,1)–: Danach sehnt er sich so sehr, allerdings, und das ist dann wieder der gewohnte Plinius, ohne Chance, es zu erreichen.

Selbst die Wendung ›in den Tag hineinleben‹ geht auf lateinische Ursprünge zurück. Cicero, ausgerechnet der so auf Pflichtgefühl und Pflichterfüllung pochende Cicero!, prägt sie: *in diem vivere,* sagt er, »in den Tag leben« – allerdings, es naht die Ehrenrettung, als Charakterisierung *barbarischer* Lebensweise: *barbarorum est in diem vivere* (»Barbarenart ist's, in den Tag hineinzuleben«; de or. II 169). Er hätte es besser wissen sollen. Denn am Golf von Baiae, dem Urlaubsparadies der römischen Oberschicht (und nicht nur dort), gab es genügend Bonvivants, die sich dem süßen Nichtstun einschließlich des *in diem vivere* durchaus verschrieben hatten und, altrömische Moral hin, politische Pflicht her, dem Grundsatz lebten: »Erlaubt ist, was gefällt.«

Der lateinische Vorläufer dieses tendenziell moralrelativierenden Mottos findet sich in einer pikanten Anekdote aus der Historia Augusta, einer Sammlung von Kaiserbiographien. Der Biograph berichtet, wie es dazu kam, daß Kaiser Caracalla seine Stiefmutter Iulia zur Frau genommen habe. Die schöne Frau machte dem Kaiser Avancen, indem sie wie aus Versehen den größten Teil ihres Körpers entblößte. Caracalla kommentierte das mit einem *vellem, si liceret,* »ich würde schon wollen, wenn's erlaubt wäre«. Worauf die Dame schlicht erwiderte: *si libet, licet,* »wenn's gefällt, ist es auch erlaubt«. Als Kaiser stehe er schließlich über dem Gesetz (Hist. Aug. Carac. 10). Das freilich kann man späteren Anhängern des Erlaubt-ist-was-gefällt-Standpunktes nicht ohne weiteres zubilligen...

Die Geschichte muß übrigens nicht stimmen. Sie mag auch auf übertreibendem Hofklatsch beruhen, für den es ein dankbares Lesepublikum und damit auch eine Spezies von Publizisten gab, die heutzutage bei der *yellow press* anheuern würden. Der Biograph der Historia Augusta will jedenfalls für die Historizität der Anekdote nicht die Hand ins Feuer legen – im Unterschied zu Caius Mucius, dessen heroischer Tat wir die Metapher verdanken. Er wurde bei einem Attentatsversuch im feindlichen Lager gestellt und massiv mit Folter bedroht, damit er seine Hintermänner preisgebe. Um zu demonstrieren, wie wenig er sich von Schmerzen beeindrucken lasse, hielt Mucius seine rechte Hand in ein nahe dem Verhörort brennendes Altarfeuer. Nach seinem Vorbild handelt noch heute jeder, der unerschütterlich zu einer Überzeugung oder einem Menschen steht – allerdings in einem deutlich kühleren metaphorischen Umfeld.

Apropos (oder lateinisch gesprochen: *ad propositum,* ›zum vorgelegten Punkt‹) Feuer: Auch derjenige, der das berühmt-berüchtigte Öl dort hineingießt, wandelt auf lateinischem Sprichwort-Grund. *oleum addere camino,* ›Öl in den Kamin gießen‹, ist in der Imperativ-Form *adde* (›gieß‹) erstmals bei Horaz bezeugt (sat. II 3, 321) und entwickelte sich dann als Variante *oleum in incendium,* ›Öl ins Feuer‹, zu einer weitverbreiteten Redensart, wie der Horaz-Kommentator Porphyrio überliefert.

Zurück zu den Verführungskünsten der Iulia! Mit der ›zufälligen‹ Schulterfreiheit trieb sie das auf die Spitze, was seit Ovid als vorrangig, aber keineswegs ausschließlich weibliche Methode der Imagepflege und des ›In-Seins‹ gilt: sehen und gesehen werden. Bei Ovid spielten die erotische Absicht und Wirkung des aktiv und passiv erlebten Schaugenusses eine gewichtige Rolle: Mit dem berühmten *spectatum veniunt, veniunt, spectentur ut ipsae,* legt er dem Leser das Theater als amourösen Jagdgrund nahe; »(die Frauen) kommen dorthin, um zu sehen, sie kommen, um gesehen zu werden«, und fügt unmißverständlich hinzu: *ille locus casti damna pudoris habet,* »dieser Ort bringt Schaden für züchtige Keuschheit« (ars am. I 99 f.). Die kaiserliche Kokotte Iulia dürfte ihren Ovid – zumindest die *Liebeskunst* – gekannt und bei ihrem persönlichen Entkleidungstheater genutzt haben.

Wer den Rubicon überschreitet, wehrt den Anfängen nicht

Wir haben am Beispiel einiger überkommener Redewendungen einen Blick ins römische Genießer-Ambiente geworfen. Genaugenommen sind wir sprachlich darin ein bißchen ›spazierengegangen‹; *amb-ire* heißt ›herumgehen‹. Auch wenn die Oberschicht dieses hedonistisch geprägte Ambiente nur zu gern genoß, galt das Wohlleben den Moralisten – denen, die sich an den *mores,* ›Sitten‹, der Alten orientierten – eher als unrömischer Sündenpfuhl. Klar, daß auch die Fraktion des erhobenen Zeigefingers ihre Spuren im lateinisch-deutschen Redensarten-Gut hinterlassen hat!

Es verwundert wenig, daß schon bei den Römern Müßiggang als aller Laster Anfang galt – wenigstens bei den Moral-Doktrinären (*doctrina* ist die ›Lehre‹ – und oft genug eben auch die ›reine Lehre‹). Deren ungekröntes Haupt war der Alte Cato. Ihm wurde ziemlich folgerichtig das ursprüngliche Müßiggang-Verdikt zugeschrieben: *nihil agendo homines male agere discunt,* »durch Nichtstun lernen die Menschen, schlecht zu handeln«. Es wird – mit begeisterter Zustimmung – vom Agrarschriftsteller Columella zitiert, der sein Lehrbuch *Über die Landwirtschaft* für Großagrarier schrieb. Damit verrät sich die ›goldene‹ Lebensregel als golden vor allem für die wirtschaftlichen Interessen ihrer Propagandisten. Auch der Alte Cato war Großagrarier, den untätige, müßiggängerische Sklaven mit Mißtrauen und Sorge um seine Gewinnmarge erfüllten (Colum. XI 1, 26).

Daß man ›den Anfängen wehren‹ solle, scheint der gleichen Geisteshaltung zu entspringen. In Moralistenkreisen war das ein *locus communis,* wie die Römer den ›Gemeinplatz‹ zu nennen pflegten. Tatsächlich macht uns ein der einschlägigen ›Szene‹ (*scaena,* ›Bühne‹) zugehöriger Seneca die Freude des entsprechenden Aufrufes –

principiis obstemus!, »wir wollen den Anfängen wehren!« (ep. 72, 11). Aber er selbst ist schon ein zitierender Epigone der Warnung; das literarische Copyright liegt bei einem der Moralinsäure nicht gerade verdächtigen Dichter: Es ist Ovid, der zum ersten Male ein energisches *principiis obsta!*, »wehre den Anfängen!«, ausruft. Das allerdings in einem denn durchaus schon ovidischen Kontext. Der Dichter der *Liebeskunst* hält für seine unglücklichen Adepten bekanntlich auch das literarische Gegengift bereit. Die *Heilmittel gegen die Liebe remedia amoris* zeigen Wege auf, wie man sich vor den Fallstricken Amors schützen kann. Eine der simpelsten Regeln heißt *principiis obsta, sero medicina paratur:* »Wehre den Anfängen! Zu spät wird die Medizin gereicht...!« (rem. 91)

Für alle, die trotzdem noch zögern, den Anfängen zu wehren, hält das Lateinische eine energische Warnung bereit, die ebenfalls ihren Weg in den Fundus (den ›Grund‹-Bestand) deutscher Redewendungen gefunden hat: *periculum in mora!*, ›Gefahr im Verzug!‹ Der Ursprung des geflügelten Wortes liegt im Geschichtswerk des Livius. Manchmal war es selbst für tapfere Römer klüger, ihr Heil in der Flucht zu suchen, als in aussichtsloser Lage weiterzukämpfen. Im Jahre 189 v. Chr. war das bei einem Feldzug gegen die Galater der Fall: »Als schon mehr Gefahr darin lag, zu zögern, *plus in mora periculi* als Sicherheit darin, in der Schlachtreihe zu bleiben, stoben alle in wilder Flucht davon« (Liv. XXXVIII 25, 13).

Unter besonders rühmlichen Umständen hat das berühmte *periculum in mora!* demnach seine literarisch-gnomische Formung nicht erfahren. Besonders rühmlich für das heutige deutsche Sprachverständnis ist die mittlerweile verschobene Bedeutung von ›Gefahr im Verzug‹ freilich auch nicht. ›Verzug‹ wird vielfach nicht mehr als Synonym für ›Verzögerung‹ verstanden, sondern mit ›Anzug‹ gleichgesetzt. Falsch: Der heranziehenden Gefahr kann man sehr wohl entgehen, wenn man nicht länger zögert. Unheroisches Verhalten wird, ausgerechnet ein römisches Beispiel lehrt es, durchaus auch belohnt.

Der Consul, der seinerzeit das Kommando zum fluchtartigen Rückzug gab, hätte seinen Befehl platter und flapsiger begründen können mit einem resignativen »Das Spiel ist aus!« Ob ihm die Wendung schon bekannt war, ist allerdings ungewiß. Sie taucht zum ersten Male, wenngleich noch nicht in der späteren prägnanten Form *acta est fabula* (»das Theater-Spiel ist aus!«), im Zusammenhang mit Kaiser Augustus auf. Der soll auf dem Sterbebett sein Leben mit einem Theaterstück verglichen und gesagt haben: »Wenn es denn gut ist, gebt Beifall dem Stück, und laßt uns alle mit Freude nach Hause gehen!« (Suet. Aug. 99) Auch wenn man dem Begründer des Kaiserreiches durchaus brutale, rücksichtslose Methoden bei der Erringung und Festigung der Macht attestieren muß, wäre es aber doch reichlich verfehlt, die heute vielfach übliche Konnotation auf seinen Fall zu übertragen, daß da ein Krimineller ›ausgespielt‹ habe …

Dem Adoptivvater des Augustus verdanken wir eine andere berühmt gewordene Redewendung. Kurz bevor er den Rubicon, den Grenzfluß zwischen Gallia cisalpina und Italien, mit seinem Heer überschritt und damit den Verfassungsbruch und den daraus zu erwartenden Bürgerkrieg mit Pompejus in Kauf nahm, rief Caesar, den griechischen Komödiendichter Menander zitierend, aus: »Der Würfel soll geworfen sein!« (Plut. Pomp. 60, 4) Sueton übersetzte das in seiner Caesar-Biographie mit *iacta alea est* oder *esto,* »gefallen ist der Würfel!«, »gefallen sein soll der Würfel!« (Caes. 32, 8). Daraus entstand in ›normalerer‹ Wortstellung – das Subjekt am Anfang – das vielzitierte *alea iacta est.* Und damit war auch im Deutschen der Würfel dafür gefallen, den Würfel als Sinnbild für Entschlossenheit angesichts eines Risikos, Wagnisses oder einer Entscheidung mit ungewissem Ausgang zu verwenden.

Manchen Zeitgenossen reicht der eine Würfel offenbar nicht aus, um ihre Risikobereitschaft zu demonstrieren. Bei ihnen sind dann ›*die* Würfel gefallen‹. Dem großen Caesar reichte noch einer.

Wie wir mit den Römern sprichwörtlich in einem Boot sitzen

Caesars Soldaten hatten beim Übergang über den Rubicon das gleiche Interesse wie ihr Feldherr. Ihre Versorgung als Veteranen hing an der politischen Durchsetzungsfähigkeit ihres Kriegsherrn. Salopp ausgedrückt, saßen sie mit ihm im gleichen Boot. Darf man diese Alltagsmetapher auf die große römische Politik anwenden? Und ob! – Denn genau dort hat sie ihren Ursprung. In einem Brief, der nur wenige Jahre vor Caesars Würfel-Ausspruch (49 v. Chr.) in der sich bereits abzeichnenden Situation des Bürgerkrieges oder jedenfalls unter dem Eindruck des bevorstehenden Zusammenbruchs der republikanischen Verfassung geschrieben wurde (53 v. Chr.), fordert Cicero seinen Standeskollegen C. Curio zur politischen Solidarität auf: *ubicumque es … in eadem es navi;* »wo immer du dich tatsächlich aufhältst, du bist auf demselben Schiff« (fam. II 5,1).

Zehn Jahre später ist die Lage von Grund auf verändert: Caesar hat im Bürgerkrieg gesiegt und sich zum Diktator ausgerufen – für den überzeugten Republikaner Cicero eine Katastrophe. Selbst nach Caesars Ermordung an den Iden des März 44 v. Chr. besteht wenig Hoffnung, das alte politische System wiederzubeleben. Aber Cicero klammert sich an die Vorstellung, daß im Zusammenwirken aller ›Guten‹ das Staatsschiff wieder auf den früheren Kurs gebracht werden könne: »Steig ein, mein Quintus, und setze dich zu mir ans Steuer! Nur dieses eine Schiff gibt es noch für alle Guten …«; *una navis est iam bonorum omnium* (fam. XII 25, 5). Sie, die Verteidiger der Republik, müßten sich in der Stunde größter Gefahr darüber im klaren sein, daß sie eine Schicksals- und Solidargemeinschaft bildeten – und eben in einem Boot säßen. Ciceros Metapher knüpft sicher auch an die alte griechische Allegorie des ›Staatsschiffes‹ an, die Horaz in der Ode I 14 als Leitmotiv aufnimmt.

Viele Zeitgenossen mögen Cicero bei seinem Kampf für die Republik die Daumen gedrückt haben; tatsächlich etwas unternommen haben indes die wenigsten. Aus heutiger Sicht ist aufschlußreich, daß ›uns ein Sprichwort die Daumen drücken läßt, wenn wir jemandem gewogen sind‹ – so macht uns der Naturforscher Plinius das Alter der Redensart klar (*pollices, cum faveamus, premere etiam proverbio iubemur;* Plin. NH XXVIII 25). Er zählt das Daumendrücken übrigens zu den abergläubischen Ritualen, bei denen »die Kräfte der Wunderzeichen auch in unserer Gewalt stehen« (NH XVIII 17).

Daumen drücken hat sich freilich als historisches Movens meist als wenig effektiv erwiesen. So ließen sich auch die Mächtigen, die Rom nach Caesars Ermordung de facto regierten, durch Cicero und Konsorten ihre Kreise nicht stören. ›Cicero und Konsorten‹ – das klingt ziemlich despektierlich. Allerdings nur aus heutiger Sicht: Da werden ›Konsorten‹ oft abschätzig mit ›Spießgesellen‹, ›zwielichtigen Typen‹, ›Leuten vom gleichen suspekten Schlag‹ wie der namentlich Genannte gleichgesetzt. Etymologisch dagegen paßt kaum ein Begriff besser zu den Verteidigern der alten Ordnung um Cicero: *con-sors* ist derjenige, ›mit‹ *con* = *cum* dem man das ›Los‹, ›das Schicksal‹ *sors* teilt. Im wirtschaftlichen Bereich sind die Mitglieder eines Konsortiums ›Mitgenossen‹, ›Teilhaber‹, deren zumindest ökonomisches Schicksal das gleiche ist.

Das ›Stören der Kreise‹ ist eine der berühmtesten Redewendungen, die aus dem Altertum überliefert sind. Was sich schnell zu einem ›Spruch‹ im übertragenen Sinne entwickelte, verband sich in der ursprünglichen Situation mit echten Kreisen oder geometrischen Figuren. Die hatte der illustre Mathematiker, Physiker und Waffenkonstrukteur Archimedes in den Sand gezeichnet. Nachdenklich brütete er über ihnen, als ein römischer Soldat während der Eroberung von Syrakus im Jahre 212 v. Chr. heranstürmte. »Störe meine Kreise nicht!« soll Archimedes den Eindringling noch gebeten haben, bevor er von ihm erschlagen wurde. Die griechische Wendung übersetzte Valerius Maximus mit *noli, obsecro, istum disturbare,* »bring, ich beschwöre dich, diesen (Kreis) da nicht durcheinander!« (8, 7 ext. 7) Daraus entwickelte sich das geflügelte Wort *noli turbare circulos meos,* »Störe meine Kreise nicht!« Wobei dem Verbreitungserfolg in keiner Weise im Wege stand, daß der Ausspruch eher auf einer historischen Legende als auf einer geschichtlich erwiesenen Tatsache beruht...

Nicht die alte Leier: Klasse-Latein!

Ob die vielen Redewendungen allmählich die Geduld der Leser erschöpfen? Man sollte eine solche Zusammenstellung nicht bis zum Erbrechen fortführen. *usque ad nauseam* verwendeten schon die Römer im übertragenen Sinne für Überdruß und endlos-fades Traktieren eines Motivs. *nausea* ist von griechisch *naus* beziehungsweise lateinisch *navis,* ›Schiff‹, abgeleitet.

Die ›Schiffskrankheit‹ stellt sich bekanntlich auch ein, wenn man etwas ›zum Kotzen‹ findet. So erging es manchen Gästen an der Tafel des neureichen Trimalchio. Zwar waren Essen und Getränke reichhaltig und vorzüglich. Brechreiz im uneigentlichen Sinne löste indes die ununterbrochene ›Bombardierung‹ (*bombus,* ›dumpfer Ton‹) der Tischgesellschaft mit Geschmacklosigkeiten des Gastgebers aus. Als er schließlich betrunken sogar seinen eigenen Tod simulierte, »ging die Sache bis zum äußersten Erbrechen«, *ibat res ad summam nauseam* (Petron 78, 5).

Auch wenn es nicht um Geschmacklosigkeiten geht, sollte man aufhören, bevor selbst Neues aus Überdruß als ›alte Leier‹ empfunden wird. *cantilenam eandem canis,* »du singst (stets) die gleiche Leier«, findet sich erstmals in einer Komödie des Terenz (Phorm. 495), und die ewig gleiche Argumentations-»Leier aus den (Philosophen-) Schulen« geißelt selbst ein Cicero, der weder Wiederholungen noch langatmigen Darstellungen abgeneigt war (de or. I 105; vgl. auch Att. I 19, 8). Als Gegenrezept zur ›alten Leier‹ oder zum ›Erbrechen‹ hält die Antike den Preis der ›Mitte‹ »zwischen zu viel und zu wenig« (Cicero off. I 89) bereit. Mit dem Epitheton ›golden‹ schmückt erstmals Horaz die Mitte: Die *aurea mediocritas* wird zur klugen Lebensmaxime und zum sicheren Hort vor den Extremen (c. II 10, 5). Merke: Nicht immer verbindet sich ›Mittelmäßigkeit‹ (*mediocritas,* von *medius,* ›in der Mitte‹; *-tas:* ›der Zustand‹) mit Mediokrität.

Das soll am Schluß unserer Auswahl von Redewendungen stehen, die sich als überraschend klassisch erwiesen haben. Warum eigentlich klassisch? Was hat das mit ›Flotte‹ zu tun? Denn diese Bedeutung für *classis* lernt man ja im Lateinunterricht. ›Flotte‹ ist indes eine spätere Spezialisierung. Ursprünglich ist *classis* ›die herbeigerufene Menge‹. Das römische Volk war in mehrere – nach dem Vermögen abgestufte – ›Bürgerklassen‹ eingeteilt. An der Spitze stand die *classis prima,* ›die erste Steuerklasse‹: Daß die Zugehörigkeit zu ihr als erstrebenswert und geradezu vorbildlich angesehen wurde, kann man verstehen – weniger wegen der Steuer als wegen des der Steuer zugrunde liegenden Vermögens.

classicus, ›zugehörig zur (ersten) Steuerklasse‹, wurde seit der Kaiserzeit synonym mit ›erstrangig‹, ›mustergültig‹ verwendet, als Bezeichnung für das, was ›Klasse‹ hat. Seit der Renaissance galten die antiken Autoren als vorbildhafte ›Klassiker‹. Mit dem ›klassischen‹ Altertum verbindet sich die Vorstellung von etwas, das zeitlos Maßstäbe setzt, das, salopp gesprochen, einfach ›Klasse‹ ist, ›toll‹.

Wer noch weiteren scheinbar deutschen, tatsächlich aber lateinischen Redewendungen nachspüren möchte – von ›Altweibergeschwätz‹ über ›Eile mit Weile‹, ›lachende Erben‹, ›Suppe auslöffeln‹ und ›meine Wenigkeit‹ bis zu ›Zustände wie im Alten Rom‹ –, der sei auf Annette und Reinhard Pohlkes Sammlung *Deutsche Redewendungen aus dem Lateinischen* verwiesen. Wir haben sie für dieses Kapitel ausgiebig genutzt und empfehlen sie gern weiter: Ein Klasse-Buch, dessen Haupttitel nicht zuviel verspricht: *Alle Wege führen nach Rom!*

VII

VON DEN ›AKTEN‹ ZUR ›ZENSUR‹ – KULTURWORTSCHATZ LATEIN

Ibam forte via sacra ... – »ich ging zufällig auf der Heiligen Straße ...« (Hor. sat. I 9, 1): Die berühmte Schwätzersatire des Horaz nimmt ihren Ausgang auf dem Forum Romanum. Dort tummelten sich im Alten Rom tagein, tagaus Tausende von Menschen, die zu Gerichtsverhandlungen strömten, ihre Götter anbeteten, über Politik diskutierten oder einfach nur wie Horaz im Herzen Roms bummeln wollten. Dieses physische Forum mit seinen Tempeln, Basiliken, Rednertribünen, Siegesmonumenten und Statuen hat nicht nur begrifflich bei dem ›virtuellen‹ Forum Pate gestanden, zu dem Parteien, Kirchen, Wirtschaftsverbände oder Bildungseinrichtungen gerne einladen. Es gibt daneben auch noch eine kulturgeschichtliche Kontinuität: Die Veranstalter wünschen sich, daß es auf dem ›virtuellen‹ oder als reine Zusammenkunft konzipierten ›Forum‹ genauso lebhaft, anregend, kontrovers und bunt zugehe, daß dort so viele Menschen und Meinungen zusammenkommen wie einst auf dem ›realen‹ Forum Romanum.

Latein, unser Beispiel zeigt es, ist auch kulturhistorisches Erbe. Die römische Welt wirkt mit zahlreichen Begriffen in die heutige Lebenswelt hinein, und viele dieser Begriffe sind uns so vertraut, daß wir uns ihres römisch-lateinischen Ursprungs gar nicht bewußt sind. Die folgenden

Seiten sollen anhand einiger Beispiele dieses Kulturwortschatzes der einschlägigen Bewußtseinsschärfung dienen.

Akten

Als *acta* bezeichneten die Römer die Ergebnisse vor allem des öffentlichen *agere* (›betreiben‹, ›verhandeln‹). Die Beschlüsse des Senats wurden als *acta* ebenso im Staatsarchiv aufbewahrt wie die juristischen Entscheidungen, die am Kaiserhof getroffen wurden. Amtliche Nachrichten von besonderer Bedeutung wurden seit Caesar als *acta diurna* regelmäßig veröffentlicht. Was Behörden und Gerichte verhandelten, wurde protokolliert und als *acta* archiviert. Was *ad acta* (›zu den Akten‹) gelegt wurde, hatte bei den Römern also auch als nachprüfbare Rechtsetzung besondere Bedeutung und war keineswegs ›beiseite‹ gelegt.

Amulett

Römer, die sich gegen Unglück und Gefahr schützen wollten, taten gut daran, sich einem *amuletum* anzuvertrauen. Der Begriff war jedenfalls etymologisch geeignet: *amuletum* kommt von *amoliri,* ›Weg-Schaffen‹ des Unglücks. In der lateinischen Alltagssprache setzte er sich aber kaum durch. Die römische Literatur verzeichnet ihn nur ein paarmal und versteht dann darunter – umfassender als unser Amulett-Begriff – alle möglichen Formen der Abwehr von Unheil, auch Handlungen gegen Krankheiten wie zum Beispiel »auf gelassenen Urin zu spucken« (Plinius NH XXVIII 38). Die Sache selbst – der am Hals, anderswo am Körper oder in einer Kapsel *bulla* getragene Talisman – war äußerst populär. Götterfigürchen, Edelsteine und Ringe, aber auch Kräuter, Fäden,

Phallus-Darstellungen und andere Gegenstände dienten als Gegenzauber. Solche *praebia, fascina* oder *remedia* waren in allen Schichten der Bevölkerung verbreitet; Kaiser Augustus führte stets das Fell eines Seehundes mit sich. Sein römischer Biograph Sueton nennt das ein *remedium*, ›Gegenmittel‹; wir übersetzen es schlicht mit ›Amulett‹.

Annalen

Wenn etwas bei uns in die Annalen eingeht, so erachten wir es für erinnerungswürdig. Man kann auch etwas in den Annalen einer Institution, eines Faches und so weiter nachlesen. Damit stehen wir schon nahe am römischen Ursprung. *annales* waren ursprünglich die nach Jahren *anni* geordneten Aufzeichnungen des Oberpriesters *pontifex maximus* über wichtige Vorkommnisse im Laufe des Jahres wie Mond- oder Sonnenfinsternisse, Naturkatastrophen, Tempelgründungen, Teuerungen und vielleicht auch Beamtenwahlen. Später nannten jene Historiker ihre Geschichtswerke ›Annales‹, die die Ereignisse in streng jahresweiser (›annalistischer‹) Ordnung darstellten. Zu ihnen gehört Livius mit seiner 142 Bücher umfassenden *Römischen Geschichte* ebenso wie Tacitus.

Arena

Ursprünglich ist *arena* der Sand oder die Sandfläche. Sand diente als Untergrund für Kampfplätze aller Art – vom vergleichsweise harmonischen Ringen im Stadion über das schon ziemlich riskante Wagenrennen im Circus bis hin zu den höchst gefährlichen Gladiatorenkämpfen im Amphitheater. Die *arena* des Kampfplatzes ›Amphitheater‹ setzten schon die Römer mit dem Schauplatz des Gladiatorenkampfes gleich; Ovid empfiehlt die *tristis arena,* »den tränenreichen Sandboden«, des zu seiner Zeit noch als Ort für Gladiatoren-›Spiele‹ genutzten Forums als günstiges ›Jagdrevier‹ für Verliebte (ars am. I 164).

Auspizien

Wenn etwas unter jemandes Auspizien geschieht, so hat er dieses Projekt angestoßen, geplant oder ist dessen Leiter und Schützer. In Rom durften wichtige Staatsakte wie die Abhaltung von Volksversammlungen, der Beginn von Feldzügen und der Amtsantritt nur vollzogen werden, wenn zuvor die Zustimmung der Götter eingeholt worden war. Das geschah mittels der *auspicia,* bei denen der zuständige Beamte den Flug und das Verhalten von Vögeln beobachtete (*auspicia* kontrahiert aus *avi-spicia,* ›Vogelschau‹). Machte er dabei einen Fehler, so trug er die Verantwortung für Mißerfolge; umgekehrt wurden Erfolge seinen Auspizien gutgeschrieben. Einen Triumph konnte nur derjenige Feldherr feiern, der die Auspizien für den Feldzug eingeholt hatte, gleichgültig, ob er in der Schlacht tatsächlich das Kommando innehatte.

Cicerone

Will man vornehm von einem ›Fremdenführer‹ – noch dazu einem kundigen und eloquenten – sprechen, so bietet sich der italienische Name des berühmtesten römischen Redners Marcus Tullius Cicero (106–43 v. Chr.) an. Der Begriff kam im 19. Jahrhundert auf und ist nicht nur positiv konnotiert: Auch eine allzu sprudelnde Redseligkeit erinnert an die Ausführlichkeit und Weitschweifigkeit der Reden Ciceros. Von ciceronischer *brevitas* (›Kürze‹) hat jedenfalls noch niemand gesprochen.

Deus ex machina

In verzwickten Situationen kann man ihn gut gebrauchen: einen Menschen oder manchmal einen Umstand, der unerwartet zur Lösung der schwierigen Lage führt. Dieser sprichwörtliche Krisenhelfer hat seinen Ursprung im griechisch-römischen Theater. Als dramatischer Notbehelf in verworrener Lage wurde urplötzlich mit Hilfe eines Krans ein Gott auf die Bühne gebracht, dessen Eingreifen der Handlung neue Impulse gab und die Blockade oder Ausweglosigkeit beendete: ›der Gott aus der Maschine‹.

Diktator

In der Moderne steht der Diktator als Usurpator und Gewaltherrscher ohne Legitimation nicht in gutem Ruf. Im Alten Rom dagegen war die *dictatura* ein reguläres Amt – allerdings mit außerordentlichen Befugnissen. Ein *dictator* wurde für eine genau umrissene Aufgabe eingesetzt, auch um in Kriegszeiten eine starke, eindeutige Führung zu gewährleisten. Im Unterschied zu allen anderen gewählten Beamten hatte er keinen (einspruchsberechtigten) Kollegen und war dadurch in seiner Exekutivgewalt nicht eingeschränkt. Dafür war seine Amtszeit auf höchstens sechs Monate begrenzt. Nach Erledigung seiner Aufgabe hatte er von sich aus abzudanken. Gerade daran dachte Caesar nicht, nachdem er die Macht an sich gebracht und sich zum *dictator perpetuus,* ›auf Lebenszeit‹, ausgerufen hatte. Vor ihm hatte schon Sulla die *dictatura* mißbraucht. Beiden Politikern kommt das zweifelhafte Verdienst zu, die Weichen zum heutigen negativen Verständnis einer ursprünglich unanstößigen römischen Magistratur gestellt zu haben.

Emanzipation

Der Zauberbegriff der modernen Welt, der nicht nur auf die spezielle Befreiung der Frau aus der Abhängigkeit des Mannes, sondern auch auf die allgemeine Befreiung aus Unmündigkeit und Fremdbestimmtheit (Pädagogik mit emanzipatorischem Anspruch zum Beispiel) zielt, war bei den Römern ein nüchterner juristischer Terminus. Er bezog sich auf Personen, die zuvor jemand ›mit seiner Hand genommen‹ hatte *manu capere* und die deshalb sein ›Besitz‹ *mancipium* geworden waren. Dazu gehörten in erster Linie Sklaven; *mancipia* ist ein – schulischen Lateinwerken zum Trotz, in denen es kaum zu finden ist – gar nicht so selten gebrauchtes Synonym für *servi.* Wenn Sklaven ›aus‹ (*e-*, *ex-*) diesem Rechtsstatus entlassen wurden, nannte man das eine *e-mancipatio* (oder häufiger eine *manu-missio,* ›das Loslassen aus der Hand‹). Als Terminus technicus der Freilassung aus der Hand zielte *emancipatio* auf eine weitere Personengruppe. Wie alle anderen Familienmitglieder standen auch die Söhne unter der väterlichen Gewalt *patria potestas:* Aus ihr wurden sie mit dem Tode des Vaters oder mit seiner ausdrücklichen Zustimmung ›emanzipiert‹ – und damit ihre eigenen Herren. Für Töchter war diese *emancipatio* nicht vorgesehen. Sie konnten bei der Heirat in der *manus* ihres Vaters bleiben oder sich in die *manus* ihres Ehemannes begeben. Seit der späten Republik erkannten viele Römerinnen, daß es durchaus Vorteile bot, in der Hand des – weiter entfernten – Vaters zu bleiben. Die ›emanzipierten‹ Frauen entschieden sich daher für die, wenn man so sagen darf, patriarchalische Variante.

Faschismus

F*asces* nannten die Römer die mit roten Riemen geknüpften und in der Mitte mit einem Beil ›bewehrten‹ Rutenbündel, die die Liktoren (*lictores;* von *ligare,* ›binden‹) den Beamten als Amts- und Hoheitszeichen vorantrugen. Die italienischen Faschisten benannten sich nach diesen Symbolen altrömischer Macht, um ihren imperialen ›Nachfolge‹-Anspruch und ihre historische ›Legitimation‹ zu dokumentieren. Die neue Zeitrechnung schloß bewußt an die altrömische an: Nach ihrer Machtübernahme im Jahre 1922 zählten die Faschisten *a fascibus renovatis,* ›seit der Erneuerung der Rutenbündel‹. Eine erstaunliche Unbefangenheit lassen die Statuensockel vor den Kaiserforen auf der *Via dei Fori Imperiali* in Rom erkennen, die noch auf die *fasces-renovati*-Ära Bezug nehmen.

Faszination

F*ascina* waren bei den Römern Amulette, die man kleinen Kindern gegen jeden Zauber, vor allem gegen den bösen Blick umhängte. Besonders beliebt war dabei die Phallusform. Die *fascina* sollten gegen die *fascinatio,* ›Behexung‹, schützen; auch *fascinare,* ›den Blick blenden‹, ›behexen‹, war alles andere als ein positiver Begriff. Das änderte sich erst in der Neuzeit, als die geradezu magische Verhexung auch als Bezauberung im erfreulichen Sinne verstanden und Faszination mit ›Entzückung‹ gleichgesetzt wurde.

Daß der Bundestagspräsident Jenninger einst auf öffentlichen Druck zurücktreten mußte, weil er den Nationalsozialismus als ›Faszinosum‹ ohne Anführungsstriche bezeichnet hatte, macht den Bedeutungswandel schlaglichtartig klar. Römer hätten das so bezeichnete Phänomen als

›voll von Verhexung‹ verstanden – und so hatte Philipp Jenninger es wohl auch gemeint.

Ferien

Es paßt vielleicht nicht in manches klischeegeprägte Römerbild, aber wir verdanken unsere Ferien dem Alten Rom. Zumindest den Begriff; denn der Gehalt war ursprünglich stark religiös geprägt. An *feriae,* ›Feiertagen‹, stellte man alle profanen, das heißt ›vor dem Tempel liegenden‹, ›gemeinen‹ Aktivitäten ein und beging Rituale zu Ehren der Götter. Da die Arbeit ruhte, kam auch Festtagsstimmung auf (›Fest‹ von *dies festus,* ist etymologisch mit den *feriae* verwandt, die ursprünglich *fesiae* hießen) – einschließlich typischer Ferienaktivitäten wie Ausruhen und Urlaub. Wochenlange Schulferien gab es in Rom wahrscheinlich nicht (die Interpretation der einzigen einschlägigen Quelle – Martial X 62 – ist strittig). Auch in der Neuzeit mußten Schüler und Lehrer relativ lange warten, bevor die Gerichtsferien – die sitzungsfreie Zeit, die ursprünglich einem ungestörten Einbringen der Ernte diente – zu längeren Schulferien ausgedehnt wurden. Diesen Ferien-Fortschritt verzeichnet erst das 18. Jahrhundert.

Geld

Daß Geld nicht stinkt, wissen viele, daß das berühmte *(pecunia) non olet* auf den Kaiser Vespasian (69–79) zurückgeht, die wenigsten. Der war auf die famose Idee gekommen, die – schon im Alten Rom chronisch leere – Staatskasse durch eine Urinsteuer aufzubessern. ›Opfer‹ der innovativen fiskalischen Maßnahme waren die Gerber und Färber, die den Urin als Rohstoff bis dahin zum Nulltarif aus öffentlichen und privaten Bedürfnisanstalten bezogen hatten. Ob der neuen Abgabe rümpfte Vespasians Sohn Titus im übertragenen Sinne die Nase. Ob das nicht eine recht anrüchige Steuer-Quelle sei? Sein Vater hielt ihm daraufhin die ersten Geldstücke aus der Urinsteuer unter die Nase und fragte ihn, ob der Geruch ihn störe. Titus verneinte. »Und doch kommen sie vom Urin!« soll Vespasian triumphiert haben.

Genie

Die ›außergewöhnliche Begabung‹ geht auf den lateinischen *genius* zurück, der erst im Spätlatein eine ähnliche Bedeutung als ›Schöpfergeist‹ erhielt. In klassischer Zeit war der Genius die göttliche Verkörperung der männlichen Zeugungskraft; die Wurzel *gen-* zeigt es an – sie bedeutet wie in ›generieren‹, ›Genital‹, ›Generation‹ und ähnlichen Fremdwörtern ›Hervorbringen‹, ›Zeugen‹. Der Genius galt als Schutzgeist des Mannes. Beim Genius des Hausvaters schworen alle Familienangehörigen im weiteren römischen Sinne, beim Genius des Kaisers alle Untertanen. Am Geburtstag erhielt der Genius Wein und Blumen als Geschenk. Im noch heute gebräuchlichen ›Genius loci‹ (›Geist des Ortes‹) hat sich die Bedeutung des Schutzgeistes erhalten, aber auch die des inspirierten und inspirierenden Schöpfergeistes schwingt – je nach Art des *locus* – mit.

Grazie

Welch ein Kompliment für eine Frau, wenn sie als ›Grazie‹ bezeichnet wird! Im römischen Sinne steigt sie damit in den Götterhimmel auf. Die drei Gratiae waren die Göttinnen der Anmut und Schönheit und als solche ausgesprochen graziös (*gratiosus,* ›voll Liebreiz‹, ›anmutig‹). Als nicht personifiziertes Substantiv bedeutet *gratia* neben ›Anmut‹ auch ›Gunst‹, ›Zuneigung‹, ›Freundlichkeit‹ und ›Dank‹. Wenn man höflicherweise mehrfachen Dank abstattete, hieß das bei den Römern *gratiae* – woraus sich das italienische *grazie* entwickelt hat. Mit *grazie* könnte sich die Grazie für das Kompliment bedanken – auch wenn Komplimente in der Regel nichts kosten, also gratis sind (schon im Lateinischen in dieser Bedeutung, aus dem Ablativ Plural *gratiis* zusammengezogen, ›aus Gunst‹).

Ianus

Januskopfig‹ ist ein ziemlich lateinlastiges und deswegen aus der Mode gekommenes anschauliches Synonym für ›zwiespältig‹, ›doppelgesichtig‹. Bekannter ist der Monatsname Januar. Er geht auf den römischen Gott Ianus zurück, den Gott der Türen, Tore, Durchgänge und Schwellen. Der Januar ist der ›Eingangsmonat‹ des neuen Jahres, aber auch die Doppelköpfigkeit, mit der Ianus stets dargestellt wurde, spiegelt sich in der Bezeichnung: Mit einem Gesicht blickt er ins alte Jahr zurück, mit dem anderen nach vorn ins neue.

jovial

Er galt nicht als Grantler und Stimmungstöter, sondern schon als im Zweifel lebensfroh, zumal wenn man an seine zahlreichen amourösen Eskapaden denkt. Aber als ›jovial‹, das heißt ›heiter‹, ›gönnerhaft‹, ›leutselig‹, stellten ihn die Römer sich nicht vor. Die Rede ist von Jupiter, dem höchsten römischen Gott. Der Stamm des Wortes, der schon manchen Lateinschüler an den Rand der Verzweiflung getrieben hat, unterscheidet sich ziemlich vom Nominativ. Er heißt *Iov-,* und deshalb ist *iovialis* das völlig ›richtig‹ gebildete Adjektiv zu Jupiter; ›dem Jupiter zugehörig‹. Die Jovialität als Charakterzug entspringt erst der mittelalterlichen Astrologie. Die im Schutze des Planeten Jupiter Geborenen galten als vom Glück begünstigt – Grund genug dafür, daß sie jovialen Frohsinn und joviale Heiterkeit verströmten.

Kandidat

Wer sich im Alten Rom um ein Amt bewarb, war für alle Wähler (und Nichtwähler) an einer mit Kreide bestrichenen und deshalb weißen Toga als solcher zu erkennen. *candidus* heißt ›weiß‹, die *toga candida* war das Erkennungszeichen des Bewerbers. Im frühen Christentum war jedes neugetaufte Kind ein ›Kandidat‹, weil es längere Zeit ein weißes Kleid tragen mußte. Kandidaten, die sich um einen akademischen Grad bewarben, gab es seit dem 16. Jahrhundert – noch heute gilt in traditionsbewußten Kreisen ein cand. phil. als kurz vor dem Abschluß seines philologischen Universitätsstudiums stehender Student und ein cand. theol. als künftiger Pfarrer. Das Wiederanknüpfen an die politische Kandidatur datiert ins Jahr 1790, als ›Kandidaten‹ während der Französischen Revolution ›gesucht‹ wurden. Daß man sich als Heiratskandidat um die Ehe ›bewirbt‹, ist noch nachvollziehbar; nicht aber, warum der Todeskandidat auf dem Schleudersitz des Lebens Platz nehmen will…

Kapitol

Je mehr sich die USA als Supermacht profilieren, um so stärker tritt der Capitol Hill in Washington D.C. in Erscheinung. War es Weitsicht oder historisches Kompensationsbedürfnis einer geschichtslosen jungen Nation, daß die USA ihr Parlamentsgebäude schon Ende des 18. Jahrhunderts nach dem römischen Kapitol benannten, dem Burgberg, der mit dem Haupttempel des Jupiter Optimus Maximus Stärke und Macht des römischen Staates symbolisierte? Der lateinische Name ist sprachgeschichtlich ungeklärt, aber es erstaunt nicht, daß schon römische Antiquare als ersten Bestandteil des Wortes *caput,* ›Haupt‹, ›Hauptstadt‹ identifizieren wollten.

Klient

Wo der Begriff ›Kunde‹ aus Imagegründen des Dienstleisters oder des Servicenehmers zu banal erscheint, sprechen wir gern von ›Klienten‹. Im Lichte der Etymologie müßte es sich eher umgekehrt verhalten. Der Kunde ist ursprünglich der – eher gleichberechtigte – ›Bekannte‹; der Klient dagegen der positionell auf jeden Fall Unterlegene. Für die römische Frühzeit kann man *clientes* als Hörige bezeichnen, die ihrem *patronus* Gehorsam und Hochachtung schuldeten, ihm beim Kriegsdienst beistehen und bei Wahlen für ihn stimmen mußten. Im Gegenzug standen sie unter dem Schutz des Patrons; er machte – auch vor Gericht – seinen Einfluß für sie geltend. In der Kaiserzeit war das Klientelverhältnis eine gesellschaftliche Institution. Die *clientes* erwiesen ihrem Patron demonstrative Ehrerbietung zum Beispiel durch morgendliche Aufwartung bei Wind und Wetter und erhielten dafür Geldleistungen oder Einladungen zum Essen. Auch in diesem geänderten Verhältnis waren die Klienten die eindeutig Unterlegenen. Der Kollektivbegriff *clientela* ist als ›Klientel‹ ins Deutsche übergegangen und bleibt natürlich wie *clientela* ein Femininum – auch wenn zunehmend ›das‹ Klientel zu hören ist.

lukullisch

Lukullische Genüsse gehen auf den römischen Staatsmann Lucius Licinius Lucullus (117–56 v. Chr.) zurück. Die Römer schätzten ihn als fähigen Verwaltungsbeamten und tüchtigen Feldherrn. Sein Nachruhm als Prototyp des Feinschmeckers gründet auf gerade einmal drei von 43 Kapiteln der Lucullus-Biographie des Plutarch. In ihnen schildert der griechische Schriftsteller, wie der aus innenpolitischen Gründen kaltgestellte Ex-General seine Frustration durch eine demonstrative neue ›Karriere‹ als Trendsetter des – nicht nur – kulinarischen Luxus kompensierte. Das Deutsche verdankt ihm außer den allgemeinen ›lukullischen Freuden‹ einen weiteren – konkreten – Begriff: Aus der Stadt Kerausos am Schwarzen Meer brachte Lucullus im Jahre 74 v. Chr. eine dort heimische Frucht nach Europa, die, im Lateinischen als *cerasus* bezeichnet, ins Deutsche als ›Kirsche‹ und ins Englische als *cherry* übernommen wurde.

Mäzen

In Zeiten knapper öffentlicher Kassen steht Mäzenatentum hoch im Kurs. Mäzene sind Sponsoren, die vor allem im Kunstbetrieb mit großzügigen Stiftungen Förderakzente setzen. In dieser Rolle sind sie von ihrem römischen Vorgänger nicht weit entfernt. Maecenas, enger Vertrauter des Augustus und in gewissem Sinne sein Kultusminister, scharte – auch aus politischen Gründen – Dichter und Intellektuelle um sich und förderte sie in sehr nachhaltiger Weise. Horaz, Properz und Vergil gehörten zu diesem ›Kreis des Maecenas‹. Wie wichtig Mäzenaten für die kulturelle Blüte eines Landes sind, brachte schon Martial auf den Punkt: *sint Maecenates, non deerunt Marones,* prophezeit er, »sind nur Mäzene da, wird es auch an Dichtern wie Maro (Vergil) nicht fehlen« (VIII 56, 5). Hoffen wir, daß das auch für unsere Zeit gilt; hoffen wir ferner, daß auch das Lateinische und die Beschäftigung mit der klassischen Antike durch Mäzene gefördert werden!

martialisch

Wenn in der Politik von martialischen Tönen die Rede ist, so sind das besonders kämpferische, ja kriegerische. Sie erinnern an den römischen Kriegsgott Mars. Das Adjektiv *Martialis* kannten die Römer durchaus als ›zu Mars gehörig‹; es in unserer Bedeutung zu verwenden wäre ihnen aber nicht in den Sinn gekommen (sondern eher das Adjektiv *Martius*). Dem Kriegsgott verdanken wir auch den Monat März; mit dem *Martius mensis* ehrten die Römer ihren göttlichen Stammvater: Er galt ja als Erzeuger der Stadtgründer Romulus und Remus.

Auch wenn es angesichts der Qualen des Krieges naheliegen mag: Die ›Marter‹ hat nichts mit Mars zu tun, sondern geht auf die Märtyrer (griechisch: ›Zeugen‹) zurück, die auch unter Foltern das Blutzeugnis für ihren christlichen Glauben ablegten.

Mime

Schauspieler heutzutage als ›Mimen‹ zu bezeichnen hat einen leicht ironischen Unterton: Man nimmt sie nicht gar so ernst, wie TV-Boulevard und *yellow press* es uns suggerieren wollen. Tendenziell entspricht das der römischen Sicht auf die *mimi*. Als Stand waren sie verachtet – was viele Römer nicht daran hinderte, einzelne Stars des Theaters in heutiger Manier anzuhimmeln. Das lateinische *mimus* ist eine Übernahme von griechisch *mimos,* ›Nachahmer‹ (von *mimeisthai,* ›nachahmen‹). Mit der Mimik, wie das Deutsche seit dem 18. Jahrhundert das Mienenspiel bezeichnet, hatte die *ars mimica* der Römer wenig zu tun: Die meisten Schauspieler trugen Masken.

Omen

N*omen est omen,* will das Sprichwort wissen, ›der Name ist ein Vorzeichen‹. Und so ist es ja wohl auch mitunter, zumal wenn man sich auf selektive Wahrnehmung verläßt. Die Beobachtung von *omina* gehörte zum römischen Alltag. Himmelserscheinungen, Stolpern und Niesen kamen ebenso als – gute oder schlechte – Vorzeichen in Frage wie Besonderheiten am Opfertier, Unfälle und ungewöhnliche Vorgänge. Aus heutiger Sicht ein reichlich ominöses System (›ominös‹ im modernen Verständnis nur negativ: ›unheilvoll‹, ›verdächtig‹; dagegen *ominosus,* ›voll von Vorzeichen‹, wertneutral).

Panem et circenses

Manche Kulturkritiker argwöhnen, daß der Sozialstaat im Verbund mit den elektronischen Medien bei bestimmten Teilen der Bevölkerung eine *panem-et-circenses*-Mentalität befördere, eine Ablenkung des Volkes von der Politik durch ›Brot und (moderne Varianten der) Circusspiele‹. Das berühmte Wort geht auf den römischen Satiriker Juvenal zurück. Die Entpolitisierung der Römer in der Kaiserzeit geißelte er mit den Worten: »Nun bescheidet sich (das römische Volk) und verlangt ängstlich nur nach zwei Dingen: Brot und Spielen« (Juv. X 79 ff.). Der Satiriker hat nicht völlig unrecht damit. Tatsächlich zielten die üppigen, kostenlosen Spektakel der Massenunterhaltung schon darauf ab, das Volk bei Laune zu halten. Andererseits ist die moderne Rezeption des Spruches, die Römer hätten dank staatlicher Sozialfürsorge nicht mehr zu arbeiten brauchen, völliger Unsinn. Und mit der Entpolitisierung war das so eine Sache. In kritischen Situationen meldete sich das Volk durchaus stimmgewaltig zu Wort – und zwar vor allem im Circus und an anderen Stätten der Massenunterhaltung.

Zum Schluß noch eine philologische Pingeligkeit: Korrekt zitiert, müßte es heißen *pan' et circenses.* Das *-em* von *panem* wird in der Dichtung vor auslautendem Vokal und nasaliertem *m* ausgestoßen.

Patrizier

Alte, einflußreiche Bürgerfamilien werden auch heute noch gelegentlich als Patrizier bezeichnet – ein Nachhall der ›Edelbürger‹, die im Mittelalter in deutschen Reichsstädten so genannt wurden. Im frühen Rom waren *patricii* die Adligen, die allein über politische Rechte verfügten. Grundlage ihrer Macht waren Großgrundbesitz und die Abstammung von wirklich nennenswerten *patres,* ›Vätern‹ – im Unterschied zu den ›vaterlosen‹ Plebejern (siehe unter *Plebs*). Als die arrivierten plebejischen Familien im 4. Jahrhundert v. Chr. auch für sich den Zugang zu den höchsten Staatsämtern durchgesetzt hatten, entstand neben dem alten Geburtsadel der Patrizier ein neuer Amtsadel, die Nobilität.

Penaten

Wohl dem, der Penaten-Creme im Hause hat! Ihm sind, jedenfalls in Anlehnung an die römische Auffassung, die Hausgötter gewogen. Sie nannte man *(di) Penates.* Meistens wurden sie in Gestalt von Götterstatuetten verehrt. Ihre besondere ›Bezugsperson‹ innerhalb der Hausgemeinschaft war der *pater familias,* das Oberhaupt der Familie. Kein Wunder, hatte in traditionsbewußten Haushalten doch nur er den Schlüssel zum *penus,* der ›Vorratskammer‹, über die die ›Vorratsgötter‹ in besonderer Weise wachten.

Aus Paritätsgründen soll auch die Nivea-Creme kurz angesprochen werden. Sie ist zwar im Unterschied zum Konkurrenzprodukt nicht göttlich inspiriert, verdankt ihren Namen aber auch dem Lateinischen. Nivea ist die ›schneeweiße‹ Creme (von *nix, nivis,* ›Schnee‹), und sie müßte eigentlich Nívea – mit Betonung auf dem *i* – ausgesprochen werden.

Philippica

Eine leidenschaftliche Rede, einem rhetorischen Feldzug gleich, durchaus nicht ohne Polemik und Verbalinjurien – das versteht man seit dem 19. Jahrhundert unter einer Philippika. Das hört sich verdächtig griechisch an – und ist es im Ursprung auch. Der Begriff geht zurück auf die drei Brandreden, die Demosthenes im 4. Jahrhundert v. Chr. gegen Philipp von Makedonien, den Vater Alexanders des Großen, hielt. Da war(en) Philippika noch ein Wort im Neutrum Plural. Die Übernahme ins Lateinische geht auf eine scherzhafte Bemerkung Ciceros über seine eigenen Reden gegen Marc Anton (44/43 v. Chr.) zurück. Schon antike Autoren bezeichneten die vierzehn ausgesprochen heftigen Reden daraufhin als *orationes Philippicae,* ›Philippische Reden‹. Als Adjektiv zu dem Femininum *oratio* gestellt, ›mutiert‹ Philippica im Lateinischen zum Singular. Da das Wort auch im Deutschen zum Femininum wurde (›*eine* Philippica‹), sollte es dem Duden zum Trotz mit lateinischem *c* geschrieben werden und nicht mit griechischem *k*.

Plebs

Es ist sicher unfein, eine bestimmte Gruppe oder Schicht von Menschen als Plebs zu bezeichnen. Aber wenn man es schon tut, sollte man ›die‹ und nicht ›der‹ Plebs sagen; das Wort ist nämlich ein Femininum. Im 19. Jahrhundert kam der Usus auf, das niedere, ungebildete Volk abfällig als Plebs zu titulieren. Zwar war bei den Römern die Plebs ursprünglich die ›Füllmenge‹ im Staat (von *plere,* ›füllen‹), damit die Patrizier gewissermaßen überhaupt jemanden zu beherrschen hatten, doch entwickelte sich der Begriff nie zum diskriminierenden Schimpfwort. Erst recht nicht, nachdem die Plebejer es im Jahre 287 v. Chr. erreicht hatten, daß ihre Beschlüsse das Gesamtvolk, den *populus* einschließlich der Patrizier, banden. Beschlüsse, die als Begriff bis heute eine wichtige Rolle spielen: *plebiscita,* ›Volksbeschlüsse‹, nannten die Römer die Entscheidungen der Plebs, Vorläufer moderner Plebiszite oder der von manchen Kräften angestrebten stärkeren ›plebiszitären‹ Elemente in der demokratischen Willensbildung.

pro domo

Wenn jemand *pro domo* spricht, dann ist Vorsicht angeraten. Denn indem er ›für sein Haus‹ plädiert, setzt er sich für seine eigenen Interessen ein. Alles, was in diesem Buche steht, unterliegt gewissermaßen dem *pro-domo*-Verdacht von Latein-Lobbyismus (ach, gäbe es ihn doch nur!). Der Begriff geht auf einen handfesten rhetorischen Lobbyismus aus dem 1. Jahrhundert v. Chr. zurück. Im Jahre 57 v. Chr. war Cicero verbannt worden, weil er die Tötung der Catilinarier als Konsul des Jahres 63 zu verantworten hatte. Sein Wohnhaus wurde dem Erdboden gleichgemacht, der Platz, auf dem es gestanden hatte, den Göttern übereignet. Ein Jahr später drehte sich der innenpolitische Wind. Cicero wurde rehabilitiert, durfte nach Rom zurückkehren und wandte sich dort in einer Rede an die Priester. Darin setzte er sich – erfolgreich – dafür ein, die Enteignung rückgängig zu machen. *pro domo sua,* ›für sein Haus‹, nannte er die Rede. Das konkrete Objekt der rhetorischen Begierde verwandeln wir in ein übertragenes, wenn wir *pro domo* sprechen.

Satellit

Wettersatellit, Satelliten-TV, Satellitentelefon – die moderne Welt der Technik erweist dem Satelliten mit ziemlicher Hochachtung ihre Reverenz. Vorbei die Zeiten, da die Astronomen als Satelliten relativ neutral einen ›begleitenden‹ Himmelskörper definierten, der einen Planeten umkreist (also zum Beispiel den Mond). Erst recht vorbei die Zeiten, da Römer den Begriff *satelles,* Genitiv *satellitis,* ziemlich abschätzig in der Bedeutung ›Gefolgsmann‹, ›Helfershelfer‹ und ›Spießgeselle‹ verwendeten – und auf jemanden bezogen, der einen Mächtigen oder Reichen ständig ›umkreiste‹, um sich sein Wohlwollen und daraus resultierende Wohltaten zu sichern. Immerhin: Die negative Konnotation hat sich im Begriff des ›Satellitenstaates‹ erhalten, der seinen mächtigen Staats-Planeten als freilich in aller Regel nicht ganz so freiwilliger Trabant umkreist …

September

Für jemanden, der ›nur‹ Latein kann, ohne den kulturgeschichtlichen Hintergrund zu kennen, der schiere logische Skandal: *septem* heißt ›sieben‹, aber der September ist doch der neunte Monat des Jahres. Das gleiche gilt für den Oktober (*octo:* 8), den November (*novem:* 9) und den Dezember (*decem:* 10). Ja, spinnen sie denn wirklich, die Römer, wie uns Asterix möglicherweise mit Recht glauben machen will? Sie spinnen nicht, aber sie sind halt große Traditionalisten. Als im Laufe der Zeit – Genaueres ist nicht bekannt – der Jahresbeginn vom 1. März auf den 1. Januar vorverlegt worden war, trennte man sich nicht von den überkommenen Monatsnamen, sondern behielt sie trotz der irreführenden Bezeichnungen bei. Caesar und Augustus verdankt es die Nachwelt, daß wenigstens zwei dieser ›falschen‹ Monatsnamen verschwanden: Der Quintilis (*quinque:* 5) wurde Julius Caesar zu Ehren in ›Juli‹ umbenannt, der Sextilis (*sex:* 6) in ›August‹.

Sibylle

Wer sibyllinisch redet, ergeht sich in unklaren, geheimnisvollen Andeutungen, spricht jedenfalls nicht Klartext. Er begibt sich in die Nachfolge der Sibylle, einer ursprünglich in Kleinasien beheimateten Prophetin. Auf sie sollten jene Sibyllinischen Weissagungsbücher zurückgehen, die im kapitolinischen Jupitertempel aufbewahrt und in Notzeiten konsultiert wurden. Die Auslegung der prophetischen Texte war freilich problematisch; denn sie enthielten keinen Klartext, sondern waren ausgesprochen sibyllinisch formuliert.

Veto

Wer Veto sagt, legt seinen Einspruch ein. In der Moderne gibt es unterschiedliche Formen des Veto-Rechts – sowohl das absolute als auch das suspensive, bei dem Beschlüsse nur aufgeschoben, nicht aber aufgehoben werden können. Die Römer kannten nur das absolute Veto-Recht. Sagte ein höherrangiger Beamter zu einem Träger der niederen Amtsgewalt *veto* (›ich verbiete es!‹), so war dessen Anordnung nichtig. De facto gab es auch ein Veto-Recht zwischen gleichrangigen Magistraten; de iure sprach man vom Interzessionsrecht (*intercedere,* ›dazwischentreten‹). Ebenso konnte ein Volkstribun bei jeder Handlung oder Weisung eines regulären Magistrats ›dazwischentreten‹ und sie damit ungültig machen. Übrigens ist das *e* in *veto* definitiv kurz – was ja auch viel besser zum knappen Verbotston paßt als ein zögerlich langgezogenes *›veeeto‹.*

Zensur

Eine Zensur findet nicht statt‹, sagt das Grundgesetz lapidar in Artikel 5 und garantiert damit die freie Meinungsäußerung auch in publizierter Form. Im Alten Rom fand eine Zensur durchaus statt, und sie war deutlich umfassender. Das Amt der *censura* gab es seit dem 5. Jahrhundert v. Chr.; seit 312 v. Chr. übten die beiden *censores* auch die Sittenzensur über die Senatoren aus. Unsittlicher Lebenswandel konnte mit dem Hinauswurf aus dem Senat geahndet werden. Bei der wichtigsten Kontrollfunktion der Zensoren erkennen wir wieder deutliche Parallelen zur Moderne. Wir nennen die Funktion nur anders; bei uns heißt sie Finanzamt. Zu den Aufgaben der Zensoren gehörte die Feststellung des steuerpflichtigen Vermögens. Um das ermitteln zu können, konnten sie von dem Steuerpflichtigen alle Selbstauskünfte bis weit in sein Privatleben hinein verlangen.

Römische Schulmeister gaben keine Zensuren. Die Ausdehnung der Zensur auf die ›Schulszene‹ ist also modernen Ursprungs, aber durchaus im römischen Sinne des *censere,* ›einschätzen‹. Viel problematischer ist dagegen das Synonym ›Note‹. Die *nota* (kurzes *o!*) ist neutral ein

›Merkmal‹ oder auch ein ›Schriftzeichen‹ (daher die Note in der Musik). Im Zusammenhang mit der Zensur aber war sie ausschließlich negativ belegt: Eine *nota censoria* war die ›Rüge des Zensors‹, eine ›tadelnde Bemerkung‹, die von daher sogar zur Bedeutung ›Schandfleck‹, ›Beschimpfung‹ verallgemeinert wurde. In römischen Augen würde sich die schulische Notenskala deshalb auf ›5‹ und ›6‹ reduzieren. So weit wollen wir doch selbst unter dem Eindruck der PISA-Ergebnisse nicht gehen.

VIII

AMPELN UND BYTES, KARTOFFELN UND FINANZEN – WORTGESCHICHTEN MIT LATEINISCHEM URSPRUNG

Etymologische Aha-Erlebnisse

Die schönsten Wortgeschichten erzählt Klaus Bartels. In mittlerweile vier Bänden hat der am Zürichsee lebende Altphilologe seine Kolumnen aus der *Stuttgarter Zeitung* auch zu erfolgreichen Büchern versammelt. Bartels geht den griechischen und lateinischen Wurzeln von Wörtern der deutschen Umgangssprache nach, die wir Tag für Tag verwenden, ohne uns über ihre eigentliche Bedeutung Gedanken zu machen. Er gräbt Etymologien aus, die die Begriffe plastischer erscheinen lassen, die ihre Auf- und Abwertung und ihre Bedeutungsverschiebungen illustrieren und die ›die unverwüstliche Lebenskraft der Antike‹ eindrucksvoll demonstrieren. Die Aha-Erlebnisse, die Bartels am laufenden Band produziert, kommen nicht auf dem hohen Kothurn der sprachwissenschaftlichen Belehrung daher: Man wird an die Wurzeln Europas geführt, aber nicht mit Pathos und bildungsschwangeren Sonntagsreden, sondern konkret und im vertrauten Dialog.

Wir erzählen im folgenden einige dieser Wortgeschichten nach – in verkürzter Form und nicht ohne eigene Akzente. Daß wir uns dabei auf die lateinischen Wurzeln konzentrieren, ergibt sich aus dem Anliegen dieses Buches. Wer an diesen Wortgeschichten Gefallen findet – und das ist angesichts der Einsichten und Horizonte, die sie eröffnen, höchst wahrscheinlich –, kann sich in Bartels' Büchern an weiteren vergnüglichen Beispielen delektieren.

Beispielen dafür, wie tief das Lateinische im deutschen Sprachgebrauch auch und gerade dann verwurzelt ist, wenn wir das aufgrund der (scheinbaren) Modernität der Begriffe gar nicht vermuten.

Kartoffel – Die kulinarische Erdgeschwulst

Kartoffeln, das weiß man als halbwegs gebildeter Mensch, können mit den Römern nichts zu tun haben. So groß war das Imperium Romanum doch nicht, daß es Europa den Zugang auch zu dieser nahrhaften Knolle eröffnet hätte. Sie kam erst im Gefolge späterer Weltreich-Ambitionen auf den Alten Kontinent – als Kriegsbeute spanischer Konquistadoren aus Südamerika. Unter ihrem haitianischen Namen *patata* ist sie in Europa heimisch geworden. Selbst das Englische hat sie widerspruchslos als *potato* übernommen.

Gesperrt hat sich dagegen Italien – wenigstens eine Zeitlang, bevor es dann doch die sprachlichen Waffen streckte und die *patata* akzeptierte. Die Phase der italienischen ›Auflehnung‹ gegen den exotischen Begriff am Ende des 16. Jahrhunderts reichte indes aus, um das Deutsche einen Sonderweg gehen zu lassen. Einen lateinstämmigen Sonderweg natürlich, hätte die Kartoffel doch sonst keine Chance, in diesem Buch Erwähnung zu finden.

Und das kam so. Wegen ihrer Ähnlichkeit mit der Trüffelknolle übertrugen die Italiener die alte Bezeichnung auf die neue kulinarische Errungenschaft: *tartufolo* war für ein paar Jahrzehnte nicht nur die Trüffel, sondern auch die Kartoffel. Das Deutsche übernahm den italienischen Begriff im 17. Jahrhundert als *tartoffel.* Daraus wurde dann mit einer Dissimilation des anlautenden *t* – zwei mit dem gleichen Konsonanten beginnende Silben sollten vermieden werden – ein *k.* Die Kartoffel ward geboren, und sie hielt allen Versuchungen stand, sich gewissermaßen europäisch zur ›Patate‹ oder ähnlichem anzugleichen.

Wie aber kommt das Lateinische ins Spiel? Da müssen wir der Etymologie des *tartufolo* – im Deutschen später über das französische *truffe* zu ›Trüffel‹ zusammengezogen – auf den Grund gehen. Der *tartufolo* geht auf einen klassisch-lateinischen *terrae tuber* zurück, einen ›Erdauswuchs‹. Ein ›Wunder‹ nennt der Naturforscher Plinius diesen ›Auswuchs‹, denn man könne ihn weder durch Samenzucht kultivieren, noch hebe er die Erde so empor, daß sie ihren Leckerbissen durch Risse verrate. Das *tuber,* die ›Geschwulst‹, den ›Buckel‹ der Erde, erklärte man durch die Wirkung heftiger Gewitter.

Das zugrunde liegende Verb *tumere,* ›geschwollen sein‹, hat im übrigen auch das *tuberculum* (Verkleinerungsform von *tuber,* ›Geschwülstchen‹, wegen der knöllchenförmigen Zellwucherung der Tuberculose-Krankheit) und den *tumor* (›Geschwulst‹; übrigens ganz sicher auf der ersten Silbe betont!) auf dem Gewissen. Da die *tubercula* der Tb-Krankheit unter anderem durch Mangelernährung hervorgerufen werden, erscheinen die *tubera terrae,* die Kartoffeln, nicht nur als sprachlich homöopathisches Mittel, um der Erkrankung vorzubeugen.

Turnen – Ein folgenreicher Irrtum des Turnvaters Jahn

Der Turnvater Jahn war ein glühender Patriot. Er kämpfte gegen Napoleon, und er kämpfte gegen die Überfremdung der deutschen Sprache. Die ›Gymnastik‹

mochte er nicht; das war ja pures, um nicht zu sagen nacktes Griechisch (*gymnos,* ›nackt‹). ›Warum bei fremden Sprachen auf Leih und Borg nehmen, was man im Vaterlande reichlich und besser hat?« Gefragt, getan. An die Stelle der Gymnastik trat das von Jahn erfundene ›Turnen‹. Einmal dabei, erfand Jahn auch den ›Turner‹, den ›Vorturner‹, die ›Turnkunst‹, den ›Turnlehrer‹, den ›Turnplatz‹ und die ›Turnstunde‹. Pate bei diesen Wortschöpfungen stand das mittelalterliche ›Turnier‹. ›In Turnen, Turner und so weiter ist ein deutscher Urlaut‹, frohlockte der sportliche Sprachschöpfer.

Und irrte gewaltig. Denn das Turnier als Kampfspiel ging auf die Drehungen zurück, die man die Pferde ausführen ließ, und das althochdeutsche *turnen,* ›bewegen‹, ›drehen‹, ›lenken‹ ist ein Lehnwort zu lateinisch *tornare,* ›drechseln‹, ›runden‹. *tornare*, und das ist angesichts von Jahns Aversion gegen ›Gymnastik‹ eine besondere Ironie, haben die Römer nicht einmal selbst kreiert, sondern nach dem gleichbedeutenden griechischen *torneuein* gebildet. Fazit: Der Return, den der Turnvater auf die fremdsprachliche Herausforderung des Deutschen schlug, ging voll ins sprachliche Abseits. So leicht läßt sich das Lateinische nicht austricksen (auch nicht vom Englischen: *trick* geht auf lateinisch *tricae,* ›Possen‹, ›Ränke‹, zurück).

Auch wenn zu Jahns Zeiten die Sprachwissenschaft noch nicht so weit war – ein Blick ins Wörterbuch des klassischen Lateins unter *torno* oder des Mittellatein unter *turnus* hätte gereicht, um die lateinischen Wurzeln des ›Turnens‹ freizulegen. Bei aller Turnerei ist auch Köpfchen gefragt. Die Turner könnten es bei Juvenal nachlesen: *sit mens sana in corpore sano,* »ein gesunder Geist soll in einem gesunden Körper sein!« (X 356). *Ihr* Problem, daß sie den berühmten ›Spruch‹ nur immer als Aufforderung zum Turnen des Leibes interpretiert haben und nicht auch umgekehrt zum Turnen des Kopfes.

Profis – Ein öffentliches Bekenntnis

Ist es die Angst vor ›schwierigen‹ lateinstämmigen Fremdwörtern, das Bemühen, sie durch ›liebevolle‹ Kurzformen sympathischer und vertrauter zu machen, oder schlicht ein modischer Trend zur Infantilisierung der Sprache, daß wir auf so viele abkürzende und verniedlichende *i*-Endungen stoßen? Wir hören von Sozis und Spontis, von Promis und Profis und neuerdings auch vom Navi – offenbar ein süßer, kleiner Alltagshelfer, den als Navigationssystem zu bezeichnen anscheinend die Freundschaft zu unserem technischen Mini-Kumpel abkühlen lassen könnte. Mit Mini – von *minimus,* ›der kleinste‹, ›sehr klein‹ – sind wir selbst noch rechtzeitig auf den sprachlichen Maxi-Zug aufgesprungen. Schade nur, daß beim Navi die eigentliche Funktion des Geräts nicht mehr erwähnt wird: das *agere,* ›treiben‹, ›voranbringen‹, der heute Auto genannten *navis* (›Schiff‹). *navigare* ist zusammengesetzt aus *navis* und *agere,* ›das Schiff voranbringen‹ und damit ›lenken‹.

Aber wir wollten uns ja eigentlich den Profi vornehmen. Vielleicht sollte man ganz froh sein, daß vom ursprünglichen Begriff ›Professioneller‹ noch vergleichsweise viel übriggeblieben ist, hat doch das Englische das Wort mittlerweile bis auf ›Pro‹ zurückgebildet. Das sagt dann nur noch, daß jemand ›für‹ etwas ist, etwas ›nach vorn‹, ›nach außen‹ betreibt. Im deutschen ›Profi‹ ist wenigstens noch die erste Silbe des Ursprungsverbs *fateri,* ›sich bekennen‹, enthalten. *pro-fiteri,* Partizip Perfekt *professus,* heißt also ›sich nach vorn bekennen‹, das heißt ›öffentlich erklären‹ – und zwar seine Bereitschaft zur Dienstleistung. *professio* ist die ›öffentliche Angabe‹, das offiziell angemeldete Gewerbe oder Geschäft.

›Professionell‹ handelt also derjenige, der gemäß seinem Beruf handelt – und nicht nur ein Amateur, ›ein Liebhaber‹ (*amator,* von *amare,* ›lieben‹) ist. Dem billigt man zwar die Zuneigung zu einer Tätigkeit zu, nicht aber, daß er sie so gekonnt, versiert und zielstrebig ausübt wie jemand, der sich hauptamtlich dazu ›bekennt‹. Ob es an der etablierten Kurzform für den Amerikaner liegt, daß dem ›Profi‹ sprachlich noch kein ›Ami‹ an die Seite gestellt worden ist? Oder ein ›Dili‹ (für Dilettant, abgeleitet von *diligere,* ›lieben‹, also ebenfalls ein ›Liebhaber‹)?

Meistens bringen wir ›Profis‹ gedanklich in Verbindung mit dem Sport. Auch wenn sie den Begriff des *professionalis* in diesem Zusammenhang nicht verwendeten, kannten die Römer die Sache doch sehr wohl: Alle bei öffentlichen Darbietungen auftretenden Sportler waren Berufsathleten. Diese Tradition reicht bis ins 5. Jahrhundert v. Chr. zurück. Schon damals gab es kaum noch Amateure, die etwa bei den Olympischen Spielen oder anderen großen Wettkämpfen in der griechischen Welt antraten. Seit dem 4. Jahrhundert v. Chr. war der griechische Sport vollkommen professionalisiert – auch wenn das manchen Sportfunktionären und Schöngeistern der Moderne nicht ins ideologische Kalkül paßt ...

Vom Profi zum Professor. Das scheint ein weiter Weg, ist aber sprachlich gesehen geradezu ein Kurzpaß. Auch der Professor ist ein ›öffentlicher Bekenner‹, allerdings in einem ganz unpathetischen Sinne. Als erste *professores* tauchen bei den Römern mehr oder weniger gebildete Herren auf, die ihre Fähigkeiten als Rhetorik- und Philosophielehrer ›nach draußen anzeigten‹. Und zwar ganz schlicht deshalb, weil sie, um das zu ihrem Lebensunterhalt machen zu können, Schüler anwerben mußten. Auf dem deregulierten römischen Arbeitsmarkt konnte sich notfalls jeder ›Weisheits‹- und Wissenschafts-Amateur als *professor* – wie etwa auch jeder Quacksalber als Arzt – bezeichnen. Die Akzeptanz bei der angesprochenen Klientel entschied darüber, wie lange er es blieb.

Heutzutage verlangt die Gesellschaft nach dem Profi-Professor. Das schützt ihn – und die Sprache – freilich nicht vor einer noch weiter gehenden Abkürzung seiner Berufsbezeichnung: Er verliert das *-i* und wird vielfach nicht nur als ›Prof.‹ abgekürzt, sondern auch als solcher bezeichnet. Jedenfalls von so manchem Studi.

Grill – Kochrezepte und Heiligenviten weisen den Weg

Die Frage, was ›Grill‹ auf lateinisch heißt, dürfte auch manchen Latein-›Profi‹ überfordern. Es sei denn, er ist Apicius-Spezialist oder kennt sich in Heiligen-Viten gut aus. Ansonsten ist das Wort in der lateinischen Literatur nur spärlich bezeugt. Daß es bei Apicius mehrfach vorkommt, liegt an der Textsorte: Apicius ist der einzige lateinische Autor, von dem altrömische Original-Kochrezepte überliefert sind – immerhin nicht weniger als 478, in der Regel allerdings sehr wortkarg beschriebene. Mehrfach gibt Apicius die Anweisung, etwas auf dem Grill zu rösten: Feigenleber oder Schweineeuter, Langusten oder Zicklein. *in craticula assare* heißt der Terminus technicus dafür. Auch die Schreibweise *graticula* ist überliefert.

Eine weitere Häufung des Begriffs *graticula* findet sich in Lebensbeschreibungen des Heiligen Laurentius. Genauer gesagt: in den Passagen über seine Märtyrerpassion. Der Legende nach wurde er im 3. Jahrhundert zu Tode gequält, indem man ihn auf einen glühenden Grill legte. »Auf der einen Seite bin ich gar, dreht mich auf die andere!« – dieser ihm zugeschriebene heroische Ausspruch machte den Heiligen berühmt und mit ihm die *graticula,* auf der er sein Martyrium erlitt. Dieser berühmteste Grill der Kirchengeschichte war im Mittelalter ein vielbesuchter Reliquienschrein; er wird noch heute in der Kirche S. Lorenzo in Lucina am ›Corso‹ in Rom verehrt.

Entstanden ist das Wort *craticula* als Verkleinerungsform von *crates,* das ein ›Flechtwerk‹ unterschiedlicher Art bezeichnet. Die kleine *cratis, craticula,* engte die Bedeutung auf das Flechtwerk eines metallenen Rostes ein.

Auf den ersten Blick schwer zu glauben, daß unser ›Grill‹ sprachlich auf diese *craticula* zurückgeht. Und doch wahr: Durch französische Vermittlung – altfranzösisch *gradilie,* später *greille* und *gril* – gelangte die in ihrem Buchstabenkleid ziemlich gerupfte *craticula* nach England. Dort erhielt sie das landestypische Doppel-*l,* bevor sie als ›Grill‹ ins Deutsche gelangte. Von vier Silben auf eine einzige reduziert – aber mit allem Wesentlichen ›ausgestattet‹: Dem gutturalen Anlaut *g,* dem liquiden Auslaut der Verkleinerungsform *-ula* als *ll* und dem tontragenden *i* in der Mitte.

Der Grill hat mittlerweile eine Popularität bekommen, die bei echten Feinschmeckern Stirnrunzeln auslöst. Nicht nur, daß er vom vornehmen Grillroom exquisiter Hotels in die Niederungen des *fast-food*-Ambientes hinabgestiegen ist. Er hat zudem eine fragwürdige Karriere als quasi kulinarisches Balkon- oder Gartengerät gemacht, von dem nicht nur edle Gerüche aufsteigen. Und was wird da mittlerweile neben ›Grillfleisch‹ vorzugsweise auf ihm gegart? Ausgerechnet plebejische Würstchen! Wenn das die Römer wüßten!

Keine Sorge! Sie verstanden es, das Vornehme mit dem Derben zu verbinden. Trimalchio jedenfalls, der versnobt-neureiche Aufsteiger, läßt seinen Gästen auf silbernem Grill *craticula argentea* was servieren? Genau: *tomacula ferventia,* ›heiße Würstchen‹ (Petron 31,11).

Rivale – Wenn Wasser feurig macht

Bei Rivalen ist meistens Feuer im Spiel; denn wir gebrauchen den Begriff vorwiegend für Nebenbuhler in Liebesdingen. So sprachen auch schon die Römer von *rivales,* wenn zwei junge Männer gleichzeitig einer Schönen den Hof machten. In den Komödien des Plautus und Terenz tummeln sich *rivales,* und auch in der römischen Liebeselegie sind sie ein wichtiges Thema. Nicht einmal Jupiter könnte er als Rivalen ertragen, ruft Properz aus (II 34, 28). Und Ovids Ratschlag an den Liebe suchenden Mann *rivalem patienter habe!,* »nimm's geduldig hin, wenn du einen Rivalen hast!« (ars am. II 539) ist theoretisch ›cooler‹ formuliert als bei brennender Liebesglut praktiziert.

Allzu hoch loderndes Feuer läßt sich, jeder weiß es, mit Wasser löschen – auch und gerade wenn es in der Form der sprichwörtlichen kalten Dusche daherkommt. Und um Wasser, nicht um Feuer ging es ursprünglich, wenn zwei Kampfhähne über dasselbe Objekt der Begierde in Streit gerieten. *rivus* ist nämlich der Bach, der Wassergraben, der Kanal als Teil eines Bewässerungssystems. Das davon abgeleitete *rivalis* bezeichnet den Anrainer desselben Baches oder den Mitnutzungsberechtigten eines Kanals. Aus der friedlichen Koexistenz kann bei Wassermangel eine heftige Konkurrenz entstehen: Wer oben am Wasserlauf sitzt, kann dem unten das Wasser wegnehmen oder ›vergessen‹, den Ausfluß des Kanals zu seinen Ländereien wieder zu verschließen. Dem römischen Gesetzgeber blieb die ursprüngliche Bedeutung der ›Rivalität‹ durchaus präsent. Er definiert *rivales* als »Leute, die ihr Wasser durch dieselbe Leitung beziehen« und bei denen »ein Streit um die Nutzung des Wassers ausbricht« (Digesten XLIII 201, 1, 26).

Was folgt daraus für die Gegenwart? Für Lateinkundige jedenfalls die Erkenntnis, daß man von einem Rivalen nie sagen sollte, er könne einem nicht das Wasser reichen. Reichen vielleicht nicht, abgraben aber sehr wohl.

Pille – Kleine Bälle für viele Gelegenheiten

Wie sich die Römer in ihren Badepalästen, den Thermen, vergnügten, glaubt jeder zu wissen: Sie badeten in warmem Wasser. Sicher taten sie das auch, und sicher war das eine große Attraktion, die sich im Namen spiegelt: Das als Vorsilbe der gleichnamigen Kanne bekannte *thermos* ist der griechische Ausdruck für ›warm‹. Daß dieses Warmbaden aber den größten Teil des in einen Thermenaufenthalt investierten Zeitvolumens ausmachte, kann man mit Fug bezweifeln.

Die Thermen waren nicht nur Spaßbäder, sondern Freizeitzentren mit umfassendem Kultur- und Sportangebot. Die beliebteste sportliche Aktivität war das Ballspiel. Bevor sie in die Becken mit lauwarmem oder warmem Wasser stiegen, vergnügten sich viele Römer mit Wurf- und Fangball, Prellball, Neckball und anderen Formen des Ballspiels. Wir kennen sogar einen gewissen Ursus, der sich per Grabinschrift als ungekrönten König des Ballspiels in den Thermen der Hauptstadt feiern ließ ...

Das ›Arbeitsgerät‹ des Ursus war die *pila,* so benannt nach den Tierhaaren *pili,* mit denen der Ball ausgestopft war. Die Erkenntnis, daß der Ball rund ist, verdanken wir einer modernen Fußballweisheit; die Römer sind indes auch schon ohne Sepp Herbergers Nachhilfe darauf gekommen. Sie übertrugen deshalb *pila* auf alles Runde, etwa auch auf ein Garnknäuel oder eine Kugel.

Für runde Gegenstände, die sich in erheblich kleineren Dimensionen bewegten als der Ball im Freizeitvergnügen, war ein passender Begriff rasch gefunden. Mit Hilfe des Verkleinerungssuffixes *-ula* wurde aus dem Ball ein ›Bällchen‹, die *pilula.* Sie bezeichnete ein Kinderspielzeug oder ein Schmuckkügelchen, wagte sich aber auch schon in den pharmazeutischen Bereich vor. Als Arzneimittel gegen Schwindsucht empfiehlt der Ältere Plinius »altes Fett, in Kügelchen genommen« (NH XXVIII 138). Daß ausgerechnet die ›Fettpille‹ am Anfang des Arzneikügelchens stand, mag uns Heutige verwundern, die wir von Pillen doch eher das Heil *gegen* Fett erwarten. Gleichwohl – die Erfolgsgeschichte der *pilula* hatte begonnen, und auch das Deutsche kam nicht umhin, dem mundgerechten ›Bällchen‹ im Begriff ›Pille‹ seine Reverenz zu erweisen.

Ein anderer denkwürdiger Traditionsstrang scheint vom Alten Rom in die besonderer Latein-Neigungen sonst nicht gerade verdächtige Umgangssprache des Ruhrgebiets (und anderer Regionen) zu reichen. Wenn man dort jemanden rufen hört: »Ey, Erwin, gib mich die Pille!«, dann ist das im Normalfall nicht Erwins Frau oder Freundin, die sich Sorgen um die Verhütung macht. Sondern es ist ein Mitspieler von Erwin ›au'm Platz‹, der von seinem eigensinnigen Kumpel das fordert, was schon römische Freizeitsportler heiß und innig liebten – den Ball.

Isolieren – Zwangsinseln für mindestens vierzig Tage

Bei elektrischen Leitungen und Wärmedämmungen erscheint uns das Isolieren hilfreich, ja sogar notwendig, bei Menschen dagegen sehen wir es in der Regel als nachteilig, ja bedauerlich an, wenn sie einzeln oder in einer Gruppe isoliert sind. Sogar von Isolationsfolter war die Rede, als die gefaßten Mitglieder der terroristischen RAF einst in Einzelhaft gehalten wurden. Ihre Zellen waren gewissermaßen Inseln, die gegen die Außenwelt abgeschirmt waren: Damit sind wir beim Ursprung des Wortes. ›Isolieren‹ ist von italienisch *isola* abgeleitet, und die wiederum geht natürlich auf die lateinische *insula* zurück, die ja dem Deutschen auch das Lehnwort ›Insel‹ vermacht hat. Sachen und Personen, die man isoliert, werden mithin ›verinselt‹.

Mit solch systematischem ›Verinseln‹ begannen die Behörden italienischer Hafenstädte wie Venedig und Neapel im 14. Jahrhundert. Reisende, die aus seuchenverdächtigen Gegenden kamen, wurden sicherheitshalber eine Zeitlang auf einer Insel untergebracht. Sie diente sozusagen als vorübergehende Isolierstation – eine Quarantäne für vierzig Tage, wie der über das Französische ins Deutsche gelangte Fachbegriff für eine medizinische Isolierung bei genauem Hinsehen erkennen läßt: *quaranta* beziehungsweise *quarante,* ›vierzig‹, steckt darin. Oder, lateinisch gesprochen, *quadraginta.*

Die Römer haben als Grundwort für das Isolieren das Substantiv *insula* vorgegeben. Ein Verb *insulare* haben sie dagegen nicht gebildet. Was nicht heißt, daß es das Phänomen der zwangsweisen ›Verinselung‹ nicht gegeben hätte. Es wurde sehr wohl – und gar nicht so selten – praktiziert, wenn auch unter anderem Namen und mit anderer Begründung. Die ›Isolierung‹ auf eine Insel war eine Form der Verbannung. Sie konnte politische Hintergründe haben oder auf sittlichen oder kriminellen Verfehlungen beruhen. Die, wie der Begriff noch heute erkennen läßt, harte Variante war die *deportatio in insulam.* Der Deportierte verlor nicht nur sein Bürgerrecht, sondern auch sein gesamtes Vermögen, das ›konfisziert‹, mithin dem *fiscus,* der Staatskasse des Kaisers, einverleibt wurde.

Erheblich milder war die *relegatio in insulam.* Wer so ›weggeschickt‹ wurde, behielt sein Vermögen und seine Ehre und konnte sich in seiner Isolationshaft recht bequem einrichten. Unter den Isolationsorten finden sich so klingende Namen wie Rhodos und Kreta, Zypern und Naxos, Sizilien, Sardinien und Mallorca. Dafür, sich dorthin zu isolieren, geben viele Leute heutzutage eine Menge Geld aus.

Zu viele, so daß man in unserer Zeit geradezu von insularen Isolationszentren sprechen kann.

Text – Vom Weben der Worte

Die spinnen, die Römer!« Diese – nicht nur kulturgeschichtliche – Lektion haben wir alle bei Asterix gelernt. Also gut, die Römer haben sich eine Menge merkwürdiger Fäden zurechtgesponnen. Aber was war mit dem Weben? Wie firm waren sie darin?

Die Archäologie gibt uns darauf keine verläßliche Antwort. Denn Produkte römischen Webens haben sich so gut wie gar nicht in unsere Zeit gerettet. Wolle ist, jedenfalls über anderthalb Jahrtausende hinweg, ein vergänglicher Stoff. Fragen wir dagegen die Philologie, so werden wir viel besser informiert. Die von ihr betreuten Hinterlassenschaften der Römer liegen nämlich in erfreulich großer Zahl vor – und vor allem in einer hervorragenden Qualität.

Wir sprechen von Texten und Textilien – letztere ausgesprochen schwach repräsentiert, erstere aus Sicht mancher Lateinschüler in den Wirren der Völkerwanderungszeit nicht genügend dezimiert. Daß die sehr unterschiedlichen Produkte römischen Kulturschaffens eine Gemeinsamkeit haben, verrät der Gleichklang. Das kann kein Zufall sein. Und es ist auch keiner: Beides geht auf das Verb *texere* zurück, ›weben‹. *texere* war Frauensache: Vornehme römische Matronen und wenig geachtete Sklavinnen verband in einem Punkte das gleiche Schicksal. Sie waren fürs Weben zuständig; sie stellten Gewebe, lateinisch *textilia,* her. So erklären sich unsere ›Textilien‹ sehr leicht.

Was aber ist mit den ›Texten‹? Wir sind in der modernen Welt davon umgeben – vom Bildschirmtext bis zum Werbetext. Schüler erhalten ständig Texte von ihren Lehrern ausgeteilt oder müssen sich mit Buchtexten auseinandersetzen. Aber kaum einer weiß, wovor er da eigentlich sitzt, wenn er einen Text liest. Es ist, die Ableitung von *texere* zeigt es, ein sprachliches Gewebe.

Schon die Römer haben diese anschauliche Metapher verwendet, indem sie das Verweben von Wörtern und Sätzen als *textus* bezeichneten.

Mittlerweile hat sich der ›Text‹ als unangefochtener Begriff für jedwede Art von sprachlichem Gewebe durchgesetzt – und damit ein wirklich anschaulicher, bildhafter Begriff. Eigentlich wäre jeder, der Texte produziert, als ›Texter‹ zu bezeichnen, doch hat die Sprache dieses *nomen agentis* hauptsächlich für Werbe- und Schlager-›Weber‹ reserviert. Ob denen wohl bewußt ist, daß sie damit in der Nachfolge altrömischer *textores* (›Weber‹) stehen? Eher nicht, denn sonst würden sie ihre Tätigkeit nicht als ›Texten‹ bezeichnen, sondern richtig als ›Texen‹.

Meint jedenfalls der germanisierte Textor dieses Textes.

Trumpf – ist immer wieder Latein

Ganz gleich, ob Kreuz oder Karo, Herz oder Pik Trumpf ist, der passionierte Skatspieler ist froh, wenn er vom stechenden Trumpf einiges in der Hinterhand hat. Möglichst viele Trümpfe sind eine feine Sache – beim Kartenspiel ebenso wie überhaupt im Leben. Wer viele Trümpfe hat, der siegt.

Mit dem ›Sieg‹ sind wir dem Trumpf sprachlich auf der Spur. Er hört sich zwar recht deutsch an, ist aber durchaus lateinischen Ursprungs. Und der heißt *triumphus.* Der Triumph war die größte Siegesfeier, die das Alte Rom kannte. Blutige Voraussetzung dafür war, daß mindestens 5000 Feinde ihr Leben auf dem Schlachtfeld verloren hatten. Dann konnte der Senat den Feldherrn zum Triumphator ausrufen. Unter Jubelrufen der Schaulustigen (*io triumphe!,* ›Hurra, Triumph!‹) zog der Triumphzug mit Soldaten, Beamten, Gefangenen, Schautafeln und Gestellen mit den kostbarsten Beutestücken stundenlang durch das Zentrum Roms. Die Kulisse war prächtig:

Nach modernen Schätzungen säumten bis zu 400 000 Römer den Weg, den die eindrucksvolle Macht-Prozession zurücklegte. Endpunkt war der Tempel des Jupiter auf dem Kapitol. Triumphzüge waren perfekt in Szene gesetzte Shows, die mit amerikanischen Konfetti-Paraden vergleichbar sind. Sie boten etwas fürs Auge, zeigten den Passanten, warum es sich lohnte, für die Größe Roms auch den Kopf hinzuhalten. Welch intensives Siegesgefühl die altrömischen *triumphi* vermittelten, läßt noch unser heutiger Sprachgebrauch erkennen: Von ›Triumph‹ sprechen wir nur bei einer ganz außerordentlichen Überlegenheit.

Im Trumpf des Kartenspiels klingt der Jubel an, ist aber etwas verhalten und verflacht. Gleichwohl ist ›Trumpf‹ eine volkssprachliche Eindeutschung des hehren römischen Triumphes; das *i* blieb im 16. Jahrhundert, als der Begriff aufkam (und neben der ›siegreichen‹ Kartenfarbe auch noch den ›Sieg‹ oder den ›prunkvollen Einzug‹ bezeichnete), ebenso wie das ›vornehme‹ ›ph‹ auf der Strecke.

Wir wollen es den ›Erfindern‹ des Begriffs nicht verübeln, daß ihnen das Kartenspiel offenbar mehr am Herzen lag als die Pflege des Lateinischen. Da soll es ja auch heute den einen oder anderen geben, der ähnliche Präferenzen hegt – und der, wenn er selbstsicher etwas zum Trumpf erklärt, gar nicht weiß, an welch siegreiche Tradition er damit anknüpft. Da hat man als Lateiner dann wenigstens einen sprachlichen Trumpf im Ärmel – wie überhaupt, wer Latein kann, alle – nein, sagen wir: viele – Trümpfe in der Hand hält. Doch würde ein Lateiner damit niemals vulgär auftrumpfen, sondern allenfalls vornehm triumphieren. Ein bißchen jedenfalls – denn die 400 000, die mit ihm feiern, bekommt er nicht mehr zusammen.

Finanzen – Worum es am Ende geht

Wir sagen *finito,* wenn etwas zu Ende ist, und benutzen damit ein italienisches Partizip Perfekt, das aus dem lateinischen *finitus* hervorgegangen ist, ›beendet‹. Was passiert, wenn es allmählich mit den Lateinkenntnissen zu Ende geht? Da fließt dann manches ineinander, da kommt es auf die richtige Konjugation nicht mehr so an. So führte wohl eine mittelalterliche Latein-Endzeitstimmung zu der vulgären Form *finare* statt des richtigen *finire.* Die Bedeutung des zur a-Konjugation ›gewechselten‹ Verbs blieb gleich: ›beenden‹.

Dieses etwas traurige Ende des klassischen *finire* war der Anfang der ›Finanzen‹, des ›Finanziellen‹ und der ›Financiers‹. *finantia,* das dann wieder richtig gebildete Partizip Präsens, waren zunächst die ›abschließenden‹ Zahlungen – diejenigen, die bis zu einem bestimmten Termin fällig waren. Und da irgendwann *alle* Schulden beglichen werden müssen, lag die Weiterentwicklung der *finantia* zu jeder Form von Zahlungsverkehr nahe.

Der ›Termin‹ bedeutet übrigens auch nichts anderes als das ›Ende‹. *terminus* war bei den Römern die ›Grenze‹, das ›Ende‹. Im Mittellateinischen entwickelte er sich zu einem zeitlichen Grenzpunkt weiter. Und heute reiht sich in vielen Kalendern ein zeitlicher Grenzpunkt an den anderen: Der Terminkalender ist eine Abfolge von ›Grenzen‹. Zum ›Finanziellen‹ können wir die Brücke mit dem ›Termingeld‹ schlagen: Das ist so ›begrenzt‹, daß es zu jeder zeitlichen Grenze, also in jedem Augenblick, gekündigt werden kann.

Als die *finantia* ins Deutsche als ›financie‹ übernommen wurden, war ihr Ruf bereits ruiniert. Finanzen waren etwas Anrüchiges; sie wurden in einem Atemzug mit ›Wucher‹ und ›Betrug‹ verwendet. Bei Luther war der ›Finanzer‹ noch ein Schimpfwort. »Solche Finanzer heißt man die Gurgelstecher oder Kehlstecher«, wettert er –

und es klingt wie ein Präludium zur Kapitalismus- und Heuschrecken-Debatte unserer Zeit.

Wenn wir heute – wenn auch nicht immer besonders freundlich – von ›Finanzbeamten‹, ›Finanzministern‹ und der ›Finanzwelt‹ sprechen, so setzt das einen Umschwung in der Bedeutung des Wortes voraus. Denn welcher Staat würde sich schon ein ›Betrugsministerium‹ zulegen? Tatsächlich hat sie stattgefunden – eine an Geldwäsche erinnernde Wortwäsche des Begriffs ›Finanzen‹. Im 17. Jahrhundert verschwindet allmählich die negative Konnotation und macht einer neutralen Bedeutung Platz, die es auch erlaubt, von ›Staatsfinanzen‹ zu sprechen, ohne deren Eintreiber und Verwalter zu kriminalisieren.

Aber wer hätte gedacht, daß der Staat sich ausgerechnet in unseren lateinarmen Zeiten so unmißverständlich zum etymologischen Ursprung des Wortes bekennen würde? Denn das weiß doch mittlerweile jedermann: daß der Staat mit seinen Finanzen ›am Ende‹ ist.

Penicillin – Von anständigen und unanständigen Schwänzchen

Altmeister Freud hätte seine Freude gehabt. Denn am Anfang stand wie so oft der Penis. Der bezeichnete bei den Römern ursprünglich den Schwanz von Tieren, wurde aber recht früh auf das männliche Geschlechtsglied übertragen. »Heutzutage«, erläutert Cicero in einem Brief aus dem Jahre 44 v. Chr., »gilt *penis* als unanständiges Wort« (fam. IX 22, 2). Früher war es allerdings eine euphemistische Umschreibung gewesen: Jünglinge seien ›dem *penis* ergeben‹ gewesen, sagte man, um schändliches Sexualverhalten nicht beim Namen nennen zu müssen.

Aber der Weg zur Sublimierung war nah. Er führte über die Verkleinerungsform *penicillus.* Mit der wurde – Cicero zufolge »wegen der Ähnlichkeit« – der Pinsel benannt. Selbst die Malkunst als solche wird einmal metaphorisch als ›kleiner *penis*‹ gefeiert. Apollodoros von Athen, ein Künstler des 5. Jahrhunderts v. Chr., »brachte als erster mit Recht dem Pinsel Ansehen«, vermerkt Plinius (NH XXXV 60).

Auch heutige Maler, ob Künstler oder Heimwerker, bedienen sich noch des ›kleinen *penis*‹. Denn ›Pinsel‹ ist ein Lehnwort aus *penicillus.* Das Englische hat das Malgerät zu einem Schreibgerät verallgemeinert: Auch der *pencil* ist ein kleiner *penis.* So weit der Höhenflug des ›Schwänzchens‹ in die sublime Sphäre der Schönen Künste.

Seine biologische Karriere beginnt ganz unten – bei den Schimmelpilzen. Wegen ihrer pinselförmigen Sporenträger gab Carl von Linné ihnen im frühen 18. Jahrhundert die lateinische Bezeichnung *penicillium.* Das Penicillium tanzt, seinem Ursprung *penis* vergleichbar, auf zahlreichen biologischen Hochzeiten – und zwar aus menschlicher Sicht mal zum Guten und mal zum Schlechten. Der Schimmelpilz in der Marmelade erfreut sich geringer Beliebtheit, der Schimmelpilz im Camembert dagegen großer. Der letztere heißt übrigens wissenschaftlich Penicillium Camembertii. Ihre beste Wirkung erzielen bestimmte Pilzstämme der Gattung Penicillium aber im Kampf mit krankheitserregenden Bakterien. Im besten Fall töten sie sie ab, mindestens aber hemmen sie ihre Vermehrung. Alexander Fleming machte im Jahre 1928 diese revolutionäre Entdeckung. Und damit kam das Penicillin als erstes Antibiotikum zu medizinischen Ehren.

Und was bekommt der Jüngling heutzutage, der dem Penis so ergeben war, daß er sich üble Bakterien zugezogen hat? Genau: Penicillin – ›Schwänzchen‹ für den ›Schwanz‹.

Münze – Junos monetarische Ermahnungen

Eine lange, steile Treppenflucht im Herzen Roms, nur wenige Meter von der verkehrsumtosten Piazza Venezia entfernt, führt uns hoch zu den Ursprüngen der ›Münze‹. Dort oben thront die Kirche Santa Maria in Aracoeli – auf einer der beiden Spitzen des altrömischen Burgberges *arx*, der besser bekannt ist unter dem Namen ›Kapitol‹. Die eine Kuppe des Hügels trug den Tempel des Jupiter Optimus Maximus – an ihm endeten die prachtvollen Triumphzüge. Die andere Kuppe war, bevor sie der christlichen Gottesmutter gewidmet wurde, für die Gattin Jupiters reserviert: Ihr zu Ehren stand dort im Altertum ein Tempel der Juno, gewissermaßen der Vorläufer der marianischen Himmelsaltar-Kirche.

Der Beiname der dort verehrten Juno paßt zu der beherrschenden Lage oberhalb des Forum Romanum. Von dort aus war der erhobene Zeigefinger gut zu sehen, den der Name *Moneta* signalisiert. *monere* heißt ›mahnen‹, *Moneta* ist also die ›Mahnerin‹. Welcher konkreten Mahnung Juno die Weihung dieses Tempels verdankte, ist unklar – und war wohl auch den Römern selbst in historischer Zeit nicht mehr geläufig. Was sie nicht davon abhielt, sie gleichwohl als Mahnerin kultisch zu verehren. Unter ihren Füßen passierte ja auch genug, das mahnenswert war …

Die Lage auf dem gut gesicherten Burgberg und das Vertrauen in die Schutzkraft der ›Mahnerin‹ veranlaßten die Römer dazu, im Tempel der Juno Moneta ihre Gold- und Silbervorräte aufzubewahren und zugleich die Münzprägung dorthin zu verlegen. Der Name des Tempels ging rasch auf die Werkstätte darin über: *moneta* wurde so zur ›Münze‹, und selbst das dort geprägte Geld wurde mitunter als *moneta* bezeichnet. Spätlateinisch entwickelte sich das zu *munita*, und daraus machte das Althochdeutsche *munizza*. Aus *munizza* wurde allmählich

›Münze‹ – und zwar wie beim lateinischen *moneta* in der doppelten Bedeutung von ›Prägestätte‹ und ›Geldstück‹.

Die etymologische Kraft der ›Mahnerin‹ blieb nicht auf das Deutsche beschränkt. Englisch *money* und französisch *monnaie* erinnern ebenfalls an die Juno Moneta. Und im Deutschen erst recht die umgangssprachlichen ›Moneten‹, die ihren Ausgang von den lateinischen Münzen, *monetae,* nahmen und im 18. Jahrhundert über die Studentensprache ins Deutsche gelangten.

Rom und Europa – beide sind untrennbar miteinander verbunden. Da paßt es vorzüglich, daß das *European Monetary System* (EMS), das uns den Euro beschert hat, sprachlich an die Moneten der alten Römer anknüpft. Man darf gespannt sein, wann die Juno Moneta sich mahnend an all jene Finanzminister im EMS wendet, die fortwährend die Maastricht-Kriterien in Sachen Neuverschuldung mißachten …

Bits und Bytes – Soviel bi schadet nie?

Daß der Computer auf altrömische Ursprünge zurückgeht, ahnt der durchschnittlich gebildete Mitteleuropäer: Die Vorsilbe *con-/com-* steht gewissermaßen im Latein-Verdacht. Vollends zur Gewißheit wird die Ahnung für alle, die im Rahmen ihres Schullateins *putare* kennengelernt haben, ›glauben‹, ›meinen‹. Wer etwas glaubt, ›rechnet‹ damit – insofern liegt es nahe, daß *putare* auch das ›Rechnen‹ bezeichnet. Diese sprachliche Rechnung geht auf; *putare* könnte man auch im Hinblick auf mathematisches Rechnen sagen. *computare,* ›zusammenzählen‹, ›ausrechnen‹, war aber viel geläufiger als Terminus technicus dafür. Seneca, als Denker seiner Zeit voraus, wenn man das angesichts der Aktualität seiner philosophischen Reflexionen in unserer Zeit so sagen darf, erweist sich auch in sprachlich-kreativer Hinsicht als fortschrittlich. Als einziger bildet er nämlich das Substantiv zu *computare.* Menschen, die ihre Vermögensverhältnisse buchhalterisch exakt verfolgen und dokumentieren, bezeichnet er als *diligentissimi computatores,* »überaus gewissenhafte Zusammenrechner« (ep. 87,5). *computator* als sprachlicher Vorläufer des ›anglolateinisch‹ gebildeten *computer* setzt sich indes nicht durch. Was nichts daran ändert, daß unser Computer zumindest sprachlich gesehen ein lateinischer ›Zusammenzähler‹ ist. Oder schlicht ein ›Rechner‹.

Wo aber haben Bits und Bytes ihre lateinischen Wurzeln? Mit dem Präfix *bi-* kommen wir den Dingen auf die Spur. *bis* sagten die Römer, wenn sie ›zweimal‹ meinten. Daraus entwickelte sich die Vorsilbe *bi-* für vieles, was in zweifacher Ausführung daherkommt. ›Bi-metallic‹ ist auch dem klassischen Baumarktbesucher geläufig. Gymnasien, die einen bi-lingualen Zweig haben, setzen auf doppelsprachige Ausbildung in Deutsch und – meistens – Englisch, auch wenn sich das *bi-* auf ein recht reduziertes Fächerangebot erstreckt. Der Bizeps ist der ›zweikopfförmige‹ (*bi* + *caput,* ›Kopf‹) Oberarmmuskel, den kräftig auszubilden niemand verwehrt – im Unterschied zur Bi-gamie (*gamos,* griechisch ›Hochzeit‹); ihr hat der Gesetzgeber einen Riegel vorgeschoben.

Auch der Bikini ist vermutlich mit im Spiel. Seine Etymologie ist unsicher. Sein Schöpfer Louis Renard hat ihn nur vier Tage nach der ersten Atombombenzündung auf dem bedauernswerten Südsee-Atoll Bikini aus der Taufe gehoben – was den Verdacht nährt, er habe die Assoziationen ›Südsee‹ und ›Explosion‹ im Blick gehabt und die in der Tat explosive Wirkung dieser neuen, für die damalige Zeit unerhörten Kreation in ihrem Namen antizipiert. Auf der anderen Seite ist der Anklang des Zweiteilers an das lateinische *bi* unüberhörbar. Erst recht, nachdem später der Monokini erfunden wurde, der, mag er als Kreation auch insgeheim die Sympathie eingefleischter Lateiner haben, ihnen sprachlich leichten Verdruß bereitet – wegen der *griechischen* Vorsilbe *monos* (›einzig‹, ›allein‹).

Gegenüber dem Bikini wird man den Sex-Appeal (*appellare,* ›ansprechen‹) von Bits und Bytes als eher gering veranschlagen – wenngleich ein gewisses Suchtpotential bei beiden Erscheinungsformen des *bi-* zu registrieren ist. Damit ist die sprachliche Katze schon aus dem Sack: In Bits steckt überraschenderweise *bi-*. Eigentlich doch nicht so überraschend, wenn man sich klarmacht, daß die grundlegende Nachrichteneinheit in der Digitalsprache auf der Zweier-Alternative Stromstoß und Strompause beruht. Was wiederum eine ›Bi-Aussage‹ mit sich bringt: Ja oder Nein. Damit haben wir den ersten Bestandteil des Bit rekonstruiert: das englische *binary,* ›binär‹, ›aus zwei Einheiten bestehend‹ (das natürlich im gleichbedeutenden lateinischen *binarius* seinen Ursprung hat).

Der zweite Bestandteil, das *t,* ist der letzte Buchstabe von *digit,* ›Finger‹ (von lateinisch *digitus,* ›Finger‹). Wir gebrauchen unsere Finger zu vielerlei Tätigkeiten – je nach Alter und mathematischer Abstraktionsfähigkeit auch zum Zählen. Diese Funktion der *digiti* stand Pate bei der Bedeutungsentwicklung von *digit* zu ›Ziffer‹. Digitalisierung ist demnach der Vorgang, Informationen in Ziffern umzusetzen. Ein *binary digit,* oder, mit Gruß an Seneca, ein *binarius digitus,* ist eine Informationseinheit, die zwei Zustände einnehmen kann: Ja oder Nein.

Wirkt schon die Zusammenziehung der beiden Begriffe zu dem Kunstwort *bi-t* auf den ›Sprachler‹ befremdlicher als auf den Informatiker, so stößt er bei der ›Weiterbildung‹ zur größeren Einheit Byte (= 8 Bits) an die Grenzen seines Verständnisses. Byte steht für *binary term,* diesmal also die Zusammenziehung eines Anfangs-, eines End- und zweier Anfangsbuchstaben. Da ist den Informatikern bei der Retortenwort-Bildung einiges an Konsequenz verlorengegangen.

Beruhigend für den Lateiner ist, daß *bi,* wenn auch in einer rudimentären Schwundstufe kaum noch erkennbar, bei der Langform weiter mit von der Partie ist. Die Römer hätten gegen die Bi-Inflation unserer Tage wohl nichts gehabt. Bi-sexualität war in der römischen Gesellschaft, insonderheit beim männlichen Geschlecht, ziemlich weit verbreitet, so daß der flott-laszive ›Spruch‹ in mehr als einer Hinsicht gelten kann: Ein bißchen *bi* schadet nie.

Restaurant – Wiederherstellung auf gehobenem Niveau

Gasthaus, Gaststätte, Wirtshaus, Lokal, Restaurant sind grundsätzlich gesehen Synonyme für Örtlichkeiten, wo man sich außerhalb der eigenen vier Wände Speisen und Getränke servieren läßt – in der Regel ja wohl, wenn man Hunger und Durst verspürt. In welchem der fünf Begriffe kommt diese primäre Funktion am deutlichsten zum Ausdruck? Die ersten drei deuten sie an, stellen aber die Rollen der am Servierprozeß Beteiligten in den Vordergrund. Das Lokal ist ein ganz farbloser Begriff, weil er nur darauf hinweist, daß das Eß- und Trinkgeschehen sich an einem ›Ort‹ abspielt (der zudem in seiner orthographisch eingedeutschten lateinischen Grundform ›Lokus‹ nicht gerade appetitanregende Assoziationen weckt; entstanden aus *locus necessitatis,* ›Ort der Notdurft‹).

Eindeutiger Sieger in unserem kleinen Semantik-*contest* (von *con-testari,* ›gemeinsam etwas bezeugen‹) ist das Restaurant. Denn das ›stellt etwas wieder her‹ – nämlich die Kräfte, deren Nachlassen uns Hunger und Durst signalisieren. *restaurant,* ein am *-nt* zu erkennendes Partizip Präsens, war zunächst eine ›wiederherstellende‹ Speise, eine Kraftbrühe etwa, und wurde dann auf den Ort der mehr oder minder lukullischen Labung ausgeweitet. Das Deutsche übernahm den Begriff im 19. Jahrhundert, ersetzte ihn aber teilweise durch das im frühen 20. Jahrhundert aufkommende Wort ›Gaststätte‹ und teilte ihm den Spitzenplatz in der gastronomischen Hierarchie zu. Von der Wortbedeutung her eigentlich inkonsequent, wird doch jede Pommes-frites-Bude oder jeder Döner-Stand dem Anspruch der ›Wiederherstellung‹ der physischen Kräfte durchaus gerecht (vorausgesetzt, man wahrt das Maß, sonst schießt man über das Ziel einer bloßen Wiederherstellung schnell hinaus ...). Aber natürlich zeigt schon die französische Aussprache, daß im Restaurant eine Restauration auf hohem kulinarischem (*culina,* ›die Küche‹) Niveau angestrebt wird.

Wo bleibt das Lateinische? Es meldet sich mit dem Ursprungswort *restaurare* zur Stelle. Ein Begriff, der bei den Römern stets im Schatten des viel geläufigeren *instaurare* gestanden hat. *instaurare* bedeutet ›ins Werk setzen‹, ›bereiten‹, und betont mit dem Präfix *in-* das entschlossene Hinein-gehen in eine Tätigkeit. Es kann sich dabei aber auch um ein wiederholtes Hinein-gehen handeln, also ein ›Wiederherstellen‹. Wohl um dieses Verständnis zu verdeutlichen, gesellte sich das kräftigere *re-staurare,* ›zurück‹ in den früheren Zustand versetzen, zum ursprünglichen *in-staurare.* Es wurde hauptsächlich im Zusammenhang mit Bauwerken verwendet, die nach Zusammenbrüchen oder altersbedingtem Zerbröseln ›wiederhergestellt‹ wurden. Gegenüber seinem älteren ›Bruderwort‹ hat es sich aber nie so recht durchsetzen können.

Anders in der sprachlichen Wirkungsgeschichte. Da ist, jedenfalls soweit es das Deutsche betrifft, *instaurare* auf der Strecke geblieben. ›Restauriert‹ wird aber in vielen Bereichen – keineswegs nur im Restaurant, sondern auch am Bau, wo Restauratoren gesuchte Fachleute sind, sowie in der Kunst- und Antiquitätenbranche, wo dem grundsätzlichen gesellschaftlichen Kult des Neuen zum Trotz gerade das restaurierte Alte Höchstpreise erzielt. Und auch die Historiker haben sich des Begriffs angenommen. Sie bezeichnen eine Epoche, die durch Rückkehr zu einer alten politischen und sozialen Ordnung geprägt ist, als Restaurationszeit.

Daß restaurative Bestrebungen auch in moderner Zeit nicht nur des Teufels sind, läßt ja jeder Restaurant-Besuch erkennen, der auf die Wiederherstellung des leiblichen Wohls zielt. Ob sich nicht auch ein bißchen Wiederherstellung des geistigen Wohls ergäbe, wenn es zu restaurativen Anstrengungen in Sachen Latein käme? Restaurator, verehrte Kultusminister-Konferenz, ist doch ein ganz ehrenwerter und angesehener Beruf!

Ampel – Wo uns mehr als ein Licht aufgeht

Waren das Zeiten, als man noch gern vor einer Ampel verweilte und sogar noch überlegte, ob man einen Schluck aus der Pulle nehmen sollte! Das eine tut man heute nur sehr ungern, und auf das zweite verwendet man besser gar keinen Gedanken, solange man sich im ampel-gesteuerten Verkehr aufhält. Rom, du hattest es besser! ist man angesichts der veränderten Ampel-Pullen-Lage versucht aufzuseufzen. *tempora mutantur...*

Gemach! Die scheinbare Parallele führt uns nicht in ein römisches Verkehrsgewühl – das gab es tatsächlich – mit lauter beschwipsten, Rotlicht liebenden Fußgängern und Wagenlenkern, sondern eher auf einen Großmarkt, etwa das *forum vinarium.* Dort, unmittelbar am Tiberhafen der Stadt, standen sie in langen Reihen: die Container (*con-tinere,* ›zusammenhalten‹, ›enthalten‹) der Alten Welt, besser unter dem Namen Amphoren bekannt, bauchige, mit Wein und Öl unterschiedlicher Provenienz gefüllte Gefäße, die aus Griechenland und Spanien, Kleinasien und Gallien per Schiff in die Hauptstadt transportiert worden waren. Und mancher Marktbesucher dürfte sich beim Anblick der verheißungsvollen Aufschriften – vom griechischen Spitzenwein von der Insel Chios über die edlen kampanischen Weine bis zum wohlschmeckenden sizilischen Mamertiner – überlegt haben, aus welcher dieser ›Pullen‹ er bei der abendlichen *comissatio* (›Trinkgelage‹) den einen oder anderen Schluck genießen wollte …

Vor *solchen* Ampeln läßt sich's aushalten. Tatsächlich ist die ›Amphore‹ das Wort, das sich zur ›Ampel‹ weiterentwickelt hat. Die Römer übernahmen es zunächst ohne große sprachliche Änderung von den Griechen; *amphoreus,* ›das mit zwei Henkeln tragbare‹ *amphi + pher/phor* Gefäß, wurde zu *amphora* eingelateinischt (welch schrecklicher Ausdruck – aber an ›eingedeutscht‹ nimmt niemand Anstoß) und in jeder Hinsicht gern verwendet. Freilich – ein rund zwanzig Liter fassender Vorratskrug und Transportbehälter eignete sich für Öl und Wein, nicht aber für Substanzen wie Parfüms, Salben und Schminken, die in erheblich geringeren Mengen handelsüblich waren. Dafür reichte eine kleine Amphore. Begrifflich kein Problem: Das Verkleinerungssuffix *-ula* angehängt, und man kam zur *amphorula.* Die wiederum wandelte sich durch verkürzte Aussprache über *amporla, ampurla* zu *ampulla.* Aus solchen *ampullae,* Mini-Amphoren, bedienten sich die römischen Schönen, um noch schöner zu werden oder zu wirken.

An diese Funktion der Schmink- und Parfümfläschchen erinnert noch die ›Ampulle‹, auf die wir heute beim Apotheker oder Arzt – und auch bei der Kosmetikerin – stoßen. In einem allgemeinen Sinn enthält die Ampulle also etwas, das dem physischen Wohlbefinden der Menschen dient.

Das spirituelle Wohl steht dagegen bei jener Bedeutungsvariante im Vordergrund, die letztlich zur ›Ampel‹ führt. Bis ins Spätmittelalter bezeichnete *ampulla* auch ein gläsernes Gefäß, das, mit Öl gefüllt, als Ewiges Licht in jeder Kirche hing. Vom sakralen Raum strahlte diese *ampulla* dann in den bürgerlichen Alltag aus. Als ›Ampel‹ hing sie über dem Eßtisch in den Häusern der Bürger, bevor sie vom konkurrierenden Begriff ›Lampe‹ abgelöst wurde. In den Verkehr aber konnte sie sich retten: Was im Amtsdeutsch ›Lichtzeichenanlage‹ heißt, nennen wir gewöhnlich ›Ampel‹ – ein sehr verweltlichtes ehemals heiliges Licht, das freilich mit seinen drei Phasen an Variabilität gewonnen hat.

Und die ›Pulle‹? Sie scheint – die Sprachwissenschaftler sind sich nicht ganz einig – ebenfalls auf die Amphore alias *ampulla* zurückzugehen und im Niederdeutschen die Erinnerung an die Weinkanne aufrechtzuerhalten, die zur Abendmahlsfeier gehörte. Auch hier ein reichlich verweltlichter Traditionsstrang, der im umgangssprachlichen ›Schluck aus der Pulle‹ endet. Für den allerdings, der aus alter Amphoren-Tradition zur Unzeit die Pulle an den Mund setzt, kann die Amphoren-Ampel ziemlich lange Rotlicht zeigen …

Paß – Ein öffnender Begriff

Ob Michael Ballack, wenn er einen seiner den Raum öffnenden Pässe schlägt, weiß, was da etymologisch passiert? Er kehrt, ob ihm das bewußt ist oder nicht, zur ursprünglichen Bedeutung des Grundwortes zurück: Das Partizip Perfekt von *pandere,* ›öffnen‹, ›spreizen‹ (mit dem Ex-pander ›spreizt‹ man die Arme ›aus‹) heißt *passus.* Und dieses Gespreizte bewirkt, wenn es die Beine betrifft, einen ›Schritt‹. Die alten Römer ex-pandierten zwar territorial kräftig mit Hilfe der ›Schritte‹ ihrer Legionäre, die, wenn es darauf ankam, Tag für Tag viele *milia passuum* (›Tausende von Doppelschritten‹; aus der Verkürzung auf *milia* entwickelten sich englisch *mile* und deutsch ›Meile‹) zurücklegten. Auf eine sprachliche Expansion in Sachen *passus* aber verzichteten sie. Erst das Mittellatein kennt das aus *passus* hervorgegangene Verb *passare,* ›vorübergehen‹, ›hingehen‹. Über das französische *passer* machte es im Deutschen eine doppelte Karriere als ›passieren‹ und ›passen‹. Der Passant ist ein ›Vorübergehender‹. Damit kam aber auch der Paß zu neuen Ehren. Er kennzeichnet die Stelle, an der man ein Gebirge relativ leicht überqueren kann. Selbst die ursprüngliche Bedeutung *pandere* schwingt mit, ist doch der Paß eine Art Öffnung in einem sonst unwegsamen, barrierenhaften Gelände. Erstaunlich, wie das alles paßt! Will sagen ›vorübergeht‹ und damit ›ans Ziel gelangt‹.

Auch der andere Paß, den man an der Grenze benötigt, öffnet bekanntlich den Zugang zu einem anderen Land. *Er* ist als Kurzform aus Paßport, einer Entlehnung von französisch *passeport,* hervorgegangen – ein Dokument, das ›mitgeführt‹ wird (*porter* von lateinisch *portare,* ›tragen‹) für den ›Durchgang‹.

Selbst das zentrale Medium des digitalen Zeitalters, der Computer, kommt ohne ›öffnenden‹ Zugriff aufs Lateinische nicht aus: Das ›Paßwort‹ ist der ›Übergang‹ ins Gelobte Land von Inter- und Intranet.

Wenn Sie, verehrte Leserinnen und Leser, diese Passage oder diesen Passus des Buches gelesen haben, sind Sie sicher schon wieder einen Schritt weitergekommen zu der Erkenntnis, was für ein passables Passepartout das Lateinische doch ist – für ein vertieftes Verständnis des Deutschen, der Welt und überhaupt.

IX

HOKUSPOKUS IN ELABORIERTEM CODE? – ANMERKUNGEN ZUR WISSENSCHAFTSSPRACHE LATEIN

Götter in Weiß sprechen ›Latein‹

Mediziner können Latein, vermuten die meisten Leute – und ihre ohnehin schon ausgeprägte Hochachtung für Ärzte steigt weiter. Schön wär's. Man braucht die lateinische Sprache nicht erlernt zu haben, um Mediziner – auch ein guter! – sein zu können. Wohl aber muß man die medizinische Nomenklatur beherrschen. Als *nomenclator* bezeichneten die Römer den Sklaven, der vornehmen Herren die Namen der ihm Begegnenden zuflüsterte. Besonders wenn sich jemand gerade um ein Amt bewarb, machte es einen guten Eindruck, möglichst viele Wähler zu ›kennen‹.

In ähnlicher Weise öffnet die Nomenklatur die sprachliche Tür zur Wissenschaft. Man kann die Fachbegriffe – so wie die römischen Sklaven die Namen – durchaus Wort für Wort auswendig lernen. Vokabellernen für die Wissenschaft sozusagen – mit dem, wenn man die Sprache selbst nicht gelernt hat, allerdings gravierenden Nachteil, die Begriffe kaum miteinander vernetzen und hinter die Fassade ihres gewachsenen Bedeutungsgehalts schauen zu können. Was Körperteile bis hin zu Kleinstnerven und Knöchelchen angeht, deren Vorhandensein der Normalsterbliche allenfalls zur Kenntnis nimmt, wenn sie Schmerz verursachen oder gebrochen sind, sind Ärzte in der lateinischen Begrifflichkeit der menschlichen Anatomie allen Lateinlehrern und Professoren der Klassischen Philologie (oder schränken wir ein, damit sich kein Sensibler auf den Ordinarien-Schlips getreten fühlt: den allermeisten) weit überlegen. Bei der Caesar- oder Seneca-Lektüre verhält es sich dramatisch umgekehrt.

Nur böse Zungen behaupten, daß die latinisierte – und zu einem guten Teil auch gräzisierte – Sprache der Mediziner ein Herrschaftsinstrument sei, um sich wie schon die gallischen Druiden-Priester mit einer Aura der Unantastbarkeit zu umgeben und sich gegenüber Laien abzugrenzen und abzuschotten. So etwas soll man einer so menschenfreundlichen Zunft nicht unterstellen; ebensowenig den Apothekern, deren Wissenschaft ebenfalls im lateinischen Gewande daherkommt. Die lateinischen Begriffe haben, von der wissenschaftlichen Tradition ganz abgesehen, eine wichtige Funktion: Sie sind als verbindliche Fachsprache eindeutig und auch international verständlich – im Unterschied zu umgangssprachlichen Bezeichnungen keinen Mißverständnissen oder regionalen mundartlichen Besonderheiten unterworfen. Klar für Insider, unverständlich für Außenstehende – das ist das Geheimnis des Mediziner- und Pharmazeutenlateins.

Noch immer up to date: Bio-Latein

In der Biologie verhält es sich nicht viel anders. Seit Carl von Linnés (Carolus Linnaeus) 1753 erschienenem grundlegendem Werk *Systema Naturae* findet die Namensgebung in der Botanik strikt mit lateinischen oder zumindest latinisierten Termini statt. Hilfssprache ist Griechisch. Beide alten Sprachen werden durchaus auch als Steinbruch zur Kreierung neuer Bezeichnungen in der

Botanik wie in der Zoologie verwendet. Mischungen sind dabei nichts Ungewöhnliches; man bedient sich der Fülle der zur Verfügung stehenden lateinischen und griechischen Wortelemente und Wortbildungsmöglichkeiten einschließlich der zahlreichen Prä- und Suffixe.

Das Latein, das dabei herauskommt, ist unter ästhetischen und stilistischen Gesichtspunkten nicht selten dazu angetan, Klassische Philologen in die Flucht oder zumindest in die Verzweiflung der inneren Emigration gegenüber der biologischen Fachsprache zu treiben: Was wird da aus der Sprache Ciceros und Caesars, Vergils und Ovids gemacht?!

Der vermeintliche Mißbrauch steht freilich auch hier im Dienste der Klarheit, Eindeutigkeit und internationalen Verständlichkeit. Der *International Code of Botanical Nomenclature* ist immer wieder revidiert und angepaßt worden. Aber *ein* Prinzip wurde, auch wenn die verbindliche Sprache des *Code* Englisch ist, nicht angetastet: Wissenschaftliche Pflanzennamen bitte nur auf lateinisch! Und zwar auch bei neuentdeckten Pflänzchen! Da wird es selbst dem ob zahlreicher obskurer Einzelbildungen skeptischen Lateiner warm ums Herz: Zum einen ist *planta* ja in der Tat das lateinische Ursprungswort für ›Pflanze‹, und zum anderen enthält der auf Kultur-Pflanzen eingeschränkte *International Code of Nomenclature for Cultivated Plants* unter seinem rein englisch daherkommenden Outfit ausschließlich lateinisches Wortgut: *inter nationes,* ›zwischen den Völkern‹, *codex,* ›Buch‹, *nomenclatura,* ›Namensverzeichnis‹; *colere,* Partizip Perfekt *cultus,* ›anbauen‹, ›pflegen‹, *planta,* ›Pflanze‹. Was außerdem zeigt, wie stark auch das Englische von lateinischem Vokabular durchdrungen ist – und wie unsinnig es wäre, die beiden Weltsprachen der Wissenschaften als schulische Fächer gegeneinander auszuspielen.

Kann man denn überhaupt mit Schullatein-Kenntnissen biologische Begriffe verstehen? Man kann! Nicht alle, aber doch überraschend viele. Ist etwas mit *pallere* oder *pallidus* gebildet, so hat es eine ›blasse‹, ›bleiche‹, gelegentlich ins Gelbliche spielende Farbe. (Strahlend) weiß ist *candidus* oder *albus; Lilium candidum,* weiß man dann zum Beispiel, ist etwas fürs Grab. Liest man von einer *Motacilla alba,* so ahnt man zwar kaum, daß von einer Bachstelze die Rede ist, wohl aber, daß sie weiß ist. Die *Salix alba* ist eine Weide mit weißen Blättern. Beim Versatzstück *rub-* sieht man tunlichst rot. Eine *Saxicola rubetra* ist offensichtlich eine ›rote Felsbewohnerin‹ (*saxum,* ›Stein‹, ›Fels‹; *colere,* ›wohnen‹), und die *Quercus rubra* ist eine Eiche mit rotem Laubwerk. *Populus nigra* muß die Schwarzpappel sein, *Ciconia nigra* der Schwarzstorch.

vir- als Stamm von *virere,* ›grün sein‹, signalisiert, daß die ›eigentliche‹ Farbe der Natur im Spiel ist, und zwar in allen möglichen Variationen von *virens,* ›grünend‹, über *viridis,* ›grün‹, bis zu *virescens,* ›grün werdend‹, oder gar *viridissimus* für besonders kräftiges oder gar giftiges Grün – ›Fundi-Grün‹ sozusagen.

Auch Jahreszeiten spiegeln sich in den Bezeichnungen. Die *Primula veris* ist die ›Erste des Frühlings‹ (*ver,* ›Frühling‹). Von der *Ficaria verna* weiß man jedenfalls, daß sie eine Frühlingspflanze ist. Die Wärme dagegen muß der *Adonis aestivalis* lieben (*aestas,* ›Hitze‹, ›Sommer‹), das Sommer-Adonisröschen, dessen Verwandter *Adonis vernalis* dann schon verblüht ist. *Triticum aestivum* ist der sommerliche Saatweizen. Wird es Herbst *autumnus,* so blüht der *Leontodon* (griechisch: ›Löwenzahn‹) *autumnalis,* und über das gute Gedeihen des *Colchicum autumnale,* der ›Herbstzeitlosen‹, freuen sich neben der vernachlässigbaren Zielgruppe der Giftmörder alle von Gichtanfällen Geplagten.

umbr- läßt erwarten, daß ein Gewächs den Schatten *umbra* liebt. *Umbricolae* sind ›Schattenbewohner‹. Die *Saxifraga umbrosa* ist ein dem Schattendasein verpflichtetes

›Steinbrechgewächs‹ *saxum, frangere,* dessen deutscher Name ›Porzellanblümchen‹ seine Robustheit so gar nicht deutlich werden läßt. *quod erat demonstrandum:* Latein schafft Klarheit!

teg- dagegen bezieht sich eher auf etwas, das Schatten durch *tegere* (›bedecken‹) verursacht. So sind *Tectrices* die ›Deckfedern‹ an Vogelflügeln. Mitunter leben ›*tect*-Pflanzen‹ aber auch auf dem Dach *tectum,* das seinerseits das Haus bedeckt. Das *Sempervivum tectorum* ist der ›immerlebende Dach‹-Hauswurz. Ist etwas mit *lat-* zusammengesetzt, so läßt das auf etwas Breites *latus* schließen: *latifrons* ist ein Geschöpf mit ›breiter Stirn‹, *latifolium* eine ›breitblättrige‹ (*folium,* ›Blatt‹) Pflanze.

Bleiben wir bei den *folia.* Auch deren Eigenschaften dienen zur nomenklatorischen Klassifikation: *asperifolium* ist etwas mit ›harten‹ *asper, millefolium* etwas mit ›tausend‹ Blättern. *densifolium* signalisiert ›dichtes‹ *densus* Blattwerk. Als winterlichen ›Blättervernichter‹ entlarvt seine biologische Bezeichnung den ›Großen Frostspanner‹ *Hibernia defoliaria.* Seine Raupen ›entblättern‹ (*de,* ›weg-‹, +*folium*) in der kalten Jahreszeit die Laubbäume. Wer bis zur lateinischen Dichterlektüre vorgedrungen ist, identifiziert eine *ensifolia* auch richtig als Pflanze mit ›schwertförmigen‹ Blättern (*ensis,* poetischer Ausdruck für ›Schwert‹).

fug-, grad- und vag- – Variationen der Fortbewegung

F*ug-* bedeutet die ›Flucht‹ vor irgend etwas, zum Beispiel vor dem Licht (*lucifuga; lux,* ›Licht‹); *ger-* und *fer- gerere, ferre* das ›Tragen‹ von etwas (*claviger,* ›Keulenträger‹; *laniger,* Wollträger‹; *crucifer,* ›Kreuzträger‹). Im Pflanzenbereich sind *Cruciferae* ›Kreuzblütler‹. Bei *gul-* geht es jemandem biologisch an die Kehle *gula.* Flavigule Geschöpfe haben eine gelbe, *albigulares* eine weiße und *atrigulares* eine schwarze Kehle. Und was ist mit *gulo gulo,* bei dem die Kehle gleich zweimal als Wesensmerkmal hervorgehoben wird? Man kann darauf kommen: Es ist der Vielfraß.

Ein näherer Zusatz zu *grad-* läßt erkennen, welchen Teil seiner Extremitäten ein Tier zum ›Schreiten‹ *gradi* verwendet. *Plantigradi* sind Sohlen- *planta, Digitigradi* Zehengänger *digiti.* Eine als *Tardigrada* bezeichnete Kreatur (zum Beispiel G. B.) hat es nicht eilig; sie bewegt sich langsam *tardus.* Ein ›Spätblüher‹ dagegen ist ein *Tardiflorus* (*florere,* ›blühen‹; *flos,* ›Blüte‹); eine *Pauciflora* bringt nur ›wenige *pauci* Blüten‹ hervor, eine *Uniflora* gar nur eine einzige *una. Floribundum* jedoch zeigt durch das Suffix *-bund* Üppigkeit beim Blühen an.

-vaga bringt Dynamik zum Ausdruck (*vagari,* ›umherschweifen‹), *sed-* und *sess-* dagegen Seßhaftigkeit (*sedere,* ›sitzen‹). Ein *Montivaga* läuft auf den ›Bergen‹ *mons* herum, ein *Nemorivaga* durchstreift lieber den Wald *nemus.* Schwämme sind ausgesprochen sessile (am Boden ›festsitzende‹) Tiere; *Sedatariae* sind alle Spinnen, die im Netz sitzend auf Beute lauern.

Abschließend der ultimative Bio-Lateintest. Die erste Frage: Erwarten Sie Unangenehmes eher von einem *Trametes suaveolens* oder einem *Crotalus terrificus? suaveolens* hört sich verlockend an, ›lieblich duftend‹; ein Trametes ist ein zu den Röhrlingen zählender Pilz. Aber er hält nicht, was er verspricht: Er ist ungenießbar. Der andere dagegen hält durchaus, was er verspricht. *crotalum* ist die ›Kastagnette‹ oder ›Klapper‹, und *terri-ficus* bedeutet ›Schrecken verursachend‹. Lebenserhaltender als die Klapperschlange ist da im Zweifel doch der Anis-Tramete.

Zweite Frage: Wen laden Sie zu Weihnachten eher ein – den *Nucifraga* oder die *Nudiventris?* Letztere stellt als Trendsetterin für eine freizügige Mode eine gewisse erotische Atmosphäre unterm Tannenbaum in Aussicht, enttäuscht dann aber doch, weil sich der ›nackte Bauch‹ *nudus venter* als unbehaarte Unterseite einer Fledermaus entpuppt. Der *Nucifraga* dagegen ist ein munteres Singvögelchen, das Ihnen vielleicht dabei hilft, nicht Rätsel-, wohl aber Weihnachtsnüsse zu knacken (*nux,* ›Nuß‹; *frangere,* ›brechen‹).

Dritte und letzte Frage: Inwiefern trägt der *Ursus ornatus* dazu bei, ästhetische Vorurteile gegenüber Behinderten abzubauen? Das Lateinische bezeichnet mit *ornatus,* ›geschmückt‹, sehr elegant und rücksichts-, ja liebevoll das Aussehen eines Tieres, das das ungehobelte Deutsche als ›Brillenbär‹ diskriminiert.

in dubio pro reo – Kostproben von Juristen-Latein

Daß die Wissenschaft von den Rechten *iura* sich etliches von der Latein-Torte (*torta* von *torquere,* ›die Gedrehte‹) abgeschnitten hat, versteht sich von selbst. Die europäische Rechtswissenschaft geht ja auf die Römer zurück; und mit den römischen Rechtsgrundsätzen sind auch viele Elemente der lateinischen Rechtssprache übernommen worden. Auch der spätmittelalterliche, natürlich in lateinischer Sprache betriebene Rechtsunterricht basiert – wenn auch nicht vollständig – auf klassischem römischem Recht. Und Napoleons *Code Civil* brachte weitere romanische und damit lateinstämmige Ausdrücke in die europäische Rechtssprache.

Vor allem die mittelalterliche Rechtswissenschaft hat mit lateinischen Rechtsmaximen gearbeitet, in denen juristische Grundsätze sprachlich möglichst prägnant zusammengefaßt werden. Viele, na ja … einige von ihnen gehören noch heute zu dem, was man juristische Allgemeinbildung, lateinische Abteilung, nennen könnte. Den Grundsatz *pacta sunt servanda* (›Verträge müssen eingehalten werden‹) hat Franz Josef Strauß im Zusammenhang mit den seinerzeit heftig umstrittenen Ostverträgen einer breiten deutschen Öffentlichkeit in Erinnerung gerufen. *audiatur et altera pars,* ›auch die andere Seite werde gehört!‹, ist ein immer noch beherzigenswerter Grundsatz; ebenso das Verbot, Gesetze rückwirkend anzuwenden: *nulla poena sine lege,* ›keine Strafe ohne (vorhandenes) Gesetz‹.

ne bis in idem erinnert daran, daß man wegen eines Delikts nur einmal bestraft werden darf (›nicht zweimal für dasselbe!‹). *in dubio pro reo,* ›im Zweifel für den Angeklagten‹, gilt im Rechtsstaat ebenso wie *lex non distinguit,* ›das Gesetz macht keine Unterschiede‹, behandelt also alle gleich. Es gilt auch, daß *is, qui tacet, non fatetur* (›derjenige, der schweigt, nicht gesteht‹) oder, auf die Notwehr bezogen, daß *vim vi repellere licet* (›es erlaubt ist, Gewalt mit Gewalt zurückzuschlagen‹) sowie – etwa bei unterlassener Hilfeleistung – der Grundsatz, daß *et non facere facere est,* ›auch Nichthandeln Handeln ist‹.

fiscus non erubescit, weiß schon ein altes Juristenwort, ›der Fiskus errötet nicht‹, sondern nimmt auch Steuern aus anrüchigen Einnahmequellen. Es gibt Hunderte solcher wunderbar eingängigen Rechtsregeln und Rechtsmaximen in lateinischer Sprache. Schade, daß man keine von ihnen jemals in einer der zur Zeit populären, mit großem Geschrei inszenierten TV-Gerichtsverhandlungen gehört hat! Was wäre das für ein Niveau-Orgasmus (*orgasmus,* nach griechischem Ursprungswort im Medizinerlatein ›starkes Aufwallen der Körpersäfte‹; erst über englisch *orgasm* seit 1900 in der eingeengten sexuellen Bedeutung)! Freilich sollten sich zumindest die Volljuristen, die sich zu diesen fragwürdig-peinlichen (›peinlich‹ von *poena,* ›Strafe‹; also ursprünglich: ›sträflich‹) Shows als ›Richter‹ hergeben, vor ihrer Verpflichtung für eine neue Serienstaffel an den Rechtsspruch erinnern: *delictum iteratum gravius est:* ›die Wiederholung eines Delikts wiegt schwerer‹.

Bourdieu & Co: Punitive Soziologie-Lektionen

Die Gesellschaftswissenschaften sind von einer gewissen Latinisierung ihrer Fachsprachen nicht verschont geblieben. Oder sollten wir besser sagen: haben sich nicht verschonen lassen? Ein prima vista (*primus,* ›der erste‹; *videre,* ›sehen‹) überraschender Befund: Je jünger eine Wissenschaft ist, um so auffälliger kommt ihre Fachsprache in prächtige römische Toga gewandet daher. Man könnte argwöhnen, daß die neuen Disziplinen mit Hilfe der alteingesessenen Wissenschaftssprache Latein den Anschluß an die respektierten alten Wissenschaften finden und sich damit akademisch nobilitieren wollten. Aber sollen wir das so selbstbewußt auftretenden Disziplinen wie der Pädagogik, der Psychologie und der Soziologie wirklich unterstellen? Bringt man mit *ihnen* Minderwertigkeitskomplexe in Verbindung?

Doch wohl kaum! Andererseits: Warum in aller Welt schmieden sich ›moderne‹ Wissenschaften ausgerechnet aus dem Material einer Disziplin, die sie tendenziell als überholt, unzeitgemäß und ›bildungsarrogant‹ beargwöhnen, eine neue Herrschaftssprache? Der wohl entscheidende Grund für häufig geradezu exuberanten (*exuberare,* ›in reicher Fülle vorhanden sein‹) Gebrauch von Fremdwörtern ist das Bemühen, sich sauber von Begriffen der Alltagssprache abzugrenzen. Die Welt der Wissenschaft soll sich auch sprachlich deutlich von der des wissenschaftlich untersuchten Alltags unterscheiden. Sonst entstünde ja noch mehr der falsche Eindruck, da könne jeder mitreden …

Wir wollen das im folgenden an einigen Beispielen illustrieren. Zunächst mit zwei Textproben aus dem Bereich der Sozialwissenschaften. Wir beginnen mit dem Thema Jugendkriminalität. Es scheint, da *crimen* lateinischen Ursprungs ist (›Vorwurf‹, ›Verbrechen‹), zu latinisierter Sprache geradezu einzuladen:

»Die innere Aggressionskontrolle, insbesondere die Substituierung extrapunitiver durch intropunitive Tendenzen, scheint die Funktion der innerfamiliären Sozialisierung des Kindes zu sein und namentlich mit dem Verhältnis zwischen den Eltern zusammenzuhängen.« So P. Heintz unter dem Stichwort ›Jugendkriminalität‹ im *Wörterbuch der Soziologie,* herausgegeben von W. Berndorf, Stuttgart 1969, S. 517.

Mit innerer Aggressionskontrolle meint Heintz wohl die innere Kontrolle der Aggressivität. ›Aggressivität‹ (Neigung zum *aggredi,* ›angreifen‹) sowie ›Kontrolle‹ (*contra* + *rotulus,* mittellateinisch ›Rolle‹; daraus ›Register‹, also: ›gegen das Register‹) sind eingeführte Fremdwörter. Nicht dagegen ›extrapunitiv‹ und ›intropunitiv‹. *punire* heißt ›bestrafen‹; *extra* ›außerhalb‹; *intro* muß etwas mit ›drinnen‹ zu tun haben. Warum nicht ›intrapunitiv‹? Weil das mißverstanden werden könnte als ›innerhalb des Bestrafens‹. Gemeint ist aber eine innere Strafinstanz im Gegensatz zur äußeren Strafinstanz wie zum Beispiel Gerichten. *intro* ist aber auch nicht glücklich, weil es die Bewegung ›nach innen‹ zum Ausdruck bringt. Und nicht den Zustand drinnen (das wäre *in* oder doch eher *intra*). Schwierig, schwierig! In soziologiefernem Kontext hätte man vermutlich einfach (und verständlich) vom ›Gewissen‹ gesprochen als einer inneren Strafinstanz.

Daß es sich um lateinische ›Tendenzen‹ (*tendere,* ›spannen‹, ›nach etwas streben‹) handelt – und nicht um deutsche ›Neigungen‹ oder ›Entwicklungen‹ –, entspringt sicher einer verständlichen Tendenz zur wissenschaftlichen Versprachlichung des Sachverhaltes. Könnte man ›Substituierung‹ durch ›Ersetzen‹ ersetzen? Sicher, aber damit würde die eindeutige wissenschaftlich-lateinische Diktion durch eine unklare alltagssprachliche substituiert. Die ›Sozialisierung‹ beziehungsweise ›Sozialisation‹ hat sich mittlerweile tatsächlich als soziologischer Terminus technicus etabliert, der den Vorgang respektive die Gesamtheit der Phasen bezeichnet, durch die der Mensch aufgrund unterschiedlicher Einflüsse in die gesellschaftlichen Zusammenhänge seiner *socii,* ›Mitmenschen‹, hineinwächst.

Einer dieser Zusammenhänge ist die Familie. Warum die von ihr ausgehende Prägung in unserem Text ›innerfamiliär‹ geschieht und nicht ›intrafamilial‹, bleibt unklar. Möglicherweise blieb hier eine Chance zu begrifflicher Prägnanz ungenutzt. Ansonsten ist die sprachliche Verfremdung des Sachverhalts weitgehend gelungen. P. Heintz findet wie viele Mitstreiter seiner Zunft Gefallen daran, seine Ausführungen in Soziologen-Chinesisch – woher dieser Begriff? In Wirklichkeit ist es doch Soziologen-*Latein!* – zu formulieren. Das gilt es zu respektieren. Von Latein-Liebhabern erst recht. Sie sollten sich doch über die Latinisierung des Deutschen freuen. Auch wenn's manchmal schwerfällt.

Das zweite Beispiel ist dem *Entwurf einer Theorie der Praxis* aus der Feder des französischen Kultsoziologen Pierre Bourdieu entnommen (Frankfurt am Main 1976, S. 170). Er spricht dort vom Habitus als dem »durch geregelte Improvisationen dauerhaft begründeten Erzeugungsprinzip«. Dieser Habitus bringe verschiedene Praxisformen hervor. »Aus dem folgt, daß jene Praxisformen nur derart erklärt werden können, daß die objektive Struktur, die die sozialen Bedingungen der Produktion des Habitus, der sie erzeugt hat, definiert, in Beziehung gesetzt wird zu den Anwendungsbedingungen dieses Habitus, das heißt zu der jeweiligen Konjunktur, die, außer bei radikalen Umbrüchen, einen partikularen Zustand dieser Struktur repräsentiert. Vermag der Habitus als Operator zu funktionieren, der den Bezug der beiden Relationssysteme in der und durch die Hervorbringung der Praxis praktisch herstellt, so weil er zu Natur gewordene Geschichte ist, die als solche negiert weil als zweite Natur realisiert wird...«

Wer wollte negieren, daß hinter dieser Aussage ein radikaler Habitus in Bestform als Operator (und Generator!) einer Wissenschaftssprache funktioniert, die in Relation zur Struktur des klassischen Latein, ohne deren grundlegende Natur nicht zu realisieren, eine eher partikulare Auswahl repräsentiert?

›Sexuierung‹ – Ein neuer Stern am fachsprachlichen Firmament

Auch moderne Historiker scheinen mitunter in die Fußstapfen eines Livius oder Tacitus zu treten, wenn lateinstämmiges Vokabular in manchen Passagen über das deutsche dominiert. Allerdings nicht diejenigen Wissenschaftler, die wie die beiden römischen Geschichtsschreiber eher narrative Darstellungen verfassen und darin Geschichte erzählen, sondern vorzugsweise jene, die sich der Theorie der Geschichte verschrieben haben. Zitat aus einem Beitrag von Gerald Mozetic über »Individualismus und Kollektivismus. Eine methodologische Kontroverse und ihre pragmatische Valenz« (in: *Theorie der Geschichte,* Band 6: Teil und Ganzes, herausgegeben von K. Acham und W. Schulze, München 1990, S. 270):

»Während die Individualisten befürchten, der Kollektivismus *reduziere* das Individuum auf eine bloße abhängige Variable einer übergeordneten Entität (das Soziale, die Gesellschaft *et cetera*) – und *eliminiere* damit letztlich das Individuum (die ›Mikroebene‹) –, halten die Kollektivisten den Individualisten vor, sie reduzierten das Soziale, Kulturelle usw. auf individuelle Dispositionen oder Eigenschaften und eliminierten damit letztlich das Soziale und so weiter (die ›Makroebene‹).«

Im Hinblick auf die Substantive ein rekordverdächtig latinisierter Text: Von siebzehn Substantiven stammen dreizehn, das heißt mehr als drei Viertel, aus dem Lateinischen; mit jeweils zwei, das heißt rund zwölf Prozent, sind griechischstämmige sowie rein deutsche Substantive vertreten. Einen der lateinischen Begriffe hätten nicht einmal die alten Römer verstanden: Entität ist eine von *ens,* ›das Seiende‹, abgeleitete Bildung. *ens* haben erst die mittelalterlichen Philosophen aus Verlegenheit darüber geprägt, daß das klassische Latein kein Partizip Präsens von *esse* kennt.

Abschließend ein weiterer Text zur historischen Theorie. Er stammt von Hilge Landweer und findet sich in einem frauengeschichtlich akzentuierten Aufsatz über »Geschlechterklassifikation und historische Deutung« (in: *Historische Sinnbildung,* herausgegeben von K. E. Müller / J. Rüsen, Reinbek 1997, S. 151). In der folgenden Passage steigt der Anteil der aus dem Griechisch stammenden Fremdwörter im Vergleich zu der gerade behandelten Passage rasant an, ohne daß man von einer Verdrängung des Lateinischen sprechen könnte:

»Ich möchte deshalb von einer ›Sexuierung‹ sprechen, wenn die Klassifikation von Geschlechtern in den Praktiken, die sie reifizieren, sowohl mit präsentativen Symbolen wie mit Diskursen mit metaphorischen Geschlechtsbedeutungen aufgeladen wird. Dies wäre der interkulturelle Normalfall, wobei die jeweils spezifische Bedeutung von ›Geschlecht‹ idealerweise methodisch nur im Gesamtsystem kultureller Deutungen lokalisiert werden kann und interkulturell große Differenzen bestehen, nämlich in der Weise der Sexuierung.«

Wir werden in dieser Passage Zeugen der Neuschöpfung eines Wortes. Der gute alte *sexus* der Römer, dem die Autorin in seiner historischen Reifikation mutmaßlich wenig abgewinnen könnte, taugt immerhin noch als lateinische Grundlage einer Begriffskreation, die die historisch-soziologisch-philosophische Fachsprache erweitern soll: ›Sexuierung‹ hat das Licht der terminologischen Welt erblickt. Auch *praesentare* kommt zu neuen terminologischen Ehren, indem es als Basis für das ungewöhnliche ›präsentativ‹ dient, das die Wissenschaftlerin in einer Fußnote hier als »Gegenbegriff zu ›diskursiv‹« definiert.

Sollte unter den Lesern (und Leserinnen!) jemand sein, der mit dem Verb ›reifizieren‹ nichts anfangen kann, so ist er – ebensowenig wie der Autor dieses Buches es vorher war – auf der Höhe der Zeit, was die Terminologie der ›neuen‹ Wissenschaften angeht. Das Wort ist allerdings wohl erst vor ein paar Jahren geprägt worden oder hat sich, könnte man vielleicht sogar formulieren, aus der Welt der noch nicht versprachlichten Ideen und Vorstellungen heraus erst jüngst sprachlich reifiziert. Es ist – zumindest in seiner schreibbaren Daseinsform – ›zur Sache (gemacht)‹ worden; re-i-fizieren setzt sich aus *res,* ›Sache‹, und *facere,* ›machen‹, zusammen – eine Analogiebildung zu den im Alten Rom ebenfalls noch unbekannten Begriffen ›verifizieren‹ und ›falsifizieren‹.

Fachsprache oder Feigenblatt? – Zur Ambivalenz der Wissenschaftssprache Latein

Was sollten die Zitate auf den vergangenen Seiten bewirken? Sicher nicht in erster Linie eine Ridikülisierung – besser noch: Ridiküli-fizierung (*ridiculus,* ›lächerlich‹, *facere,* ›machen‹) – ihrer Urheber! Daß man ob mancher Neubildung und einer fast durchgängigen, vergleichsweise künstlich (will sagen: artifiziell) anmutenden Latinisierung von Texten skeptisch sein kann, ob damit der Wissenschaft und ihrer Vermittlung an ein breiteres Publikum geholfen ist, dürfte deutlich geworden sein. Manches läßt sich gewiß einfacher, weniger geschwollen und weniger ambitioniert ausdrücken, ohne daß es an sachlicher Substanz und sprachlicher Eindeutigkeit verliert. Und mancher Fremdwortschwall muß sich kritisch fragen lassen, ob seine vornehmliche Aufgabe nicht doch darin besteht, die Banalität der Aussage lateinsprachlich aufzuwerten. Sprachliche Komplizierung wirkt wissenschaftlicher – und soll so wirken: Gegen diesen Verdacht sind bestimmte Texte und ihre Urheber nicht gefeit.

Auf der anderen Seite gibt es kaum überzeugendere Illustrationen als solche Zitate für die ungebrochene Kraft des Lateinischen als Wissenschaftssprache und Baukasten für neue wissenschaftliche Begriffe noch zu Beginn des 3. Jahrtausends. Die neue weltweite Sprache der Wissenschaften, das Englische, fühlt sich dadurch in keiner Weise zurückgesetzt. Im Gegenteil. Auch das Englische bedient sich in der wissenschaftlichen (und technischen) Terminologie ohne Hemmungen des sprachlichen Reservoirs, das das Lateinische (gemeinsam mit dem Griechischen) bereitstellt. Der Fundus an einschlägigem ›Romenglisch‹ ist mindestens so groß wie der an ›Romdeutsch‹. Latein war und ist Schlüsselsprache der Wissenschaft, auch wenn keine gelehrten Abhandlungen mehr – wie noch bis ins 18. Jahrhundert – in lateinischer Sprache erscheinen. Sondern ›nur‹ noch in einer terminologisch latinisierten Wissenschaftssprache von freilich sehr unterschiedlicher Intensität und (sprachlicher) Qualität.

Lohnt es sich deshalb, Latein zu lernen? *Allein* deshalb sicher nicht. Fachbegriffe kann man, die Mediziner praktizieren das in ihren Terminologie-Seminaren, wie Vokabeln lernen. Das gilt auch für andere Fachsprachen. Allerdings sieht man dann nur die sprachliche Fassade. Was sich an ursprünglichem, manchmal sehr anschaulichem und historisch gewachsenem Bedeutungs- und Sinngehalt dahinter verbirgt oder aus welchen konkreten Bausteinen sich ein solches ›Aufsteiger‹-Fremdwort wie ›reifizieren‹ zusammensetzt – das alles wird man in der Regel erst erfassen, wenn man die zugrunde liegende Sprache systematisch erlernt hat. Wobei auch das kein ausreichender Grund wäre – da gibt es zahlreiche und bessere, doch ist das ein anderes Thema …

Es ist sicher von Vorteil, wenn man sich dem elaborierten Code der Wissenschaft – der ›ausgearbeiteten‹ *e-laboratus,* terminologisch weitgefächerten und entwickelten Fachsprache gegenüber dem restringierten, ›eingeschränkten‹ Code der Alltagssprache – mit eigenen Kenntnissen jener Sprache nähern kann, ohne die das terminologische Fundament der Wissenschaft (besser: der Wissenschaften) schlicht wegbräche. Wohin bloßes Hören ohne inhaltliches Verständnis führen kann, zeigt der Begriff ›Hokuspokus‹. Das ist nämlich die volkssprachliche Verballhornung der lateinischen Abendmahlsformel *hoc est (enim) corpus (meum),* ›denn dies ist mein Leib‹. Die Sprache der Kirche war Latein, die der Laien Deutsch. Die Leute machten sich auf die für sie unverständliche Formulierung ihren Reim, indem sie die feierlich-magische Atmosphäre der ›Zauberformel‹ zum ›Hokuspokus‹ degradierten.

Das mag freilich auch all den Wissenschaftlern zur Warnung dienen, die ihre Veröffentlichungen allzu verschwenderisch mit unnötigen Latinismen garnieren. Weiß man, wie so etwas rezipiert wird? Oder, volkstümlicher ausgedrückt, was dabei herauskommt?

Seht auf das Beispiel der Theologen! Da haben sie die Herrschaftssprache Latein gepredigt und gepredigt und sich aufs hohe sprachliche Roß gesetzt. Und die erhabene lateinische Meßformel ist zum Hokuspokus verkommen. Das haben sie nun davon.

X

VOM ALIBI ZUM CORPUS DELICTI – KOMMISSAR DERRICKS LATEIN

Roms Sprache im deutschen Krimi

Das lateinische Erbe im Deutschen besteht nicht nur aus Lehn- und Fremdwörtern. Über die Fachsprachen der Juristen, Philosophen und Verwaltungsfachleute haben auch ›echt‹ lateinische Formeln, Floskeln und Phrasen den Weg ins Deutsche gefunden und sich dort regelrecht eingebürgert. Von einigen haben wir in den letzten Kapiteln schon gehört. Die Verwendung vieler dieser Original-Latein-Fragmente (›Bruchstücke‹, von *frangere,* ›brechen‹) beschränkt sich freilich nicht auf Menschen, die Latein gelernt oder eine akademische Ausbildung absolviert haben – ein Indiz für eine geradezu perfekte Integration dieser sprachlichen Migranten (*migrare,* ›wandern‹).

Wir siedeln dieses Kapitel im Krimi-Milieu an, weil es in allen Schichten der Bevölkerung populär ist, also (fast) dem ganzen Volk, *populus,* gefällt. ›Krimi‹ ist zudem als latein-stämmiges Wort gut zu erkennen; *crimen* ist das ›Verbrechen‹, *criminalis* das von den römischen Juristen geprägte Adjektiv dazu. Milieu ist zwar auf den ersten Blick französisch, auf den zweiten, sprachgeschichtlichen aber lediglich die Fortentwicklung von *medius locus,* ›der Ort mittendrin‹. Auch das Personal der Krimis ist, sprachlich gesehen, lateinischer Abstammung: Hie die Kriminellen, dort die Kommissare, die mit der Ermittlung und Aufklärung ›betraut‹ sind (von *committere,* ›beauftragen‹, ›anvertrauen‹).

Das Angebot an Krimi-Helden ist groß. Wir haben uns für Derrick entschieden, einen Klassiker der TV-Variante dieses Genres, der mit seinem schönen Vornamen ›Stephan‹ auch noch ins Klassische lappt – zwar aus der griechischen ›Abteilung‹ (*stephanos,* ›Kranz‹), aber immerhin. Hinzu kommt, daß sein Darsteller Horst Tappert aus Wuppertal stammt, wo er möglicherweise – wir haben das nicht recherchiert (*ri-circare,* ›wieder umkreisen‹, ›durchstreifen‹) – das nicht ganz unbekannte, altsprachlich geprägte Wilhelm-Dörpfeld-Gymnasium besucht und sich eine Latein-Grundbildung erworben hat, die ihm bei der Konversation (*conversatio,* ›Sich-Aufhalten‹, ›Umgang‹) mit seiner bildungsbürgerlich-wohlhabenden Ganoven-Klientel (*clientela,* ursprünglich ›Schutzgemeinschaft‹) zupaß kommen könnte.

Eine Erklärung *sub omni canone,* finden Sie, das heißt ›unter allem Maßstab‹? *dulce est desipere in loco,* verteidigt sich der Autor, »süß ist's, Blödsinn zu verzapfen, wenn's am Platze ist«, und verweist auf Horaz als Schöpfer dieser berühmten Sentenz.

ad rem! ›Zur (eigentlichen) Sache!‹ Wenn wir *in medias res* (›mitten in die Dinge‹; falsch: *medias in res*) gehen wollen, so stoßen wir rasch auf den Begriff ›Alibi‹. Nach diesem ›Anderswo‹ fragen Derrick und sein *Adlatus* (›zur Seite‹ Stehender) Harry ihre Tatverdächtigen stets. Weiterhin sind sie unermüdlich auf der Suche nach dem *Corpus delicti,* dem ›körperlichen Gegenstand der Tat‹ oder ›Tatwerkzeug‹. Da das mehr die Ausdauer als den Scharfsinn schult, können so etwas auch niederrangige Chargen erledigen, die ebenso wie andere zuarbeitende Instanzen, der Polizeiarzt etwa und ›das Labor‹, umfassend-verschwommene Aufträge vom Detektiv-Großmeister Derrick erhalten: ›Dies und das, etc. pp!‹ etc. steht für *et cetera,* ›und das übrige‹, pp. für *perge,* ›mach weiter!‹, ›fahre fort‹ – oder einfach ›und so weiter‹. Die lästige kriminaltechnische Routinearbeit wird *pro forma,* ›für die Form‹, ›zum Schein‹, erwähnt, aber im Krimi selbst nicht gezeigt, sondern nur im Ergebnis mitgeteilt. Die braven ›Kriminaler‹ der zweiten Reihe finden dabei gelegentlich heraus, daß ein Verdächtiger sich Müller *alias* Meier *alias* Schmidt nenne. *alias* ist ein lateinisches Adverb und heißt ›anders‹, ›sonst‹. Die Römer haben es übrigens auf dem Anfangs-*a* betont.

Auto holen oder per pedes?

Mitunter scheint jemand *in flagranti* erwischt worden zu sein, ›in brennendem Zustand‹, will sagen: ›auf frischer Tat‹. Doch Derrick hegt Zweifel, wenn die Lösung des Falles so offensichtlich ist. Wenn sich der Täter nicht *expressis verbis* (›mit ausgedrückten Worten‹, ›ausdrücklich‹) zur Tat bekennt, ermittelt er *ex officio* weiter, ›von Amts wegen‹, ›dienstlich‹. *In puncto* (›beim Punkt‹) Pflichterfüllung ist er eisern, auch wenn er bis Mitternacht im Präsidium ausharrt. Feierabend ist für ihn eine *cura posterior,* gegenüber seinen Dienstpflichten eine ›spätere Sorge‹, ›Angelegenheit von untergeordneter Bedeutung‹.

Mit Derrick zusammen wacht Harry. Der ist mittlerweile auch zum Hauptkommissar befördert worden. *De iure* (›vom Recht her gesehen‹) sind die beiden damit gleichberechtigt, *de facto* (›tatsächlich‹) dominiert Derrick als *primus inter pares,* ›der Erste unter (nominell) Gleichen‹. Da Harry das mit jeder Faser seines Körpers in jeder Situation zu erkennen gibt, muß Derrick diese Rolle *nolens volens* übernehmen, ›nicht wollend wollend‹, ›ob er will oder nicht‹. Freilich: Er will durchaus.

Das Verhältnis der beiden ist dadurch nicht belastet, zumal Harry sich als Derricks Nachfolger *in spe* (›in der Hoffnung‹; ›zukünftig‹) fühlen darf. Da fällt es auch leichter, ständig den Wagen schon mal zu holen. Ob es Harry jemals einfiele, Derrick vorzuschlagen, man könne sich doch auch einmal ökologisch korrekt *per pedes* zum Tatort begeben, ›zu Fuß‹? Oder gar *per pedes apostolorum,* ›zu Fuß wie (einst) die Apostel‹? Zu einer solchen *ad-hoc-*Geste (›zu diesem‹, ›ungeplant‹) der Insubordination wäre er wohl nicht imstande – schon gar nicht *coram publico,* ›vor der Öffentlichkeit‹ vieler Millionen Fernsehzuschauer. Möglicherweise wäre das für Stephan auch der *casus belli,* ›Kriegsgrund‹, im Verhältnis zu Harry. Aber diese innersten Bezirke seiner Psyche sind schlicht *terra incognita,* ›unerforschtes Gebiet‹.

Pro und contra, aber niemals contra legem

Wenn Stephan und Harry das *Pro* und *Contra* (›Für und Wider‹) von Hypothesen diskutieren oder sich über einen *Modus procedendi* (›Vorgehensweise‹) beziehungsweise das *Procedere* (›Vorgehen‹) austauschen, geht es vordergründig recht demokratisch zu. Selten legt Derrick sein *Veto* (›ich verbiete!‹) ein; sein *Placet* zu einem bestimmten Plan (›es gefällt mir‹; ›ich bin einverstanden‹) gibt er vor allem gegenüber anderen Mitarbeitern – natürlich nicht oder nur augenzwinkernd, wenn eine Beschattung oder Durchsuchung *contra legem* (›gegen das Gesetz‹; ›widerrechtlich‹) geplant ist. Da er über große natürliche Autorität verfügt, muß sich Derrick selten auf einen *Roma locuta, causa finita-*Standpunkt flüchten, um sich durchzusetzen (›Rom hat gesprochen, die Angelegenheit ist entschieden‹).

Der *communis opinio,* ›allgemeinen Meinung‹, ›herrschenden Auffassung‹, mißtraut der scharfsinnige Denker

Derrick oft genug; ihm ist bewußt, wie rasch man in einen *Circulus vitiosus* (›Zirkelschluß‹; ›Irrkreis‹, ›Teufelskreis‹) gerät, bei dem das zu Beweisende in der Voraussetzung enthalten ist – eine ernstzunehmende *Crux* (›Kreuz‹, ›Last‹, ›Schwierigkeit‹) jeder Ermittlungsarbeit. Klar, daß die klassische *cui bono*-Frage bei allen Überlegungen eine zentrale Rolle spielt: ›Wem nützt (die Tat)?‹ – ›Wer hat einen Vorteil davon?‹ Die Kommissare *in extenso* (›ausführlich‹) darüber diskutieren zu lassen gehört allerdings nicht zu den Stärken des Mediums Fernsehen. Mehr oder minder quälende Diskussionen *ad infinitum* (›ins Unbegrenzte‹) müssen den – *sit venia verbo* – Krimi-Junkies vor den TV-Geräten erspart werden. Ist ›Krimi-Junkie‹ ein unangemessener Ausdruck? Indem ein leicht schuldbewußtes ›Entschuldigung für dieses Wort‹ vorangestellt wird, wirkt es weniger anstößig.

Tabula rasa in Grünwald?

Kommt er mit Denken nicht weiter, dann begibt sich Derrick gern in die Villen der Wohlhabenden nach Grünwald, um vor Ort zu ermitteln. Wo er zu intensiv nachfragt, wird er gelegentlich zur *persona non grata* (›unwillkommenen Person‹); auch wenn er das Gespräch zuvor mit Hilfe eines Kompliments für das schöne Haus oder die schöne Hausfrau mit einer geschickten *captatio benevolentiae* (›Erheischung des Wohlwollens‹) eröffnet hat. Auf offene Sympathie stößt er selten; sein berufsbedingtes Mißtrauen macht jedermann klar: Eine *anima candida* (›reine Seele‹, ›naiv-harmloses Gemüt‹) ist dieser Mann da sicher nicht.

Rauh und ungehobelt gibt sich Derrick beim Verhör nicht häufig – schon gar nicht im Grünwalder Ambiente. *suaviter in modo, fortiter in re,* ›sanft im Vorgehen, entschlossen in der Sache‹ – das ist seine Devise. Auch Harry ist ein Fuchs, wenn er Verdächtige so klug über ihre Gegenwart und Vergangenheit ausfragt, daß der Zuschauer meint, in einem *curriculum vitae* (›Lebenslauf‹) zu blättern. Haben die beiden den Täter in die Enge getrieben, bleibt ihm oft nur die Wahl, die Tat zuzugeben oder sich von einer eigenen früheren Aussage zu distanzieren. *tertium non datur,* könnte Derrick in dieser Situation rufen, ›ein Drittes wird nicht gegeben!‹, ›keine andere Wahl!‹ – aber er verzichtet darauf mit Rücksicht auf die auch (oder gerade?) in Grünwald unsicheren Lateinkenntnisse seines Gegenübers. *Vice versa* (›umgekehrt‹) verkneift auch der sich den lateinischen Vorwurf, Derrick gehe *ad arbitrium* vor (›nach Willkür‹) oder lasse jeden *sensus communis* (›allgemeinen Verstand‹, ›*common sense*‹) vermissen.

Versucht der überführte Täter zu fliehen, müssen Derrick und Harry zur Waffe greifen. Im Unterschied zu manchen ihrer RTL-Kollegen ist das bei ihnen die *ultima ratio,* ›das letzte Mittel‹, ›der letzte Ausweg‹. Selten gerät Derrick in Wut, wenn aber doch, dann wird auch schon einmal *tabula rasa* gemacht (›reiner Tisch‹; ›energisch aufgeräumt‹; ursprünglich *tabulam radere,* ›die Wachstafel ausradieren‹ und damit alles Geschriebene kompromißlos tilgen).

O tempora, o mores! – Gruseln vor dem Kran

In manchen Situationen ergibt sich die Notwendigkeit, schnell einzugreifen, sei es aufgrund eines Telefonanrufs oder eines Geistesblitzes unseres Kommissars. Dann begibt Derrick sich *stante pede* (›stehenden Fußes‹, ›unverzüglich‹) zum Ort des kriminellen Geschehens. Nicht immer erscheinen Stephan und Harry rechtzeitig, um Schlimmes *in statu nascendi* (›im Zustand des Geborenwerdens‹; ›im Entstehen begriffen‹) zu verhindern. *Post festum* (›nach dem Fest‹, ›zu spät‹) zu erkennen, wie man schneller oder besser hätte reagieren können, empfindet Derrick als Niederlage, die nicht einfach *ad acta* (›zu den Akten‹) gelegt werden darf. Nein, *intra muros* (›innerhalb der Mauern‹; ›im internen Kreis‹) muß darüber gesprochen werden; *extra muros* (›außerhalb der Mauern‹, ›in der Öffentlichkeit‹) hält man sich dagegen mit Selbstkritik zurück. Derrick ist *notabene* (›wohl gemerkt‹) Beamter (trotz der Rolex). Er dürfte, selbst wenn er wollte, bei Versäumnissen und Fehlern im Dienstbetrieb gar nicht die Flucht in die Öffentlichkeit antreten – das ist eine *condicio sine qua non* (›Bedingung, ohne die nicht‹; ›unerläßliche Voraussetzung‹) seines dienstrechtlichen *Status* (›Standes‹).

Freilich: Allzuviel über die eigene Unzulänglichkeit oder die seiner Mitarbeiter zu grübeln hat Derrick keine Veranlassung – er ist ja überaus erfolgreich. Im übrigen gilt auch für ihn: *ultra posse nemo obligatur,* ›keiner ist über das, was er kann, hinaus verpflichtet‹, und, man sagt es angesichts dieser detektivischen Lichtgestalt ungern: *errare humanum est,* ›Irren ist menschlich‹. Außerdem hat Derrick, von unaufgeklärten Fällen getrieben, wenig Zeit zur Selbstreflexion: *tempus fugit,* weiß er, ›die Zeit läuft davon‹, und da muß er auch professionell einen *carpe diem*-Standpunkt einnehmen, ›Nutze den Tag!‹ An Selbstbewußtsein mangelt es ihm ja zudem nicht; *in dubio* (›im Zweifel‹) hat er die bessere Nase als die anderen ›Kriminaler‹ auf und vor dem Bildschirm. So früh kann gar keiner aufstehen, daß er ihn kriminalistische *Mores* (›Anstand‹; hier leicht ironisch ›spezifisches Wissen‹) lehren könnte …

Nein, Derrick – das ist der Leuchtturm der Kriminalistik, ihr *Nonplusultra* (›nicht mehr darüber hinaus‹; ›unübertreffbar‹). Als solcher ist er, meinen wir uns erinnern zu können, von einer Vereinigung ›echter‹ Kriminalbeamten einst zum Hauptkommissar *honoris causa* (›ehrenhalber‹) ernannt worden. Das wird ihm niemand neiden oder gar abfällig mit einem *o tempora, o mores!* (›O Zeiten, o Sitten!‹) kommentieren.

Bleibt nur ein ganz kleiner Latein-Makel (*macula,* ›Fleck, Fehler‹) – wenn es denn überhaupt einer ist: Muß dieser von uns so lateinisch eingefärbte, geradezu in eine sprachliche Toga gehüllte Superstar der deutschen Kriminalistik einen ausgerechnet englischen Namen tragen? ›Derrick‹ – das ist ›der Kran‹ – und dieser deutsche Begriff ist aus dem einem Kran formverwandten ›Kranich‹ hervorgegangen. Der aber heißt auf lateinisch *grus;* zoologisch korrekt: *grus grus,* ›der gemeine Kranich‹. Stephan Grus – das hätte was. Oder klänge das zu sehr zum und nach Gruseln?

Bevor sich der Autor der kritischen Anfrage seines lateinisch gebildeten Publikums aussetzt: *quis leget haec?,* ›wer soll das (alles) lesen?‹, bringt er das Kapitel mit einem einzigen Wort zum Abschluß: *finis.*

XI

WIRTSCHAFTSLATEIN – WIESO CAESAR SICH AUCH IN DER HEUTIGEN FINANZWELT ZURECHTFÄNDE

Diba-Offerte an einen römischen Consul

Der Wahlkampf war teuer gewesen. Aber er hatte sich gelohnt: Für das Jahr 59 v. Chr. hatten die Wähler Caesar in das höchste Staatsamt gewählt. Er wurde Consul.

Auch das Consulat kostete viel Geld. Römische Magistratsstellen waren nicht nur unbesoldete Ehrenämter, sie verlangten auch gewichtige Investitionen in Popularität beim Wahlvolk: die Ausrichtung von ›Spielen‹ wie Gladiatoren-Shows und Wagenrennen, Sponsoring bei öffentlichen Bauvorhaben und großzügige Unterstützung politischer Freunde.

Die Quellen sind sich einig: Am Ende seiner Amtszeit hätte das Politik-Unternehmen Caesar eigentlich Insolvenz anmelden, also erklären müssen, daß es Verbindlichkeiten ›nicht‹ mehr ›ablösen‹ *in-solvere* konnte. Freilich: In der Ferne winkte die traditionelle Entschuldungsaktion römischer Magistrate, die Caesars Gläubiger stillhalten ließ: Der Feldzug in Gallien versprach riesige Beute – für Rom und für den Feldherrn persönlich. Tatsächlich machten die Jahre in Gallien aus dem größten Schuldner

Roms einen der reichsten Männer. Das Unternehmen Caesar war, in der Sprache der Wirtschaft ausgedrückt, saniert (*sanare,* ›heilen‹). Es florierte geradezu (*florere,* ›blühen‹) und war auf expansivem Kurs (*expandere,* ›ausdehnen‹; *cursus,* ›Lauf‹).

Vielleicht wäre Gallien eine Menge erspart geblieben, wenn es damals schon die batavische (die Bataver waren der germanische Stamm, der auf dem Gebiet des heutigen Holland siedelte) ING-Diba gegeben hätte. Die hat mit dem Unternehmen Caesar den expansiven Kurs gemein, und auch der finanziell klamme Consul des Jahres 59 v. Chr. wäre ihrer flächendeckenden Reklame (*reclamare,* ›dagegen schreien‹) nicht entkommen. Aber hätte er ihren Prospekt (Stand: 15. Juli 2005; *prospectus,* ›Vorausschau‹; ›Aussicht‹) auch verstanden?

Er hätte – jedenfalls wenn er, was wir seiner beeindruckenden Intelligenz zutrauen dürfen, ein paar Bedeutungserweiterungen einiger Begriffe im Vulgärlateinischen antizipiert hätte.

Als Caesars ›Vorteile‹ führt die ›beste Bank‹ (das hätte er kontextuell erschlossen!) an:

Extra-Konto: 2,25% Zinsen

Privatkredit: nur 6,5% Zinsen p.a.

Direkt-Depot: kostenlose Kontoführung

Direkt-Baufinanzierung: Top-Konditionen

Beim ersten Angebot hätte Caesar das ›extra‹ gelockt: Das verspricht etwas ›außerhalb‹ des Üblichen, ›Konto‹ ist eine äußerst spätlateinische (vulgo: italienische) Weiterentwicklung von spätlateinisch *computus,* ›Rechnung‹. *computare,* ›rechnen‹ (der Ausgangsbegriff für den ›Computer‹), war Caesar durchaus geläufig. Im Vergleich mit der zweiten Zeile wäre ihm klar gewesen, daß es sich bei der ›Außerhalb-Rechnung‹ um einen Haben-Zins handeln muß. Priese die Diba dies zusätzlich als ›Super-Offerte‹ an, so hätte Caesar die günstigen Bedingungen noch klarer erkannt: *super,* ›über ... hinaus‹, ›oberhalb‹ des

Normalen, und *offerre,* ›anbieten‹, gehörten ganz selbstverständlich zu seinem Wortschatz.

Das Prozent-Zeichen kannte er nicht, wohl aber hätte es sich ihm, ausgesprochen, mitgeteilt: *pro* und *centum* heißt ›auf hundert‹. Auf p. a. für *per annum,* ›aufs Jahr‹ gesehen, wäre er schnell gekommen. Die ›Zinsen‹ hätten sich als etwas härterer Brocken erwiesen. Klar, daß das auf *census* zurückgeht. Das war zunächst die ›Vermögensschätzung‹, aber auch die ›Vermögenssteuer‹. Darüber hätte sich im Zusammenhang mit den anderen Angaben die Bedeutungserweiterung im heutigen Sinne ergeben.

Von ›Privatkrediten‹ und ›Direkt-Depots‹ – Mit Latein auf Kundenwerbung

Allerdings: Im Jahre 59 v. Chr. wäre dieses Angebot für Caesar wenig interessant gewesen. Ihm fehlte schlicht das Kapital (*caput,* ›Hauptsache‹), um sich im Haben-Bereich zu engagieren. Viel attraktiver war da das zweite Angebot: Der ›Privatkredit‹ stellte sprachlich keine Hürde dar. *privatus,* ›Privatmann‹, und *credere,* ›anvertrauen‹, waren Caesar ebenso geläufig wie *creditum,* ›Darlehen‹, ›Schuld‹. Der Zinssatz wäre ihm vertraut vorgekommen, berichtet Cicero doch aus der gleichen Zeit, daß es für *bona nomina* reichlich Geld zu 6 Prozent gab. Mit den *bona nomina,* ›guten Adressen‹, war das freilich bei Caesars Schuldenstand so eine Sache. Andererseits: Das bevorstehende Kommando in Gallien machte ihn kreditwürdig; ein militärischer Oberbefehl galt als gute Sicherheit bei Gläubigern. Da die Zinsen in Rom zeitweise auch deutlich über 6 Prozent lagen, hätte die Diba-Offerte durchaus Caesars Aufmerksamkeit erregt.

Kommen wir zum ›Direkt-Depot‹. *directus,* ›gerade‹; ›ohne Umschweife‹, hätte Caesar zwar nicht als Gegenbegriff zum Filialsystem (*filia,* ›Tochter‹) anderer Banken wahrgenommen, aber als ›Macher‹ doch positiv konnotiert. Das ›Depot‹ hätte für ihn nichts mit Wertpapieren zu tun gehabt – die gab es in der heutigen Form noch nicht –, aber als ›sichere Unterbringung‹, ›Ablage‹ von Kapital war es leicht erschließbar. *pecunias deponere* war ein Terminus technicus für ›Geld zur Aufbewahrung übergeben‹; und eine ›Kapitalanlage‹ konnte man zumindest ein paar Jahrzehnte später ein *depositum* nennen.

Die ›kostenlose‹ Depotführung hätte seinen Scharfsinn herausgefordert. Daß ›Kosten‹ von *constare,* ›zu stehen kommen‹, ›kosten‹, abgeleitet ist, war evident; das deutsche Suffix *-los* als Verneinung ließ sich nur aus der Gesamtaussage erklären, daß es sich hier um ein günstiges Angebot handelte. Das ›Führen‹ eines *depositum* war als notwendige Verwaltung des ›zur Aufbewahrung Übergebenen‹ erschließbar.

Das vierte und letzte Angebot war für jemanden, der Millionen und Abermillionen in die Finanzierung öffentlicher Bauten gesteckt hat, von ganz besonderem Interesse. Das ›Bauen‹ hätte Caesar freilich wohl überfordert. Das Wort ist – im Gegensatz zu vielen konkreten Begriffen des Stein-Baus (siehe Seite 15ff.) – genuin germanischen Ursprungs. Bei den ›Finanzen‹ dagegen sind wir wieder auf lateinischem Terrain. Allerdings hätte selbst ein Sprachvirtuose wie Caesar wohl kaum vorhersehen können, daß da ein ziemlich übler Wechsel der Konjugation stattfinden würde. *finientia* (von *finire*) wäre ihm begreiflich gewesen, aber ein *finantia* (›abschließende Zahlungen‹; ausführlich dazu S. 184f.) in der *a*-Konjugation ist schon ziemlich befremdlich. Hier wäre sogar Caesar mit seinem Latein am Ende gewesen. Die ›Konditionen‹ dagegen entsprechen lateinischen *condiciones,* ›Bedingungen‹ – und daß ›Top‹ nichts Schlechtes sein konnte, ergab sich aus der Textsorte.

Die Zins-Erläuterungen im Kleingedruckten ›variabel‹, ›effektiv‹ und ›nominal‹ wären für Caesar wieder ein muttersprachliches Heimspiel gewesen: *varius* ist ›verschieden‹, und selbst *variabilis,* ›veränderlich‹, ist schon im klassischen Latein bezeugt. ›effektiv‹ von *efficere,* Partizip Perfekt *effectus,* ›bewirken‹, abzuleiten ist kein Problem; *effectivus,* ›bewirkend‹, war zu Caesars Zeit noch unüblich, aber verständlich. Ebenso *nominalis* als ›dem Namen, der Benennung nach‹; *nomen* war zudem in der römischen Finanzsprache der ›Schuldposten‹, die ›Schuldforderung‹. *nomen facere* hieß ›eine Schuld eintragen lassen‹, *nomen exigere* sie ›eintreiben‹.

Fazit (*facit:* ›das macht‹): Die Werbung der ING-Diba war für Caesar nicht nur inhaltlich attraktiv, sondern auch sprachlich weitgehend verständlich. Er wäre Kunde geworden. Einziger Nachteil: Sie kam zwei Jahrtausende zu spät. Und der Obendrein-Bonus (*bonus,* ›gut‹) hätte Caesar vor ein Umtausch-Problem gestellt: Den Tankgutschein über 25 Euro für Neukunden hätte er sich doch lieber in Super-Hafer für seine Pferde ausbezahlen lassen. Dann wäre er noch schneller in Gallien gewesen.

Aus fundus wird ›Fonds‹ – Börsennachrichten in Romdeutsch

Als Kunde der Diba hätte Caesar von Zeit zu Zeit Angebote erhalten, zu günstigen Konditionen Fonds-Anteile zu zeichnen. Fonds – das hätte für ihn verlockend nach *fundus* geklungen. Verlockend deshalb, weil *fundus,* ›Grund‹, ›Boden‹, für Römer *die* Kapitalanlage schlechthin war – nicht besonders renditestark, aber sicher und mit kontinuierlichen Erträgen. Daß ausgerechnet die von ihm bezwungenen Gallier in ihrem spätlateinischen Idiom daraus einen ›Geldvorrat‹ machen würden, hätte Caesar erstaunt. Gleichwohl hätte er bei näherer Befassung mit der Materie erfreut festgestellt, daß die gesamte Sprache der Finanz- und Wirtschaftswelt vor Latein-Anleihen geradezu strotzte. Selbst die Germanen, an die er sich nicht so recht herangewagt hatte, kamen, wenn sie über Geld sprachen, ohne seine Sprache nicht aus. Auch so konnte man also siegen …

Schauen wir uns diesen Sieg am Beispiel eines Zeitungsbeitrags an, der just im 2050. Todesjahr des Gallien-Bezwingers in der *Süddeutschen Zeitung* erschienen ist (5./6. Januar 2006). »Sogar ein kleiner Internet-Boom ist drin«, betitelt (*titulus,* ›Überschrift‹) Christina Amann ihren Artikel (*articulus,* ›kleines Gelenk‹, übertragen: ›Abschnitt‹) zu den Börsenaussichten des Jahres 2006. Schon die Einleitung enthält eine Menge ›Romdeutsch‹:

»Der *Kurszettel* wird *bunter.* Bereits 2005 zog die Zahl der *Börsen*gänge an – und 2006 soll sich das Geschäft weiter beleben. *Experten* rechnen mit bis zu 30 größeren Neu*emissionen.* Die Bedingungen dafür sind günstig: Die Stimmung an der *Börse* ist gut, zahlreiche *Kandidaten* stehen in den Startlöchern.«

Der ›Kurs‹ geht auf lateinisch *cursus,* ›Lauf‹, ›Verlauf‹, zurück. ›Zettel‹ kommt von *schedula,* ›Blättchen Papier‹. ›bunt‹ ist ein Lehnwort zu *punctum,* ›das Gestochene‹, und die ›Börse‹ hat sich aus *byrsa,* mittellateinisch *bursa* entwickelt, ›Fell‹, ›Geldsack aus Leder‹. ›Experte‹ ist jemand, der etwas ›erfahren‹ hat (*expertus,* Partizip Perfekt zu *experiri,* ›erproben‹, ›erfahren‹, ›kennenlernen‹), die ›Emission‹ ist ein ›Heraus-Lassen‹, eine ›Aus-gabe‹; auf dem Caesar besonders vertrauten militärischen Gebiet war die *emissio* das ›Abschleudern‹ eines Geschosses (von *emittere,* Partizip Perfekt *emissus,* ›herausschicken‹), und die ›Kandidaten‹ sind die ursprünglich in weiße Togen (*candidus,* ›weiß‹) gewandeten Amtsbewerber.

Im folgenden Absatz boomt nicht nur die Börse, sondern auch der ›romdeutsche‹ Sprachanteil: »Die *Börse* in Deutschland *boomt.* Am Mittwoch *pendelte* der *Dax* um die Marke von 5500 *Punkten*, das ist der höchste Stand seit *August* 2001. Beflügelt wurden die *Kurse* von *Zinsspeku-*

lationen in den USA. Die amerikanische *Noten*bank hatte in ihrem jüngsten Protokoll das Ende der *Zins*erhöhungen in den USA angedeutet. Damit setzte sich in den ersten Handelstagen die *positive Tendenz* des vergangenen Jahres fort. 2005 hatte der *Dax* um 25 *Prozent* zugelegt.«

Die ›Börse‹, der ›Kurs‹, die ›Zinsen‹ sowie ›Prozent‹ haben wir schon als lateinstämmig kennengelernt. Das englische *boom* ist mit lateinisch *bombus* und daher auch mit der deutschen ›Bombe‹ verwandt; alle drei Wörter sind lautmalerische Begriffe, die lautes ›Getöse‹, ein ›Brummen‹ bezeichnen. Im ›Dax‹ stecken gleich zwei lateinischstämmige Wörter: sowohl die ›Aktie‹ (*actio,* ›Bewegung‹, ›Tätigkeit‹, von *agere,* ›handeln‹; die ›Aktiengesellschaft‹ ist ein ›Handels-Unternehmen‹) als auch ›Index‹ (*index,* ›Anzeiger‹). Der ›Punkt‹ ist, nicht wie ›bunt‹ als Lehnwort vereinnahmt, erkennbar Fremdwort geblieben: *punctum,* ›das Gestochene‹, das ›Tüpfelchen‹, hat erneut Pate gestanden.

Das ›Pendeln‹ der Punkte wäre ohne das lateinische *pendere,* ›hängen‹, nicht möglich; die ›positive Tendenz‹ gäbe es nicht ohne das ›gesetzte‹ *positum* und damit bejahte *tendere,* ›Sich-Hinneigen‹. Börsen-spezifisches ›Spekulieren‹ entspricht dem, was Caesars *speculatores* taten: Sie ›erkundeten‹ das feindliche Terrain und bemühten sich, Vorteile für die eigene Truppe zu ›erspähen‹. Den ›August‹ verdanken wir Caesars Adoptivsohn Augustus. Die ›Notenbank‹ schließlich enthält die lateinische *nota,* ›Kennzeichen‹, ›Merkmal‹, die sich in manche Bedeutungsrichtung entwickelt hat – von der Schul- über die Musik- bis eben hin zur Banknote.

Im weiteren Verlauf des Artikels stoßen wir unter anderem auf den ›Optimismus‹, der vom Börsenjahr das ›Beste‹ *optimum* erwarten läßt; auf ›Investoren‹, die ihr Kapital ›in neuen Gewändern‹ (*in + vestis,* ›Kleidung‹) unterbringen wollen; auf den ›geregelten Markt‹ *regula; mercatus;* auf ›Firmen‹, die dank der ›bindenden Unterschrift‹ *firma* ihrer Eigentümer hoffentlich ›stark‹ *firmus* sind; auf ›Börsensegmente‹ (*segmentum,* ›Abschnitt‹); auf ›Optionen‹, bei denen man ›freie Wahl‹ (*optio; optare,* ›wünschen‹) hat; und auf ›Kasse machen‹ (*capsa,* ›Geldbehälter‹).

Alle positiven Nachrichten, so wird ein Börsianer abschließend zitiert, gelten allerdings unter einer Bedingung: »Die *Story* muß *fundamental* stimmen«. Welch eine Diktion! Das Beste daran ist ihre Verwurzelung im Lateinischen. Die ›Story‹ hat wahrhaft ›Geschichte‹ *historia,* und sie entbehrt auch nicht solider sprachlicher ›Gründung‹ *fundamentum.* So daß, selbst wenn die schönen Prognosen sich nicht bewahrheiten sollten, eines bei aller Volatilität (*volare,* ›fliegen‹; also: ›rasches Auf und Ab‹) der Börse verläßlich bleibt: Das lateinische Fundament ihrer Finanzsprache.

Finanzquiz über die Jahrtausende: Caesar bei Günther Jauch

Das wollen wir abschließend durch ein kleines Finanz- und Wirtschaftsquiz mit unserem potentiellen Diba-Kunden Caesar erhärten. Die Herkunft von englisch *quiz* ist übrigens ungeklärt; Caesar riete uns wohl, der Spur *inquisitive* (›wißbegierig‹, von *inquirere,* ›nachforschen‹, ›ausfragen‹) nachzugehen. Als Quiz-Kandidat (schon wieder ein in ›Weiß‹ gehüllter Bewerber!) ist Caesar nicht nur wegen seiner Sprachbegabung eine Idealbesetzung, sondern auch, weil er risikofreudig, wirtschaftsfreundlich (man lese Bertolt Brechts *Die Geschäfte des Herrn Iulius Caesar* – fiktiv, aber vor realistischem Hintergrund!) und stets auf der Suche nach guten Finanzanlagen war.

Als Interviewpartner könnten wir uns einen gewissen *Stercus liquidum* vorstellen. Und als Vermittler des epochenübergreifenden Quiz-Gesprächs den Inhaber des

ZDF-Geschichtsimperiums, Guido Knopp. Ihm gelingt es ja immer wieder, ganze Heerscharen von Augen-, Ohren- und Zeitzeugen zu rekrutieren, die selbst noch Intimes über Hitlers Schnurrbärtchen preisgeben können. So einer schlägt auch historische Brücken über 2000 Jahre hinweg. Um den Kandidaten Caesar nicht mit dem für ihn verständlichen sprechenden Namen des Quizmasters zu irritieren, übersetzen wir ihn ins Deutsche als ›Jauch‹.

JAUCH: Die erste Frage zum Warmwerden, verehrter Dictator: Wie wär's mit ›Dividende‹?

CAESAR (leicht skeptisch): Da muß etwas geteilt werden – Gerundiv von *dividere,* ›teilen‹. Teilen ist nicht so mein Fall. Wenn schon, dann aber bitte von einem ordentlichen Finanzkuchen.

JAUCH: Im Kern erfaßt. Zweite Frage: ›Rendite‹?

CAESAR: (mit leuchtenden Augen): Klingt erfreulich. Offenbar ein spätlateinisches Substantiv zu *reddere,* ›zurückgeben‹, ›als Ertrag abwerfen‹.

JAUCH: Bestens. Zu ›spätlateinisch‹ sagen wir heute übrigens ›italienisch‹. Aber das war ja wohl auch eine leichte Frage, weil *reddere* schon zu Ihrer Zeit unter anderem diese Bedeutung hatte. Und ein paar Jahrzehnte nach Ihnen spielte Martial in seinen Spottepigrammen mit der Bedeutung. Über die Rendite eines Erbschleichers zum Beispiel, der ein bißchen nachhilft: *septima iam, Phileros, tibi conditur uxor in agro. / Plus nulli, Phileros, quam tibi reddit ager.* »Schon die siebte Ehefrau begräbst du, Phileros, auf deinem Land. / Für niemanden wirft das Land, Phileros, größeren Ertrag ab als für dich.«

CAESAR: Ich bin beeindruckt. Alte humanistische Schule – oder gute Redaktion. Übrigens: ›Phileros‹ klingt in meinen Ohren wie ›Kleopatra‹. Merkwürdig, was? Aber bitte die nächste Frage.

JAUCH: Ein heikles Thema im heutigen Germanien: ›Rente‹.

CAESAR (überlegt etwas, ist sich dann aber sicher): Muß ebenfalls von *reddere* kommen, also etwas mit ›Rück-Ertrag‹ zu tun haben.

JAUCH: Sprachlich haben Sie recht! Was die Sache angeht: Die Hoffnung stirbt bekanntlich zuletzt.

CAESAR: Alter Spruch. Sagen Sie doch lieber *dum spiro, spero* (›solange ich atme, hoffe ich‹). Hört sich weniger platt an.

JAUCH: Stimmt. Sprüche klopfen auf latein wirkt irgendwie edler. – Aber nun zum nächsten Begriff. Kleine Hilfe: Denken Sie daran, daß wir über Finanzen sprechen: Liquidität?

CAESAR: *-tät* ist lateinisch *-tas;* also eine Eigenschaft. Und *liquidus* ist flüssig. Muß also den erfreulichen Zustand beschreiben, daß bei jemandem Geld fließt.

JAUCH: So ist es. Und das Gegenteil?

CAESAR: Wollen Sie mich unterfordern? ›Illiquidität‹ selbstverständlich! *illiquidus* haben *wir* zwar noch nicht gebildet; aber verneinendes *in-* wird zur leichteren Aussprache vor *l* zu *il-*. Also wissen Sie …

JAUCH: Regen Sie sich nicht auf. Wahrscheinlich werden Sie sich auch bei den nächsten Begriffen unterfordert fühlen: Was sind ›fixe‹ und ›variable‹ ›Kosten‹?

CAESAR: Ohne die ›Kosten‹ könnten Sie mit Ihren Fragen tatsächlich zum Sprach-Kindergarten überwechseln. ›Kosten‹ hört sich wieder spätlateinisch – oder wie sagten Sie vorhin: italienisch – an; *costare* von *constare,* ›zu stehen kommen‹, zum Beispiel *victoria multo sanguine constat;* ›der Sieg kostet viel Blut‹ – das hätte ich natürlich so nie in meinem *Gallischen Krieg* geschrieben …

JAUCH: Wissen wir, mein Lieber, kluge Leserlenkung ist eine Spezialität von Ihnen; manche sprechen da von Manipulation durch Sprache. Aber lassen wir das. Was ist mit den beiden anderen Begriffen?

CAESAR: Wie gesagt: Sprachlicher Kindergarten. *fixus* ist ›fest‹, *variabilis* ›veränderlich‹. Ich sage nur: Diba …

JAUCH: Verstehe ich nicht. Aber egal...

CAESAR: Egal – von *aequalis,* ›gleich‹?

JAUCH: Süperb, Monsieur!

CAESAR (zu großer Form auflaufend): Superb*e,* Verehrtester, das muß ein Adverb sein! Und als ›mein Älterer‹ *meus senior* sollten Sie mich bitte nicht ansprechen – auch wenn meine Landsleute den *senior* wirklich schon mit dem 46. Lebensjahr beginnen ließen.

JAUCH: Zurück zum Wirtschaftslatein! Können Sie mit ›Konkurs‹ etwas anfangen?

CAESAR: Hört sich eher ungut an. So etwas schätzten wir – auch als volksfreundliche Politiker – nicht so sehr bei uns in Rom: *concursus,* ›das Zusammenlaufen‹, ›die Zusammenrottung‹ meist des Volkes, das damit irgend etwas durchsetzen wollte. Aber in der Wirtschaft? Helfen Sie mir!

JAUCH: Ursprünglich *concursus creditorum*...

CAESAR: *luce clarius!* (›Heller als Licht‹; ›alles klar‹). *creditores* sind die ›Gläubiger‹. Die laufen aufgeregt zusammen, wenn ihre Kredite in Gefahr sind. Schätze, beim ›Konkurs‹ ist nicht mehr viel zu holen, auch wenn man noch so schnell läuft.

›Rating-Agentur‹: Triple-A für den Kandidaten

JAUCH: Kann man so sagen. Um solchen potentiellen...

CAESAR: ›Potentiell‹ von *posse, potestas, potentia et cetera,* ›mächtig‹, ›möglich‹.

JAUCH: Ja, ja, aber bitte nicht alles erklären. Nur auf meine Fragen antworten!

CAESAR (leicht indigniert): Fragen stelle eigentlich *ich!* Aber gut...

JAUCH: Um solchen potentiellen Konkurs-Kandidaten rechtzeitig auf die Schliche zu kommen, gibt es ›Rating-Agenturen‹. Na, immer noch sprachlicher Kinderhort?

CAESAR: Das anbiedernde ›Hort‹ können Sie sich sparen. Es entlarvt Sie (nimmt Ihnen die ›Maske‹, *larva*) nur als Schein-Wissenden. Ihr deutsches ›Hort‹ ist nämlich *nicht* von unserem *hortus,* ›Garten‹, abgeleitet. Wie schön für euch, daß wenigstens *ein paar* von euren Wörtern auf eurem eigenen *stercus* gewachsen sind!

JAUCH: Sie werden anzüglich bis ausfallend, mein Herr! Aber das kennt man ja von Ihren wüsten Attacken auf den armen Cato!

CAESAR: Mit dem alten Säufer sollten Sie sich nicht gemein machen, Herr Stercus!

JAUCH: Mir scheint, Sie wollen Zeit gewinnen. Also: Was ist mit ›Rating-Agentur‹?

CAESAR: ›Agentur‹ von *agere,* da wird was ›getan‹; *agentes* sind ›Handelnde‹. Die handeln mit Ratings. Rating: Das hört sich nach britannischem Idiom an. Als ich mit meinem Heer zu zwei Stippvisiten bei denen war, sprachen die das *a* noch ordentlich als *a* und nicht wie *ae.* Ohne diesen Aussprache-Nebel wird's klar: Das kommt von *ratus,* Partizip Perfekt von *reri. ratus* ist einer, der etwas ›gerechnet hat‹. Oder, als Adjektiv *ratum:* etwas ›Berechnetes‹. Im Zusammenhang mit Konkurs-Warnung können da also nur Leute sitzen, deren ›Tätigkeit‹ das ›Berechnen‹ der Kreditwürdigkeit von Gläubigern ist.

JAUCH: Ich bin perplex!

CAESAR: *Sie* sind ›wirr durcheinander‹?

JAUCH: Sagen wir: sehr überrascht! Sie sind ja super!

CAESAR: Finde ich zwar auch, aber bitte nicht diese jugendsprachlichen Entgleisungen! Sagen Sie einfach ›exzellent‹, ›herausragend‹. Oder: ›ingeniös‹, ›geistreich‹.

JAUCH: ›Ingeniös‹ versteht aber kaum einer.

CAESAR: Auch nicht die, die meine Muttersprache lernen?

JAUCH: Doch, die schon. Die sind ohnehin bei meinen TV-Raterunden im Vorteil, weil sie sich manche Begriffe über Latein erklären können.

CAESAR: Latein lernen und abkassieren – daraus läßt sich doch eine Image-Kampagne machen – Sie wissen schon: *imago,* ›Bild‹, *campania,* ›Brachfeld‹; daher ›Feldzug‹. Oder gibt's gar keinen PR-Verein für Latein?

JAUCH: Doch, den DAV.

CAESAR: Deutscher Alpen Verein? Alpen – kenne ich; schwieriges Gelände; mühselig, wenn man mit dem Heer unterwegs ist. Aber wieso werben die für Latein? Wegen Hannibal?

JAUCH: DAV steht auch für ›Deutscher Altphilologen Verband‹.

CAESAR: Hört man wenig, von der Truppe.

JAUCH: Ist regional sehr verschieden. Aber wir wollen das nicht vertiefen, unser Chronist könnte sonst Ärger bekommen.

CAESAR: Das will ich auch nicht. Der hat's mit mir – genauer gesagt: mit meinem *Bellum Gallicum* – eigentlich immer ganz gut gemeint. Aber sagen Sie: Wofür steht ›TV‹?

JAUCH: Tele-Vision.

CAESAR: Fern-Sehen! *tele* – sogar Griechisch gibt's in eurer Sprache?

JAUCH: Und ob! Sie wären erstaunt: ›Athendeutsch‹ könnte ein ganzes Buch füllen. Aber ich glaube, Sie kriegen allmählich Angst vor noch größeren Sprach-Brocken?

CAESAR: Legen Sie ruhig den Turbo ein!

JAUCH: Was, ›Turbo‹ kennen Sie sogar?

CAESAR: Schade, daß Sie das überrascht! *turbo* ist der ›Wirbel‹, ›Wirbelwind‹, von *turbare,* ›aufwühlen‹, ›Unruhe anrichten‹.

JAUCH: Dann würde der ›Turbo-Kapitalismus‹ Unruhe, Aufruhr und Zerrüttung anrichten?

CAESAR: Da sehen Sie mal, welche gesellschaftlich relevanten Einsichten das Lateinische vermittelt!

Kommunalobligationen und ihre Annuität

JAUCH: Es gibt übrigens ein Finanzprodukt, das ›Turbo-Optionen‹ heißt. Konservativere Anleger bevorzugen ›Kommunalobligationen‹. Das ist Ihr nächster Begriff.

CAESAR: *obligatio pecuniae* gab's schon zu meiner Zeit, ›Geld-Verpflichtung‹. Wer Obligationen emittiert, ›verpflichtet‹ sich zur Rückzahlung. Das Verb heißt *obligare,* ›verpflichten‹, und es zu kennen ist fast obligatorisch. *commune* ist das ›Gemeinwesen‹, die ›Gemeinde‹. Also sprechen wir von Krediten, zu deren Rückzahlung sich eine Gemeinde verpflichtet?

JAUCH: Exakt. Dabei geht es – wie bei anderen Zinsgeschäften – um die ›Annuität‹. Auch bekannt?

CAESAR: Sicher, *annus,* das ›Jahr‹. Daher kam ja eine Menge meines politischen Ärgers, daß Ämter in Rom immer nur auf ein Jahr vergeben werden sollten! Völlig überholtes Prinzip zu meiner Zeit – das der Annuität, wie Ihre Historiker heute sagen. Wir kannten den Begriff so noch nicht.

JAUCH: Alles schön und gut, aber mit Wirtschaft hat das jetzt nichts zu tun.

CAESAR: Wissen Sie, mein lieber Freund, was mein tüchtiger Adoptivsohn Augustus solch ungeduldigen Menschen ins Stammbuch zu schreiben pflegte: *festina lente!,* ›Eile mit Weile!‹

JAUCH: Aus Ihrem Munde eher eine Überraschung! Aber was ist nun mit der ›Annuität‹?

CAESAR: Vermutlich die Zinszahlung auf das Jahr berechnet. Wir in Rom haben die *monatliche* Zinsberechnung vorgezogen – was sich für den Kreditnehmer übrigens viel freundlicher anhört.

JAUCH: Einverstanden, man spricht aber auch von der Annuität im Zusammenhang mit der ›Amortisation‹ von Schulden oder Investitionsgütern. Sagt der Begriff Ihnen etwas?

CAESAR (zögernd): Hm, könnte mit *mors, mortis,* ›Tod‹, bzw. *mori,* ›sterben‹, zu tun haben; *a-* für *ad-;* ›zum Tode bringen‹, ›abtöten‹.

JAUCH: Donnerwetter, Sie Sprachgenie, ›amortisieren‹ ist tatsächlich ein friedliches, ja geradezu fröhliches Zu-Tode-Bringen, nämlich die Schulden – oder die Anschaffungs-Kosten – ›tot machen‹. Eine weitere Anlageform: ›Immobilienfonds‹.

CAESAR: *fundus* hat mehrere Bedeutungen; ich tippe auf ›Grund‹, ›Grundbesitz‹; *immobilis* ist ›unbeweglich‹ – ein ›unveränderliches Investment in Grund und Boden‹?

JAUCH: Sie fangen an zu schwächeln, Herr Kandidat. Den Grundbesitz nennen wir heute Immobilie …

CAESAR: … weil er ja schlecht oder besser gar nicht zu bewegen ist …

JAUCH: Genau. Aber der *fundus* hat sich zum ›Vorrat‹ an Geld oder etwas anderem entwickelt. Sie haben zwar das Wesentliche erfaßt, aber auf falschem Wege.

CAESAR: Verehrter Stercus, das ist in Politikerkreisen ziemlich egal. Wichtig ist, was hinten rauskommt, hat mal ein Barbaren-Kollege von mir gesagt. Der hatte übrigens einen lateinischen Namen. Raten Sie mal!

JAUCH: Gesagt hat das der Kohl. Aber wieso lateinischer Name?

CAESAR: *caulis,* Herr Moderator – das ist übrigens auch Latein: der ›Lenker‹, ›Vermittler‹ –, *caulis ist* der ›Kohl‹. Und den habt ihr euch wie so vieles andere als Lehnwort geschnappt. Oder sollte ich besser sagen: ›aufgeschnappt‹ bei irgendwelchen Proletariern? Das *o* klingt verdächtig nach Unterschicht; die haben *caulis* schon zu meiner Zeit *colis* ausgesprochen.

JAUCH: Ob der Kohl *das* weiß?

CAESAR: Lassen Sie Guido Knopp mit ihm sprechen – er wird es erkunden.

JAUCH: Was uns angeht – es wird ernst! Wir nähern uns den letzten Fragen.

CAESAR: Aber ich *bin* schon tot.

JAUCH: Ich meine die letzten Fragen, die ich Ihnen stellen werde. Die Fragen, die darüber entscheiden, ob Sie Quiz-Champion werden.

CAESAR: Champion – hört sich nach *campus* an.

JAUCH: Kommt auch daher. *campio* ist im Altfranzösischen der ›Kämpfer‹, der auf dem Campus der Ehre Ehre einlegt.

CAESAR: ›Altfranzösisch‹? Sie meinen wahrscheinlich Neulatein!

JAUCH: Eine Frage der Perspektive. Aber jetzt gilt's: Was verstehen Sie unter ›Diskontzertifikaten‹?

CAESAR: Das Zertifikat ›macht sicher‹; *certum* und *facere.* Es garantiert mir eine Zahlung – vermutlich, nachdem ich selbst etwas eingezahlt habe. ›Diskont‹ verrät mir, daß ich preiswerter an diese Wertpapiere komme als an andere. Denn es wird etwas ›weg-gerechnet‹, *dis-* und *computare.* Vielleicht gibt's die bei Saturn. Die werben doch mit »Geiz ist geil«.

JAUCH: Sie schießen übers Ziel hinaus. Aber das Wesen der Diskontzertifikate haben Sie ausgesprochen luzide erläutert.

CAESAR: ›Luzide‹? Werter Stercus, Sie lernen dazu. *lucidus* heißt bei uns ›lichtvoll‹, ›leuchtend‹. Und Sie haben es sogar als Adverb richtig gebildet!

JAUCH (verlegen): Na ja, ein bißchen Zufall war schon mit im Spiel. Aber *Sie,* Sie sind wirklich eine Leuchte. Sie nähern sich dem Hauptgewinn. Die vorletzte Frage: Haben Sie eine Ahnung, was Börsianer unter ›Stop-Limit-Orders‹ verstehen?

CAESAR: Ich dachte, wir sprächen *Barbaren-Deutsch!* Gleiten wir jetzt ins Britannische ab?

JAUCH (erneut ziemlich verlegen): Ach wissen Sie – ich könnte auch sagen: *well, you know* –, da gibt es Tendenzen, die demnächst eine Sprachenhochzeit erwarten lassen: Man spricht Denglisch.

CAESAR: So was haben wir nie zugelassen. Griechisch *hätte* die Qualität gehabt. Aber wir hatten gute Leute, die das verhindert haben, indem sie griechische Begriffe konsequent ins Lateinische übersetzt haben. Nicht, daß ich ihn besonders geschätzt hätte – wenn's brenzlig wurde, entwickelte er sich doch eher zum *ovum molle,* ich glaube, Sie sprechen von ›Weichei‹ –, aber im literarisch-sprachlichen Bereich hat er seine Meriten: Cicero hat da die Tür zugemacht. Er hat das Griechische konsequent ins Lateinische übertragen – und zwar *gut. Wirklich* gut, der Mann – solange der nicht in Politik machte!

Zwei Guidos und zwei Wirtschaften – doch Caesar bleibt souverän

JAUCH (gelangweilt): *Sehr* interessant. Aber doch wohl eher eine Flucht vor der Antwort. Ich wiederhole: ›Stop-Limit-Order‹.

CAESAR: Ach, wissen Sie, Herr Stercus liquidum – Sie wissen wenig. Jedenfalls über mich. ›Order‹ ist *ordo,* ›Ordnung‹; *ordinare* hieß schon bei uns ›anordnen‹, ›bestimmen‹, oder wenn's Ihnen britannisch-barbarisch lieber ist, ›Order erteilen‹. ›Limit‹ ist *limes, limitis,* die ›Grenze‹; und ›Stop‹, deutsch ›stopfen‹, habt ihr und die Britanner von unserem *stuppare* entlehnt, ›mit *stuppa,* Hanf, Werg, verschließen‹, also Tropf-Löcher ›verstopfen‹ und das Tropfen zum Stoppen bringen. Eine Stop-Limit-Order ist demnach ein begrenzter (Kauf-)Auftrag, der bei einer bestimmten Preis-Grenze ausgelöst wird.

JAUCH: Kluges Köpfchen, wenn ich so sagen darf.

CAESAR: Dürfen Sie nicht. Ich habe zu viel Mühe auf die Stilisierung meines Kopfes mit Lorbeerkranz *et cetera* verwandt – ich sage nur: Calvities; alles weitere im medizinischen Lexikon –, als daß Sie ihn derart verniedlichend verunglimpfen dürften.

JAUCH: Tut mir wirklich leid. War anerkennend gemeint! Aber nun die letzte Frage: Würden Sie in ›Emerging-Markets-Fonds‹ investieren? Und wenn ja: Was bedeutet das – sprachlich und inhaltlich?

CAESAR (ziemlich herablassend): Ach, mein Freund, ich habe in *emerging markets* investiert – lange, bevor sie so hießen. Gallien, Germanien, Britannien – das waren zu meiner Zeit *emerging markets*. Auf lateinisch *mercatus emergentes*, ›auftauchende Märkte‹ mit ungeahnten Chancen. Wobei mein Engagement genaugenommen nicht in der Zeichnung von Fonds-Anteilen, sondern in der Präsenz von Soldaten in diesen aufstrebenden Märkten bestand. Gallien war ein besonderer Erfolgsmarkt. Nachdem wir ihn *komplett* erobert hatten – den Quatsch mit dem kleinen Dorf, das angeblich verschont blieb, können Sie getrost vergessen; das ist ziemlich durchsichtige Anti-Rom-Propaganda –, warf er Rendite ab, von der Sie nur träumen können. Wir haben das ›Tribute‹ genannt, ›Zuweisungen‹ – und zwar an die römische Staatskasse, aber auch an den siegreichen Feldherrn. Und Germanien – jedenfalls einen Teil davon – sowie Britannien – jedenfalls einen Teil davon – habe ich als *emerging markets* für meine Nachfolger vorbereitet.

JAUCH: Sie sprechen offen von Ausbeutung?

CAESAR: Wo denken Sie hin? Das war doch keine Einbahnstraße! Was war mit unserem Wein, was war mit unserer Bautechnik, was war mit unserer Literatur, mit der Medizin, mit all den anderen Wissenschaften? Wer hat denn *da* den Profit gemacht? Oder, lateinisch gesprochen, den *pro-fectus*, ›Fort-gang‹, das ›Wachstum‹, den ›Vorteil‹ gehabt?

JAUCH: Sie meinen, die eigentlichen Gewinner seien die *emerging markets* selbst gewesen?

CAESAR: Ja, sicher. Das wichtigste Startkapital, das wir denen verschafft haben, habe ich noch gar nicht erwähnt. Was wären die ohne unsere Sprache? Die Gallier, die sich heute Franzosen nennen, wären ohne uns regelrecht stumm – ihre Sprache ist eine 100-Prozent-Tochter des Lateinischen. Die Britanner? Sie hören's nicht gern, aber sie sind mit locker 60 Prozent Latein-Anteil dabei. Und das Deutsche? Inklusive aller fachsprachlichen Ausdrücke an die 50 Prozent lateinstämmiger Wortanteil! Damals eine Anlage in Latein-Sprachfonds – heute Traumrenditen!

JAUCH: Und die Transaktionskosten? Waren die nicht doch etwas zu hoch?

CAESAR (etwas kleinlaut): Wissen Sie, diese Ideologisierung von Ereignisgeschichte bringt doch nichts. In der Wirtschaft zählen auch nur harte *facts.* Außerdem: Wir haben das damals ganz anders gesehen. Da war das große Fusionsfieber in Rom ausgebrochen: Möglichst viele zwar nicht heim, aber doch ins Römische Reich! Und ›Fusionen‹ haben ja zumindest in der Welt der Wirtschaft heute wieder Konjunktur; *fusio,* der ›Ausguß‹, das ›Schmelzen‹, wird zum ›Verschmelzen‹.

JAUCH: Gratulation, Caesar...

CAESAR: ... Sagen Sie doch direkt *gratulor,* das ist dann unverfälschtes Latein...

JAUCH: Also gut: *gratulor,* Sie haben fürs Wirtschaftslatein große Ehre eingelegt. Sie haben *alles* gewußt, *alles* mit klassischem Latein erklären können! Sie haben einen Wunsch frei. Vielleicht ein Exklusiv-Interview mit Guido Knopp? Der produziert Geschichtssendungen für Millionen. Sie könnten berühmt werden.

CAESAR: Ich *bin* berühmt, mein Lieber, auch ohne Guido Knopp. Ein anderer Guido wäre mir als Gesprächspartner lieber. Westerwelle heißt der und redet, was Bildung angeht, wie eine Menge anderer Neoliberaler ein bißchen viel schräges – na gut, sagen wir: einseitiges – Zeugs. Die meinen, auf Latein und anderen sogenannten ›Bildungsballast‹ solle man verzichten. Statt dessen für die Praxis ausbilden, fürs Wirtschaftsleben!

JAUCH: Dabei haben Sie uns doch gerade glänzend unter Beweis gestellt, wie sehr auch Latein sprachlich zur Wirtschafts-Kompetenz beiträgt.

CAESAR: Das will ich Guido Westerwelle ja mal klarmachen: daß das Wort ›Wirtschaft‹ in seiner Sprache zwei verschiedene Bedeutungen hat. Zum einen als Synonym für das schöne griechische ›Ökonomie‹. Da gehört Latein – nicht nur wegen der Sprache und des allgemeinen Bildungsniveaus – hin. Und zum anderen die Wirtschaft mit dem Stammtisch-Niveau. Da kommt man ohne Latein aus. Da kann er sich mit Gleichgesinnten in Deutsch oder Denglisch austauschen – und den PISA-Schock in deutschem Bier ertränken.

XII

GESCHICHTEN, DIE DAS FREMDWORT SCHREIBT

Hoc erat in votis – »Dies gehörte zu meinen Wünschen« (Horaz, sat. II 6,1): Auf möglichst engem Raum möglichst viele Fremdwörter aus dem Lateinischen mit demselben Anfangsbuchstaben unterzubringen, dabei noch einen (einigermaßen) sinnvollen Text zu produzieren und inhaltlich ›moderne‹ Themen und auch Tagesaktuelles aufzugreifen, um damit die Selbstverständlichkeit von ›Romdeutsch‹ auch in solchen Kontexten zu demonstrieren.

Wem das eine oder andere *zu* aktuell – und deshalb in absehbarer Zeit veraltet – erscheint, dem diene das Versprechen des Autors zum Trost: Spätestens in der 10. Auflage des Buches wird er dieses Kapitel aktualisieren. Wem die eine oder andere ›Story‹ zu banal – und deshalb dem ›zeitlosen‹, ›hohen‹ Latein unangemessen – erscheint, dem ist die Intention des Autors verborgen geblieben: Er will hier nicht in klassische lateinische Literatur einführen, sondern in gängiges, zeitgenössisches ›Romdeutsch‹.

Die Römer – na ja, *viele* Römer – hatten Sinn für solche Spielereien und hätten sie als das bezeichnet, was sie sein sollen: *nugae,* ›Flausen‹. *trahit sua quemque voluptas:* »Jeder reitet halt sein Steckenpferd.« (Verg. buc. 2,65)

Animierdame mit Akzent

Herr A. stieß auf die Annonce (*annuntiare,* ›ankündigen‹) eines gewissen Etablissements, das Unterhaltung durch attraktive (*attrahere,* ›anziehen‹) Animierdamen (*animare,* ›beleben‹, ›anregen‹) anbot. »Durchaus eine Alternative (*alternare,* ›abwechseln‹) zu abendlichen Korrektur-Aktivitäten (*agere,* ›tun‹)«, dachte Herr A. Er war Lehrer, und diesen Teil seiner Tätigkeit ästimierte (*aestimare,* ›wertschätzen‹) er nicht so recht. Genauer gesagt, erschien ihm das Korrigieren geradezu abominabel (*abominabilis,* ›verabscheuenswert‹). Er war entschlossen. Sein Adrenalinspiegel (*ad* + *renes,* ›zu den Nieren‹; Hormon des Nebennierenmarks) stieg abrupt (*abruptus,* ›abgebrochen‹, ›steil‹; ›schroff‹). Daß auch Appetenz (*appetere,* ›nach etwas verlangen‹) im Spiel war, blieb ihm zunächst verborgen.

Er stieg in sein, wie er zu sagen pflegte, Automobil (*autós,* griechisch ›selbst‹; *mobilis,* ›beweglich‹; die Kurzform ›Auto‹ führt zu bedeutungslosem Unsinn ...), einen Audi *audire,* ›hören‹, ›horchen‹; der Begründer des Unternehmens hieß ›Horch‹ – oder eben lateinisch *audi!.* Nach kurzer Zeit gelangte er ans Ziel. Er betrat das Animierlokal. Das Ambiente (*ambire,* ›herumgehen‹, ›umgeben‹; *ambiens,* ›das Umgebende‹) war ungewohnt, aber nicht unangenehm. Rasch kümmerte sich eine Dame um ihn, eine recht aparte Erscheinung (*ad partem,* ›zur Seite‹, ›abgesondert‹, daher ›besonders‹) – eine Ausländerin offenbar mit ansprechendem Akzent (*accentus,* ›Klang‹, ›Betonung‹), der durch ihre rauchige Altstimme (*altus,* ›tief‹) noch verstärkt wurde.

Man unterhielt sich angeregt, trank Alkohol (nein, nicht lateinischen, sondern, man glaubt es kaum, arabischen Ursprungs!) – allerdings in keiner Weise abusiv (*abuti,* ›mißbrauchen‹). Bald zeigte sich, daß die Dame weitergehende animierende Ambitionen (*ambitio,* ›Ehrgeiz‹; von *ambire,* ›herumgehen‹; vor Wahlen ›gingen‹ Amtsbewerber in Rom bei den Wählern ›herum‹) hatte: Sie machte Herrn A. deutliche amouröse Avancen (*amor,* ›Liebe‹; vulgärlateinisch *abantiare,* ›vorwärts bringen‹, aus *ab,* ›weg‹, und *ante,* ›vor‹; also ›weg nach vorn‹ wie auch im italienischen *avanti!*), wenngleich nicht ohne pekuniäres Äquivalent (*aequus* + *valens,* ›gleichwertig‹) für dieses Animier-Addendum (*addere,* ›etwas, das hinzugefügt werden soll‹; ›Zusatz‹, ›Ergänzung‹). Von einem energischen Absit! (›das sei fern!‹; von *abesse*) war Herr A. weit entfernt. Im Gegenteil, man war schnell d'accord (*ad cor,* ›beim Herzen‹, ›in Übereinstimmung‹), zumal der Preis akzeptabel (*accipere,* ›annehmen‹) schien.

Praktischerweise hatte die Dame ein Appartement (*a parte,* ›abseits‹, ›abgetrennt‹) im Haus, wohin man sich bald absentierte (*absens,* ›abwesend‹). Dort erlebte der Herr Studienrat ein Abenteuer (*advenire,* ›herankommen‹; vulgärlateinisch *adventura,* ›Ereignis‹), bei dem ihm, wie er später im engsten Kollegenkreise erzählte – er war Altphilologe und konnte sich deshalb gewählt ausdrücken; auch der ›Audi‹ und die Abneigung gegen die Kurzform ›Auto‹ rührten daher –, ›die auditive und visuelle Perzeption abhanden‹ kam (*audire,* ›hören‹; *videre,* ›sehen‹; *percipere,* ›erfassen‹). Für weniger klassisch Gebildete übersetzte das einer der Vertrauten, ihm ›sei Hören und Sehen vergangen‹.

Kaum war das, um erneut Herrn Studienrat A. zu zitieren, ›pastorale Intermezzo‹ – *vulgo:* Schäferstündchen‹ – beendet, sagte er der Dame durchaus nicht unfreundlich ade! (*ad deum,* ›zu Gott!‹, ›Gott befohlen!‹) und fuhr mit seinem Horch! nach Hause. Aufhorchen ließ ihn dann einige Wochen später, was die ›Herrin der Anregung‹ ihm mitzuteilen hatte. Ihr Tête-à-Tête hatte unter keinen guten Auspizien (*auspicia,* aus *avi-spicia,* ›Vogelschau‹, ›Vorzeichen‹) gestanden. Bei der Verhütung war sie reichlich aleatorisch verfahren (*alea,* ›Würfel‹;

daher ›nach Glückspielart‹, ›vom Zufall abhängig‹). Nun kündigte sich Nachwuchs an. Seitdem zahlt Herr A. monatlich Alimente (*alere,* ›ernähren‹; *alimenta,* ›Unterhalt‹).

Wir indes wollen – *humani nil a nobis alienum putamus,* »nichts Menschliches ist uns fremd« (in Anlehnung an Terenz, Heaut. 77) – ihm Absolution (*absolvere,* ›loslösen‹; *absolutio,* ›Freisprechung‹) erteilen für seine mangelnde Abstinenz (*abstinere,* ›sich enthalten‹; erst seit dem 19. Jahrhundert im Deutschen auf den Alkoholgenuß eingeengt). Auch ein Antike-Adorant (*antiquus,* ›alt‹; *adorare,* ›anbeten‹, also ›Verehrer‹) ist schließlich mal aberrant (*aberrare,* ›abirren‹, ›sich verirren‹).

Bonvivant mit Bonität

Das B ist dem Schönen und Guten gewidmet; denn beides fängt im Lateinischen mit *b* an: *bellus,* ›hübsch‹, ›schön‹. Das hat übrigens nichts mit *bellum,* ›Krieg‹, zu tun, wie nur Vulgär-Etymologen aus der Tatsache folgern könnten, daß Krieg nicht gerade etwas Ungewöhnliches im Alten Rom war. Gleichwohl: Die wenigsten Römer fanden das *bellum* auch *bellum.* Sprachgeschichtlich läßt sich das dadurch erhärten, daß *bellum,* ›Krieg‹, aus *duellum* (›Duell‹, ›Zwei‹-Kampf, geht darauf zurück) entstanden ist, während *bellus,* ›schön‹, eine Verkleinerungsform von *bonus* (über *bonulus*) ist. Damit ist auch das Gute *bonum* erläutert: Mit einem Bonus oder einem Bon hat man in der Regel ja etwas ›gut‹.

Der Bonvivant ist – nicht zufällig wie andere verwandte Begriffe im folgenden auch – über das Französische ins deutsche Fremdwortgut vermittelt worden: ein Mensch, der gern ›gut lebt‹ *bonus* + *vivere,* von eher griesgrämiger deutscher Mentalität manchmal abschätzig als ›Lebemann‹ tituliert. Gewiß, oft ist er auch ein gutaussehender Beau (*bellus,* ›schön‹) jenen Typs, der wie bei Maupassant als Belami (*bellus amicus,* ›schöner Freund‹) gut bei den Damen ankommt. Zu Bohemiens (*bohemus,* ›Böhme‹, ›Zigeuner‹; übertragen auf unkonventionell lebende Künstler) hat er sicher einen guten persönlichen Zugang, aber selbst gehört er nicht eigentlich zur Boheme.

Er legt Wert auf Stil, läßt sich gern mit einer Flasche französischen Rotweins in der einen und einer Baguette (*baculum,* ›Stock‹, daraus *baguette,* ›dünner Weißbrot-Stab‹) in der anderen Hand sehen und ist auch ab und zu einem zünftigen Bacchanal (Trinkgelage zu Ehren des Weingottes Bacchus) nicht abgeneigt. Fein-poröse, aristokratische Baisers sind ihm, schon weil sie von lateinisch *basium,* ›Kuß‹, abgeleitet sind und ihr Verzehr gewissermaßen süß-sanfte Küsse verheißt, allemal lieber als plebejische Biskuits (*bi* + *coquere,* ›doppelt backen‹) – von eher noch volkstümlicheren Bonbons ganz zu schweigen. Die Sprachgeschichte zeigt, wie recht er hat: *bon, bon* ist eine kindersprachliche Dopplung von *bon (bonus):* ›gut, gut‹.

Was geistige Nahrung angeht, so ist er der Belletristik zugetan, der ›schönen Literatur‹ *bellae litterae.* Und die Reise zur alle ›zwei Jahre‹ stattfindenden Biennale *bi* + *annus* in Venedig ist Pflicht. Daß man das Festival der Kunst aus aller Welt als wichtigtuerisches Brimborium (*breviarium,* ›kurzes gemurmeltes Gebet‹, ›Zauberformel‹) ablehnen kann, versteht er nicht. Lifestyle-Kritik dieser Art ist für ihn eine Bagatelle, ein unbedeutendes ›kleines Früchtchen‹ (Verkleinerungsform von *baca,* ›Baumfrucht‹, ›Beere‹).

Sein Geld verdient er am liebsten nicht mit Arbeit, gern aber an der Börse (*bursa,* ursprünglich ›Ledersack‹ als ›Geldbeutel‹). Solange seine Spekulations-Bilanz (*bilanx,* ›doppelte Waagschale‹) dort positiv ist, verfügt er über die finanzielle Bonität (*bonitas,* ›gute Beschaffenheit‹), die ihm sein Leben als Bonvivant ermöglicht – und ihm vielleicht sogar die Einstellung eines Butlers erlaubt. Dieser englische Steif-Diener ist aus einem lebensfrohen französischen Kellermeister, *bouteiller,* hervorgegangen, der für mittellateinische *buticulae,* ›kleine Fässer‹, zuständig war. Und der damit etymologisch aus dem gleichen Faß kommt, das beim Schöpfen edlen Schreibmaterials für Bonvivants als Wanne und Namensgeber dient: der Bütte.

Champagner auf der Chaiselongue

Früher hätte man mich für einen Heizer gehalten. Aber seit der Erfindung des Autos versteht man unter einem ›Chauffeur‹ (*calfacere,* ›warm machen‹) sozusagen den Lokomotivführer der Straße. Ich bin sogenannter Chef-Fahrer (*caput,* ›Kopf‹; davon auch englisch *chief*) bei einem der führenden Manager einer großen Company (*con* + *panis,* die ›miteinander Brot‹ essen). Ich möchte den Lesern dieses Buches verraten, wie mein Chef seine Freizeit verbringt. So etwas erfahren Sie sonst nur aus der *Bunten,* die Sie vermutlich nicht lesen. Nutzen Sie also die Chance (*cadere,* ›fallen‹; verengt auf den ›Glücksfall‹)! Aber bitte unter dem Siegel der Verschwiegenheit!

Wir wohnen etwas außerhalb der City (*civitas,* ›Stadt‹) in einer großzügigen Villa. Mein Chef spricht gern von seinem ›Castle‹ (*castellum,* ›kleine Festung‹). Wir haben einen eigenen Tennis-Court (*cohors,* ›Hofraum‹, ›Gehege‹). Aber den benutzt der Chef nur selten. Aktiver Sport ist nicht seine Sache. Lieber guckt er sich im TV Sportübertragungen an. Am liebsten Catchen (*captare,* ›packen‹)! Es würde ihn schon reizen, ab und zu live dabeizusein, aber die Courage (*cor,* ›Herz‹, ›Beherztheit‹) bringt er angesichts seiner gesellschaftlichen Stellung nicht auf. Statt dessen liegt er beim Fernsehen auf der Chaiselongue (*cathedra longa,* ›langer Sessel‹) und schlürft Champagner (*campania,* ›flaches Land‹, ›Feld‹) – da ist er ein wahrer Connaisseur (*cognoscere,* ›kennenlernen‹).

Gelegentlich nimmt er an Charity-Veranstaltungen (*caritas,* ›Liebe‹, ›Nächstenliebe‹) teil, bei denen sich die Creme (*cramum,* ›Sahne‹) der Gesellschaft trifft. Mit Charme (*carmen,* ›Lied‹, ›Zauberspruch‹; *carminare,* ›bezaubern‹) übersteht er die ganze Chose (*causa,* ›Sache‹), wie er sie nennt – besonders wenn die wenig talentierte Dame des Hauses irgendwelche Chansons (*cantio,* ›Singen‹, ›Gesang‹) zum besten gibt, für die dann – so seine wenig chevalereske Ausdrucksweise (*caballus,* ›Pferd‹; *chevalier,* ›Ritter‹) – »Charity-Cash (*capsa,* ›Geld-Kasten‹; davon auch ›Kasse‹) abgegriffen wird«. Cent-Stücke (*centum,* ›hundert‹) werden bei dieser Nobel-Kollekte (*colligere,* ›sammeln‹) in der Tat nicht erwartet.

Den Clou (*clavus,* ›Nagel‹; das Treffen des Nagels als ›Höhepunkt‹) seines Privatlebens verrate ich Ihnen am Schluß. Was meinen Sie, wie mein Chef Urlaub macht? Von wegen Fünf-Sterne-Hotel oder Luxusjacht! Er macht ganz schlicht Camping (*campus,* ›Feld‹) – am liebsten übrigens dort, wo das Feld edle Tropfen hervorbringt: in der Champagne oder in Kampanien.

Das alles bleibt aber unter uns, capito (*capere,* ›begreifen‹)?!

Dakapo im Dezember

Ob das Auftauchen der ersten Weihnachtssüßigkeiten in den Geschäften nach den Großen Ferien eine Desensibilisierung (*de* + *sentire,* ›herunter mit dem Empfinden‹) bewirkt? Jedenfalls kommt Weihnachten dann doch immer wieder überraschend, ja von Jahr zu Jahr überraschender. Obwohl man doch weiß: Dakapo (*de* + *caput,* ›vom Kopf, Ausgangspunkt her‹, also ›von vorn‹) im Dezember (*decem,* ›zehn‹; das Jahr begann bei den

Römern ursprünglich am 1. März). Auch das genaue Datum steht – anders als bei Ostern – fest. Und genauso die Dauer (*durare,* ›fortdauern‹): zweieinhalb bis drei Tage – noch! Solange neoliberale Rufe nach Feiertagsreduktionen keine deflatorischen (*deflare,* ›wegblasen‹, ›vermindern‹) Auswirkungen zeigen.

Damit Weihnachten nicht zum Geschenk-Debakel (*de* + *baculum,* wohl ›mit dem Riegel versperren‹; dadurch: ›zusammenbrechen lassen‹) wird, erkundigt man sich im Vorfeld dezent (*decens,* ›schicklich‹) nach Desiderata (*desiderare,* ›wünschen‹, ›vermissen‹), die man all seinen Lieben, um das Geschenk-Deputat (*deputare,* ›abschätzen‹, ›bestimmen‹) ironisch zu überhöhen, dedizieren (*dedicare,* ›widmen‹, ›zueignen‹) könnte. Bei manchen Lieben löst solches Nachfragen indes einen stirnrunzelnden Degout (*de* + *gustus,* ›weg mit dem Geschmack‹, also ›Widerwille‹) aus; hier sind diskrete (*discretus,* ›abgeschieden‹) detektivische (*detegere,* ›aufdecken‹) Bemühungen vonnöten.

Beim Weihnachtseinkauf ist es wichtig, Selbständigkeit und Entschlußkraft zu demonstrieren (*demonstrare,* ›zeigen‹, ›beweisen‹) und sich nicht durch debile (*debilis,* ›schwach‹, ›schwachsinnig‹) Diskounter-Sprüche (*dis* + *computare,* ›weg-rechnen‹) wie ›Geiz ist geil‹ in seinem an Distinktionskriterien (*distinctio,* ›Unterschied‹) orientierten Kaufverhalten demotivieren (*demovere,* ›wegbewegen‹) zu lassen. Hier – wie bei der gesamten Weihnachts-Devotion (*devotio,* ›Andacht‹, ›Ergebenheit‹) – ist äußerste Disziplin (*disciplina,* ›Ordnung‹) gefragt. Und zwar dezidiert (*decidere,* ›abschneiden‹ und damit einen Vorgang ›abschließen‹, ›entscheiden‹).

Beliebte Präsente sind Designer-Mode (*designare,* ›bezeichnen‹, ›entwerfen‹) für Kinder und Jugendliche, die allerdings auch für Bar-Dotationen (*dotare,* ›aussteuern‹, ›ausstatten‹) empfänglich sind, Dessous (*de* + *subter,* ›von unten‹, ›unterhalb‹) für die Dame (*domina,* ›Herrin‹) des Hauses – bitte keine despektierlichen (*despicere,* ›herabblicken‹) Assoziationen! – und ein schöner Decoder (*de* + *codex,* ›Ent‹-Schlüsseln eines ›Buches‹, einer ›Schrift‹) für Vati, damit er Fußball auch im Bezahl-TV gucken kann. Für Opa bietet die Destille (*destillare,* ›herabtröpfeln‹) etwas Passendes – wobei freilich am Heiligen Abend bei allen achtzugeben ist, daß übermäßige Degustationen (*degustare,* ›verkosten‹, ›genießen‹) von Destille-Produkten nicht zum Delirium führen. (*delirare* verwendeten die Römer – ein Bauernvolk! – ursprünglich, um das Abweichen *de-* des Pfluges vom *lirare,* dem ›Einfurchen‹, des Samens zu bezeichnen. Das ›Verlassen der geraden Linie‹ wurde dann aber auch schon in der Antike auf eine psychische Abweichung übertragen: ›verrückt sein‹.)

Kurz vor dem Fest wird die Wohnung weihnachtlich dekoriert (*decorare,* ›schmücken‹). Ist alles vorbereitet, so wird geduscht (*ductio,* ›Abführung‹, ›Wasserleitung‹), festliche Kleidung angelegt und der Dom (*domus,* ›Haus‹) zum Weihnachtsgottesdienst aufgesucht. Danach folgt die Bescherung – in der Erwartung, daß niemand durch defekte oder defizitäre (beides von *deficere,* ›fehlen‹, ›mangeln‹) Geschenke desillusioniert wird (*dis* + *illudere,* ›verspotten‹, ›täuschen‹) oder das eine oder andere Präsent am liebsten direkt (*directus,* ›gerade‹) auf die Deponie (*deponere,* ›ablegen‹) wünscht.

Abgeschlossen wird der Abend durch ein Diner (*dis* + *ieiunus,* ›getrennt von nüchternem‹ Magen) mit allerlei Delikatessen (*delicatus,* ›fein‹, ›luxuriös‹). Alle delektieren (*delectare,* ›erfreuen‹) sich an den deliziösen (*deliciosus,* ›genußvoll‹) Speisen und hoffen inständig, daß es im Gefolge der weitverbreiteten Weihnachts-Depression (*deprimere,* ›niederdrücken‹) nicht zu unerfreulichen Disputen (*disputare,* ›erörtern‹), zuwenig weihnachtlichem Dissens (*dissentire,* ›anderer Meinung sein‹) oder gar heftigen Dissonanzen (*dissonare,* ›verworren tönen‹) mit einhergehender Demolierung (*demoliri,* ›niederreißen‹) von Einrichtungsgegenständen kommt.

Im nächsten Jahr Weihnachten vielleicht einmal als Zeit der Muße, des Dolcefarniente (*dulcis, facere, nihil,* ›süßes Nichtstun‹) begreifen? Mit solch dilettantischen (*delectare,* ›erfreuen‹, unprofessionell an etwas ›Vergnügen finden‹) Diskussionsbeiträgen (*discutere,* ›erschüttern‹) wird man leicht zum Dissidenten (*dissidere,* ›auseinander sitzen‹, ›nicht übereinstimmen‹). Also: Dakapo im Dezember!

Elch als Experte

Der Elch (*alces,* ›Elch‹) hat enormes (*enormis,* ›übermäßig groß‹) Potential zur Legendenbildung. Schon in Caesars *Gallischem Krieg* taucht er in einer exzeptionellen (*exceptio,* ›Ausnahme‹) ›Story‹ auf. In Germanien gebe es Elche, berichtet Caesar, die von den Einheimischen leicht zu erjagen seien. Da sie über keine Kniegelenke verfügten, müßten sie sich zum Schlafen an Bäume lehnen. Die Jäger bräuchten nur diese Bäume anzusägen – und schon falle der Elch mitsamt dem Baum um und diene ihnen als wehrlose Beute. Egal (*aequalis,* ›gleich‹), ob dieses Elaborat (*elaboratum,* ›Ausarbeitung‹; oft ironisch gebraucht) wirklich von Caesar stammt oder als spätere Interpolation aus dem Originaltext eliminiert (*eliminare,* ›von der Schwelle vertreiben‹, ›entfernen‹) werden müßte – daß der Elch als nicht besonders elegant (*elegans,* ›geschmackvoll‹) sich bewegender Waldbursche erscheint, ist evident (*evidens,* ›herausscheinend‹, ›sichtbar‹).

Einen noch erheblich größeren, geradezu eminenten (*eminens,* ›herausragend‹) Aufmerksamkeitseffekt (*efficere,* ›bewirken‹) erzielte der Elch freilich im Zusammenhang mit der Einführung einer neuen Pkw-›Edition‹ (*edere,* ›herausgeben‹) durch die Firma Mercedes-Benz. Sie galt und gilt manch einem als etwas elitär (*eligere,* ›auswählen‹), auch wenn ihre Produkte eventuell (*eventus,* ›Ausgang‹, ›Zufall‹), glaubt man einer gewissen Fama, nicht mehr ganz so exzellent (*excellere,* ›herausragen‹) sind wie früher. Mit der kleineren A-Klasse wollte man die Exklusivität (*excludere,* ›ausschließen‹) etwas verringern und auf den Weltmärkten expandieren (*expandere,* ›ausbreiten‹).

Zunächst kam den Ingenieuren indes der Elch in die Quere – als sozusagen virtueller Tester. Mit seinem ungestümen Elan (*lanceare,* ›eine Lanze schwingen‹), einfach aus dem Wald schnurstracks auf Straßen zu laufen, hatte er sich indirekt als Experte (*expertus,* ›erprobt‹, ›erfahren‹) für das Auslösen abrupter Lenkmanöver etabliert (*se stabilire,* ›sich festigen‹). Um ihr Fahrverhalten in solchen Situationen zu eruieren (*eruere,* ›ausgraben‹, ›ermitteln‹), werden neuentwickelte Autos exemplarisch (*exemplum,* ›Beispiel‹) für die Stabilitätsprüfung dem sogenannten Elch-Test unterzogen. Die A-Klasse schaffte die Prüfung nicht. Das Auto fiel um und war – mit Verlaub – im Eimer (*amphora,* ›Krug mit Henkel‹).

Wie sich die Nachricht herumsprach, läßt sich nicht exakt (*exactus,* ›ausgeführt‹, deshalb ›genau‹) rekonstruieren. Aber die Expreß-Meldungen (*expressus,* ›ausgedrückt‹, ›ausgeprägt‹; Expreßboten zunächst als ›ausdrückliche‹ Beauftragte, daraus ›eilig‹) gelangten rasch auch in die Chef-Etage (*status,* ›Zustand‹, ›Stellung‹). Dort dürfte sich manch einer angesichts des PR-Desasters nicht nur echauffiert haben (*excalfacere,* ›erhitzen‹), sondern geradezu explodiert sein (*explodere,* ›auszischen‹) und das deutsche Äquivalent für ›Exkrement‹ (*excernere,* ›ausscheiden‹) gerufen haben. Welcher Esel (*asinus,* ›Esel‹) war dafür verantwortlich, daß der exquisite (*exquirere,* ›auswählen‹) Ruf des Unternehmens so gewaltig erodierte (*erodere,* ›ab-, wegnagen‹)?

Runterhängen und aus der Mücke bloß keinen Elefanten *elephantus* machen! mag damals ein eloquenter (*eloquens,* ›beredt‹) Mitarbeiter der PR-Abteilung vorgeschlagen haben. Aber Spott und Emotionen (*emovere,* ›herausbewegen‹, ›erschüttern‹) eskalierten (*scalae,* ›Treppe‹) von

Tag zu Tag. Sich irgendwie elegant für den Fehler zu exkulpieren (*ex + culpa,* ›aus der Schuld‹ stehlen) wäre als reichlich exaltiert (*exaltare,* ›erhöhen‹, ›überspannen‹) wahrgenommen worden. Ergo (*ergo,* ›also‹) entschied man sich für ein Extra (*extra,* ›außerhalb‹) – ein kostenloses wohlgemerkt. Dem Elan-Experten Elch verdankt die A-Klasse das ESP. Das hat in unserem Zusammenhang nur einen Schönheitsfehler: Es ist, als ›Elektronisches Stabilitäts-Programm‹ ausgeschrieben, ziemlich griechischlastig. Wenngleich das entscheidende Wort schon lateinischen Ursprungs ist: ›Stabilität‹ kommt von *stare,* ›stehen‹. Und das kann der Auto-Elch jetzt genauso gut wie Caesars Germanen-Elch. Oder eigentlich sogar deutlich besser.

Fundi mit Fortüne

Es soll Politiker geben, die als Fundamentalisten – in liebevoller, wenngleich sprachlich dämlicher Kurzform ›Fundis‹ genannt (*fundamentum,* ›Grundlage‹) – anfangen, dank reichlicher Flexibilität (*flexibilis,* ›biegsam‹) fabelhaft (*fabula,* ›Sage‹) Karriere machen und schließlich zu den führenden Figuren (*figura,* ›Gestalt‹) ihrer Fraktion (*fractio,* ›Bruchstück‹ eines Ganzen, zum Beispiel des Parlaments), ja sogar zu Favoriten (*favor,* ›Gunst‹) des Feuilletons (*folium,* ›Blatt‹, ›Bogen‹ später einer Zeitung) avancieren.

Flegelhaftes (*flagellum,* ›Geißel‹, ›Dreschflegel‹) Benehmen mit gelegentlich forschen (*fortis,* ›stark‹) Ausflügen in die – mit Verlaub – Fäkalsprache (*faex,* ›Bodensatz‹, ›Abschaum‹, erst im Mittellatein auf den Bereich des Kots übertragen) muß dabei nicht hinderlich sein. Forcierte (ebenfalls von *fortis*) Frontalangriffe (*frons,* ›Stirn‹) auf politische Gegner und die Fixierung (*figere,* ›anheften‹, ›anhaltend auf etwas richten‹) auf klare Positionen kommen bei den Zuhörern, selbst wenn sie sie für falsch (*falsus,* ›falsch‹) halten, besser an als fade (*fatuus,* ›einfältig‹, ›öd‹) Floskeln (*flosculus,* Rede-›Blütchen‹). Fulminante (*fulmen,* ›Blitz‹) Rhetorik, bei der auch mal Fraktur geredet wird (die kantige, ›gebrochene‹ *fracta* deutsche Schrift in Abgrenzung von der ›runden‹ lateinischen; wer Texte in dieser Schrift verfaßt, redet deutsch, das heißt unmißverständlich), entfacht (›fachen‹ von *focus,* ›Herd‹, mittellateinisch *focare,* ›entflammen‹) Begeisterung, formelhaft (*forma,* ›Form‹) heruntergeleierte (*lyra,* ›Leier‹) Polit-Sprechblasen wirken dagegen geradezu wie Folter (*poledrus,* mittellateinisch ›Fohlen‹, abgeleitet von *pullus,* ›junges Tier‹; das Folterinstrument in Gestalt des *poledrus* war berüchtigt). Was für Menschen sich hinter solcher Rhetorik-Fassade (*facies,* ›äußere Beschaffenheit‹, ›Gesicht‹) verbergen, bleibt ungewiß. Auf Format jedenfalls (*formare,* ›bilden‹, ›gestalten‹) läßt so etwas nicht schließen, eher auf einen Funktionärs-Typ (*fungi,* ›verwalten‹, ›verrichten‹).

Anders dagegen unser Fundi, wenn er vor großem Forum (*forum,* ›Marktplatz‹) wie im Fieber (*febris,* ›Fieber‹) spricht! Solche Auftritte machen Furore (*furor,* ›Raserei‹), das sind formidable (*formidabilis,* ›fürchterlich‹, in positiver Ausprägung ›außergewöhnlich‹, ›großartig‹) Veranstaltungen gegen politischen Frust (*frustra,* ›vergeblich‹), auch wenn sie nicht von filigraner (*filum,* ›Faden‹, *granum,* ›Körnchen‹; ursprünglich feines Geflecht aus Edelmetallfäden) Argumentation geprägt sind, sondern mit allen möglichen Finessen (französisch *fin,* ›fein‹, weil ›vollendet‹, von lateinisch *finis,* ›Ende‹), Finten und Fiktionen (beides von *fingere,* ›ersinnen‹, ›sich ausdenken‹) gespickt sind.

Das Fluidum (*fluidus,* ›flüssig‹, übertragen auf die Ausstrahlung, die von Menschen aus›fließt‹), das von solchen Auftritten ausgeht, läßt sich, wenn die schon erwähnte Flexibilität und die notwendige Fortüne (*fortuna,* ›Glück‹)

hinzukommen, in politische Macht umsetzen und fruchtbar (*fructus,* ›Frucht‹) machen. Einzelne Fehler (*fallere,* ›täuschen‹, ›ausgleiten‹) oder Fauxpas (*falsus passus,* ›falscher Schritt‹) schaden nicht. Erst recht nicht, wenn ein Faible (*flebilis,* ›beweinenswert‹; daraus die ›schwache, verwundbare Stelle‹) für feminine (*femina,* ›Frau‹) Begleiterinnen auf das Publikum durchaus faszinierend (*fascinare,* ›behexen‹) wirkt – und nicht einmal eine gewisse Fluktuation (*fluctuatio,* ›Schwanken‹, ›Unstetigkeit‹) in dieser Hinsicht als fatal (*fatalis,* ›verhängnisvoll‹) empfunden wird. Ja, nicht einmal ein weiteres Faible, jedenfalls zeitweise, für reichlich fritiertes Essen – Frikadelle, Fritten und Frikassee womöglich (alles von *frigere,* ›rösten‹) – wird ihm verübelt!

Zu Zeiten seines politischen *floruit* (›er hat geblüht‹; für die Hauptschaffenszeit eines Künstlers) ließ ein bestimmter Ex-Fundi Fraktion und Partei nach seiner Flöte (*flare,* ›blasen‹) tanzen. Diese Zeiten scheinen freilich vorbei. Aber man wird sich noch lange an F. erinnern.

Gendarmen für die Gletscher!

Überall in den europäischen, aber selbst in den neuseeländischen Alpen *Alpes* zeigt sich das gleiche gravierende (*gravis,* ›schwer‹) Problem: Die Gletscher (*glacies,* ›Eis‹), die grandiosen (*grandis,* ›großartig‹) Gemmen (*gemma,* ›Edelstein‹) einer gloriosen (*gloriosus,* ›ruhmvoll‹) Bergwelt, sind in stetem Rückzug begriffen. Die Ursache für die generelle (*generalis,* ›allgemein‹) Entwicklung ist rasch genannt: Es ist die global (*globus,* Erd-›Kugel‹) grassierende (*grassari,* ›losschreiten‹, ›wüten‹) Klima-Erwärmung. Sie wird auf mehrere Grad (*gradus,* ›Schritt‹, ›Stufe‹) berechnet. Wenn nicht wirksame Gegenmaßnahmen eingeleitet werden, wird das Gros (*grossus,* ›dick‹, mittellateinisch *grossus* als Substantiv: ›Hauptmasse‹) der Gletscher in wenigen Generationen (*generatio,* ›Zeugung‹, ›Generation‹) weggeschmolzen sein.

Wir brauchen Gendarmen (*gens + arma,* ›bewaffnete Leute‹) zum Schutz der Gletscher – eine effiziente Klima-Polizei mit genuinen (*genuinus,* ›echt‹, ›natürlich‹) Befugnissen. Das UNO-Gremium (*gremium,* ›Schoß‹, ›Fürsorge‹-Gemeinschaft) jedenfalls, das sich bis jetzt um das Kyoto-Protokoll und dergleichen kümmert, scheint sich gegenüber den nicht beitrittswilligen Amerikanern noch allzu generös (*generosus,* ›voll von Abstammung‹, ›edel‹, ›großzügig‹) zu gerieren (*gerere,* ›sich benehmen‹). Die Zeit unverbindlicher Gesten (*gestus,* ›Bewegung der Hände‹, ›Gebärdenspiel‹) auf der einen wie auf der anderen Seite müßte nach dem Gusto (*gustus,* ›Geschmack‹) vieler Zeitgenossen endlich vorbei sein. Nicht, daß man den Klimaschädlingen an die Gurgel (*gurgulio,* ›Gurgel‹) gehen sollte, aber zumindest müßte man die Glacéhandschuhe (*glacies,* ›Eis‹; französisch *glacer,* ›vereisen‹, wird dann verallgemeinert zu ›mit einer glänzenden Glasur überziehen‹) ausziehen.

Es ist doch wahrhaftig keine Gaudi (*gaudium,* ›Freude‹), sondern ein übles Gravamen (*gravamen* von *gravis,* ›schwer‹: ›Beschwernis‹, ›drückende Last‹), wenn sich die Erdatmosphäre durch Bush und Konsorten zu einem grotesken (*crypta,* ›Gruft‹, ›Grotte‹, wird zu italienisch *grotta;* ›grotesk‹ ist ›höhlenartig‹, ›wunderlich‹) Grill (*crates,* ›Rost‹) aufheizt. Gratulation (*gratulatio,* ›Glückwunsch‹) zu dieser genialen (*genius,* ›Begabung‹, ›Schöpfergeist‹) Politik, Mr. President!

Von der Hausse in den Horror

Erinnern Sie sich noch an den Höhenflug der New Economy? An die Börsen-Hausse (aus vulgärlateinisch erschließbarem *altiare,* ›erhöhen‹, entstanden; Grundwort:

altus, ›hoch‹), bei der horrende (*horrendus,* ›schrecklich‹, ›haarsträubend‹) Wertsteigerungen erzielt wurden? Historisch (*historia,* ›Geschichte‹, ursprünglich griechisches Wort) wohl einmalig, wie da junge, schlipslose Leute die Hautevolee (*altus* + *volare,* ›hochfliegende‹ Gesellschaft) der Finanzwelt und die Honoratioren (*honoratus,* ›geehrt‹, ›angesehen‹; *honoratior:* Komparativ) der traditionellen Wirtschaft in den Schatten gestellt haben.

Im konsumtiven Habitus (*habitus,* ›Haltung‹, ›äußere Erscheinung‹) unterschieden sich die Aufsteiger kaum von den Etablierten. Helvetische (*helveticus,* ›helvetisch‹, später ›schweizerisch‹) Fünf-Sterne-Hotels (*hospitalia,* ›Gastzimmer‹), ›Nobelabsteigen‹ im *Spiegel*-Jargon, mußten es – neben denen an der Côte d'Azur, in Marbella *et cetera* – schon sein. Man ließ sich auch nicht ungern von Damen begleiten, die als Hostessen (*hospes,* ›Gastfreund‹, davon französisch *hostesse,* ›Gastgeberin‹) zu bezeichnen gewagt wäre, weil man nicht weiß, ob sie auf Honorar-Basis (*honorarium,* ›Ehrengeschenk‹) tätig waren.

Man hatte viel Spaß in den finanziell prächtigen Zeiten. Humor (*humor,* ›Feuchtigkeit‹; in der mittelalterlichen Medizin ›Körpersaft‹; *good humour* im Englischen ›gute Säftemischung‹ mit heiterem Temperament) gehörte unbedingt dazu, bei den Feinsinnigeren (na ja …) auch eine gewisse Hilarität (*hilaritas,* ›Heiterkeit‹). Warum auch nicht? Die New Economy schien ein prächtiger Humus (*humus,* ›fruchtbarer Erdboden‹) für exorbitante Gewinne zu sein, deren Investition in weitere Aktienpakete man fast schon habitualisiert hatte (zum *habitus,* ›Normalzustand‹, machen). Manche Profiterwartungen wirkten geradezu halluzinatorisch (*hallucinari,* ›ins Blaue hinein reden‹, ›dummes Zeug faseln‹).

Die Blase platzte mit lautem Knall. Für viele Spekulanten der wahre Horror (*horror,* ›Schrecken‹) – manch einer landete im Hospital (*hospitalia,* ›Gastzimmer‹). Diagnose aus heutiger Sicht: Hybris (griechisch: ›frevelhafter

Hochmut‹) – Selbstüberschätzung des *homo sapiens sapiens.* Wie gut, daß unsere Wirtschafts- und Finanzwelt seitdem humaner (*humanus,* ›menschlich‹) geworden ist!

Injektionen in die Intimsphäre

Das Krankenhaus ist eine Institution (*institutio,* ›Einrichtung‹), die man instinktiv (*instinctus,* ›Antrieb‹) zu verdrängen geneigt ist – auch als intelligenter (*intellegere,* ›einsehen‹, ›erkennen‹) Mensch, der weiß, wie ignorant (*ignorare,* ›nicht wissen‹) es wäre, sich die Zustände des Alten Roms zurückzuwünschen.

Da gab es nämlich keine Krankenhäuser. Es wäre ein immenser (*immensus,* ›unermeßlich‹) Rückschritt und in höchstem Maße irrational (verneinendes *in* + *ratio,* ›Vernunft‹), solche Verhältnisse re-installieren (*re,* ›zurück‹, + mittellateinisch *installare,* ›in eine Stelle einsetzen‹) zu wollen. Wer eine entsprechende Initiative (*initium,* ›Anfang‹) ergriffe, würde wohl nicht nur von Medizinern für insan (*insanus,* ›ungesund‹, ›wahnsinnig‹) erklärt werden. Obwohl, man weiß ja, nirgendwo infiziert (*inficere,* ›in etwas hineinmachen‹, ›vergiften‹, ›anstecken‹) man sich so schnell …

Natürlich ist es inopportun (*inopportunus,* ›ungelegen‹, weil ›nicht gegenüber dem Hafen gelegen‹) und auch medizinisch nicht indiziert (*indicare,* ›anzeigen‹), sich schon bei einer normalen Influenza (*influere,* ›hineinfließen‹; *influenza,* italienisch ›Einfluß‹ der Sterne, auf Epidemien übertragen, deren Auftreten den Sternen zugeschrieben wurde) in die intensive (*intensus,* ›angespannt‹, ›stark‹) Betreuung eines Krankenhauses zu begeben. Auch die Krankenkasse wäre ziemlich irritiert (*irritare,* ›erregen‹; ›reizen‹) und würde rasch intervenieren (*intervenire,* ›dazwischenkommen‹, ›einschreiten‹). Auch für eine Influenza-Schutzimpfung (erschließbares mittellateinisches *imputare,* ›hineinpfropfen‹, zunächst Ausdruck im Gartenbau) oder fürs Inhalieren (*inhalare,* ›einhauchen‹) muß niemand ins Krankenhaus; ebensowenig bei Inkontinenz (*in* + *continere,* ›nicht zusammenhalten‹).

Anders dagegen bei Insuffizienz (*in* + *sufficere,* ›nicht ausreichen‹) des Herzens oder sogar bei einem Herzinfarkt (*infarcire,* neulateinische Bildung zu *farcire,* ›stopfen‹; Infarkt also Gefäß-›Verstopfung‹), bei einer lebenswichtigen Infusion (*infundere,* ›hineingießen‹) oder Intubation (*in* + *tubus; tubus, tuba,* ›Röhre‹), bei sehr instabilem (*instabilis,* ›nicht stehend‹) Kreislauf oder höchst infektiösen (siehe oben, Suffix *-osus,* ›reich an‹) Erkrankungen, die einen Aufenthalt – hoffentlich nur ein Intermezzo (*inter* + *medius,* ›dazwischen in der Mitte‹) – auf der Isolierstation (*insula,* ›Insel‹, Isolation: ursprünglich Verweisung potentieller Seuchenkranker auch schon während der Inkubationszeit – *incubare,* ›drinnen liegen‹ – auf Quarantäne-Inseln) erforderlich machen.

Was viele Menschen im Krankenhaus inkommodiert (*incommodus,* ›unbequem‹, ›beschwerlich‹) und sie mitunter zu indignierten (*indignari,* ›für unwürdig halten‹, ›entrüstet sein‹) Reaktionen veranlaßt, sind weder die vielen intrakutanen, intramuskulären und intravenösen (*intra,* ›innerhalb‹, *cutis,* ›Haut‹; *musculus,* der ›Mäuschen‹-ähnliche ›Muskel‹; *vena,* ›Ader‹) Injektionen (*inicere,* ›hineinschleudern‹) noch die von manch einem als inflationär (*inflare,* ›hinein-, aufblasen‹) empfundene Instrumenten-Medizin (*instrumentum,* ›Gerät‹, ›Hilfsmittel‹). Es ist vielmehr die Einschränkung der Intimität (*intimus,* ›der innerste‹), die viele als inadäquat (*in* + *adaequatus,* ›nicht gleich gemacht‹, ›unangemessen‹) ansehen. Das beginnt mit inquisitorischen (*inquirere,* ›ausfragen‹) Fragebögen bei der Aufnahme und vor Operationen und endet mit indiskreten (*indiscretus,* ›ungetrennt‹, ohne Unterschied‹; *indiscretio,* ›Rücksichtslosigkeit‹) Arztgesprächen im Krankenzimmer in Anwesenheit anderer Patienten. Muß mir der Internist (*internus,* ›der innere‹) in Gegenwart anderer mitteilen, daß mein Leiden selbst unter Einbeziehung innovativer (*innovare,* ›erneuern‹) Methoden inoperabel (*in* + *operari,* ›arbeiten‹, + Suffix *-bel, -bilis, /-lich, -bar;* also ›nicht operierbar‹) ist? Daß es Indizien oder Indikatoren (*indicium,* ›Beweis‹, ›Merkmal‹; *indicare,* ›anzeigen‹) dafür gibt, daß die Erkrankung irreversibel (*in* + *reverti,* ›nicht zurückkehren‹, + Suffix *-bel,* also: ›unumkehrbar‹), die Schädigung irreparabel (*in* + *reparare* + Suffix *-bel,* ›nicht wiederherstellbar‹) ist und ich auf Dauer Invalide (*invalidus,* ›schwach‹, ›kraftlos‹) bleibe?

Natürlich ist es eine Illusion (*illudere,* ›verspotten‹), zu wünschen, daß jeder Patient im Einzelzimmer untergebracht werde, und das noch inklusive (*includere,* ›einschließen‹) Chefarztbehandlung. Aber es ließe sich doch einiges unschwer improvisieren (*improvidus,* ›unvorhergesehen‹), um wahrlich intolerable (*intolerabilis,* ›unerträglich‹) Gesprächssituationen zu vermeiden – und nicht den Eindruck zu erwecken, man sei im Krankenhaus geradezu interniert (*internus,* siehe oben; französisch *interner,* ›im Landesinneren festsetzen‹). Sonst braucht man sich nicht zu wundern, wenn Patienten die Aufhebung der Intimsphäre als inkompatibel (*in* + *pati* + Suffix *-bel,* ›unerträglich‹, ›nicht vereinbar‹) mit der Menschenwürde, ja nachgerade als ein Inferno (*infernus,* ›zur Unterwelt gehörig‹) der Indiskretion empfinden.

Ärzte scheinen gegenüber solchen Gefühlen eher indifferent (*indifferens,* ›keinen Unterschied habend‹, ›gleichgültig‹) zu sein. Auch Chefärzte haben selten den Impuls (*impulsus,* ›Antrieb‹), an diesem Punkte innovativ zu wirken. Fachliche Inkompetenz (*incompetens,* ›unpassend‹) wird man ihnen in der Regel nicht vorwerfen dürfen, wohl aber, daß sie sich für die eigene Inszenierung (*scaena,* ›Bühne‹, also: ›sich auf die Bühne setzen‹) inklusive der entsprechenden Interaktion (*inter* + *agere,* ›handeln zwischen‹) mit ihren Patienten und ihrem ärztlichen Gefolge stärker interessieren (*interesse,* geistig ›dazwischen sein‹) als für die angesprochene Problematik.

Intimsphäre hin und her – auf dem Inkasso (*in* + *capsa,* ›in den Geldbeutel hinein‹) insistieren (eifrig betreiben‹, ›nachsetzen‹) sie später auf jeden Fall. Und auf illiquide (*illiquidus,* ›nicht flüssig‹) oder insolvente (*in* + *solvere,* ›nicht zahlungsfähig‹) Ex-Patienten reagieren sie wenig indulgent (*indulgens,* ›nachsichtig‹). Was uns, ehrlich gesagt, nicht so sehr imponiert (*imponere,* Achtung ›hineinlegen‹, ›einflößen‹).

Jurist als Joker?

Erinnern Sie sich noch an Paul Kirchhof? Ein exzellenter Jurist (*ius,* ›Recht‹), Ex-Bundesverfassungsrichter, Professor der Jurisprudenz (*iuris prudentia,* ›Rechtsgelehrsamkeit‹) – und im Bundestagswahlkampf 2005 kurzzeitig der Star im Schattenkabinett der Kanzlerkandidatin Merkel. Ein nicht mehr juveniler (*iuvenis,* ›junger Mann‹) und auch nicht besonders jovialer (*Iovialis,* ›zu Jupiter gehörig‹; ›gelassen‹, ›leutselig‹) Mann – und doch ... Es mag im Juni oder Juli (der eine Monat nach der römischen Göttin *Iuno,* der zweite nach *Iulius* Caesar benannt) gewesen sein, als er geradezu als Juwel (aus erschließbarem vulgärlateinischem *iocellum* entstanden, ›Scherzchen‹, ›Schmuck‹) der Merkel-Mannschaft entdeckt und bejubelt wurde (*iubilare,* ›jauchzen‹, ›frohlocken‹).

Mit kühnen *flatrates* bei der Besteuerung der Bürger jonglierend (Jongleur von *ioculator,* ›Spaßmacher‹), erreichte Kirchhof zeitweise ausgesprochene Joker-Qualität (der Joker als beliebig einsetzbare Spielkarte wegen des auf ihr abgebildeten ›Narren‹, ›Spaßmachers‹ benannt; von *iocus,* ›Spaß‹) im Wahlkampfspiel. Und selbst die FDP als – gedachter und zu allem bereiter – Junior (*iunior,*

›der Jüngere‹, ›Kleinere‹)-Partner in der angestrebten Schwarz-Gelben Koalition nickte zustimmend – wenn auch ohne Jubelrufe (mittellateinisch *iubilum,* ›freudiger Aufschrei‹) und eher etwas süß-sauer, als ob ihr ein anderer Spieler die besten Jetons (Spielmünzen, die ›geworfen‹ werden; von *iactare,* ›werfen‹) im Steuersenkungs-Roulette weggeschnappt hätte.

Unter den Journalisten (der Journalist schreibt für den ›Tag‹; *diurnus,* ›täglich‹; vulgärlateinisch *diurnum,* ›Tag‹) genoß Kirchhof keinen schlechten Ruf. Aber manche erkannten die Janusköpfigkeit (*Ianus,* doppelgesichtiger Gott) seines steuerpolitischen Konzepts: Würde die geplante Steuerminderung auf breiter Front wirklich mittelfristig zu einer Erhöhung der Staatseinnahmen führen? Sie fragten nach, stellten das Junktim (*iunctim,* ›vereinigt‹; *iungere,* ›verbinden‹) zwischen Steuersenkung und höherem Steueraufkommen in Frage und deckten tatsächliche oder vermeintliche Widersprüche auf – just (*iuste,* ›gerecht‹, ›gerade‹) in der Phase des Wahlkampfes, als Kanzler Schröder den ›Professor aus Heidelberg‹ derb, aber nicht justitiabel (*iustitia* + *-bilis,* ›gerichtsfähig‹) zum unsozialen Gegner aller Krankenschwestern und Facharbeiter abstempelte.

Die Jubelarien verstummten jäh. Kirchhof sah sich als Opfer der Journaille und zog sich auf die Juristerei (*ius,* ›Recht‹) zurück. Erst im Januar 2006 (dem Monat, der wie der doppelköpfige *Ianus* ins alte Jahr zurück- und ins neue vorausschaut) las man wieder einmal von ihm. Er lehrt ebenso engagiert wie erfolgreich wieder Jura (*iura,* ›Rechte‹) und ist als Doktorvater ausgesprochen gefragt. Freilich kommt nicht jeder mittelmäßige Jurist bei ihm zum Zuge. Zwei Qualifikationen verlangt ›der Professor aus Heidelberg‹ von seinen Doktoranden: mindestens neun von zehn möglichen Punkten beim juristischen Staatsexamen – und das Latinum.

Kein Jux (*iocus,* ›Spaß‹)!

Kallis Konzept

Mein Name ist K. Ich trüge bei festlichen Anlässen eine Amts-Kette (*catena,* ›Kette‹), wenn die nicht dem Oberbürgermeister der Kommune (*communis,* ›gemeinschaftlich‹, ›öffentlich‹) vorbehalten wäre, die die von mir geleitete Einrichtung finanziell trägt. Ich spreche von einer Schule, deren Kapazität (*capacitas,* ›Fassungsvermögen‹) bei gut 800 Schülern mit rund zwanzig Klassen (*classis,* ›Abteilung‹) in der Sekundarstufe I liegt.

Wir haben eine Besonderheit. Latein ist bei uns Basisfremdsprache; gleichzeitig setzt aber auch schon der Englisch-Unterricht ein. Wir sprechen vom Latein-plus-Konzept (*conceptus,* ›Gedanke‹, ›Vorsatz‹). Es sieht eine konsequente (*consequens,* ›folgerichtig‹) Kombination (*combinatio,* ›Vereinigung‹) der beiden Weltsprachen Latein und Englisch vor. Die kontinuierliche (*continuare,* ›fortsetzen‹), gleichzeitige Schulung in beiden Sprachen ist, das kann man aufgrund konkreter (*concretus,* ›zusammengewachsen‹, ›verdichtet‹) Umfragen klar (*clarus,* ›klar‹) konstatieren (*constare,* ›feststehen‹, ›bekannt sein‹ lassen), ein ebenso kohärentes (*cohaerens,* ›zusammenhängend‹) wie kreatives (*creare,* ›erschaffen‹) Bildungskalkül (*calculus,* ›Berechnung‹, ›Überlegung‹). Kontroversen (*controversia,* ›Streit‹) oder gar konfliktreiche (*confligere,* ›zusammenstoßen‹) Konfrontationen (*con* + *frons,* ›mit der Stirn zusammen‹stoßen) gibt es darüber weder in der Schulkonferenz (*conferre,* ›zusammentragen‹) noch in der Schulgemeinde; statt dessen sind manchmal sogar Komplimente (spanisch *compliemento,* ›Überfluß‹, Überschwang‹, von lateinisch *complere,* ›anfüllen‹) zu hören – solange das Konzept nicht durch krasse (*crassus,* ›dick‹, ›grob‹) didaktische Fehler oder konfuses (*confundere,* ›zusammengießen‹, *confusus,* ›verwirrt‹) methodisches Vorgehen konterkariert wird (*contra* + *quadrare,* ›gegen‹ + ›viereckig, passend machen‹; daher ›hintertreiben‹).

Angesichts der Kompetenz (*competens,* ›zuständig‹, ›geeignet‹) der Kolleg(inn)en (*collega,* ›Amtsgenosse‹) und ihres korrekten (*correctus,* ›gebessert‹, daher ›richtig‹) und konzilianten (*concilians,* ›freundlich‹, ›versöhnlich‹) Umgangs mit den Schülern ist das aber nicht zu befürchten. Die Zeiten, in denen falsche Schülerantworten als ›Käse!‹ (*caseus,* ›Käse‹) oder ›Kappes!‹ (mittellateinisch *caputia,* ›Kohlkopf‹; Grundwort *caput,* ›Kopf‹) abgekanzelt wurden (von den *cancelli,* ›Kanzelschranken‹, herunter eine Strafpredigt halten), sind – das ist Konsens (*consensus,* ›Übereinstimmung‹) – vorbei. Hoffentlich. Ich wäre jedenfalls konsterniert (*consternatus,* ›aus der Fassung bringen‹), wenn es sich konträr (*contrarius,* ›gegenteilig‹) verhielte.

Es kostet (*constare,* ›zu stehen kommen‹) die Schüler im übrigen keine besondere zusätzliche Mühe, beide Sprachen gleichzeitig zu erlernen. Die Synergie-Effekte zum Beispiel beim Lernen verwandter Vokabeln kompensieren (*compensare,* ›ausgleichen‹) den Mehraufwand und die höhere Zahl von Klausuren (*claudere,* ›schließen‹) – ich korrigiere mich (*corrigere,* ›berichtigen‹): von Klassenarbeiten – weitgehend. Der Zeitaufwand, das ist zu konzedieren (*concedere,* ›einräumen‹), ist natürlich etwas höher; kollabiert (*collabi,* ›zusammenbrechen‹) ist darob aber noch niemand.

Die letzte Bemerkung mag sich etwas herb oder sogar nach Kommiß anhören (*commissio,* ›Auftrag‹ an die Bevölkerung, die Armee mit Lebensmitteln zu versorgen; daraus wurde der Vorrat selbst zum ›Kommiß‹, zum Beispiel in ›Kommißbrot‹; daraus Erweiterung von ›Kommiß‹ zu ›Militär‹). Ich kann aber glaubhaft versichern, daß wir, obwohl als konservativ (*conservare,* ›bewahren‹) eingestuft, durchaus mit der Moderne Kontakt (*contactus,* ›Berührung‹) halten. So haben wir nicht nur Kollektivstrafen (*collectivus,* ›Sammel-‹) und körperliche (*corpus,* ›Körper‹) Kastigation (*castigatio,* ›Züchtigung‹), Karzer (*carcer,* ›Gefängnis‹) und Kasernenton (*quaterni,* ›je vier‹

in einem Wachhaus) bereits lange abgeschafft, sondern ebenfalls schon seit Jahrzehnten die Koedukation (*co + educare,* ›gemeinsam erziehen‹) eingeführt und auch sonst manche Verkrustung (*crustis,* ›Kruste‹) beseitigt. Die einzige Kanaille (französisch *canaille,* ›Hundsgesindel‹; Basiswort *canis,* ›Hund‹), die sich ab und zu, weil wieder einmal mit ihr nicht gut Kirschen (*cerasuus,* ›Kirsche‹) essen war oder sie sich kapitale (*capitalis,* ›den Kopf betreffend‹, ›gravierend‹) Fehler geleistet hat, klammheimlich (*clam,* ›heimlich‹) im Keller (*cellarium,* ›Vorratsraum‹) oder in ihrer Dienstkammer (*camera,* ›Gewölbe‹) selbst kasteien (*castigare,* ›züchtigen‹) muß, bin ich.

Der einzige Kelch (*calix,* ›Kelch‹), der an unseren Schülerinnen und Schülern nicht vorübergeht, ist das obligatorische Lateinlernen ab Klasse 5. Aber das ist kein wirklicher Kelch. Sondern ein zukunftsweisendes Konzept, das allen Kultusministern (*cultus,* ›Bildung‹) als nachgerade karitativer (*caritas,* ›Nächstenliebe‹) Kurs (*cursus,* ›Lauf‹, ›Richtung‹) für eine Bildungs-Konsolidierung (*consolidare,* ›feststellen‹, daher ›sichern‹) nach PISA kommuniziert (*communicare,* ›mitteilen‹) werden sollte. Wirklich Klasse!

Libidinöses Latein?

Ovid war ein gefeierter Literat (*litteratus,* ›in der Literatur bewandert‹, ›gebildet‹) der Augusteischen Zeit. Mit seinen *Metamorphosen* errang er geradezu legendären (mittellateinisch *legenda,* ›zu lesende‹ Geschichte) literarischen Lorbeer (*laurus,* ›Lorbeer‹). Er schien damit auch weitgehend auf der vom Kaiser vorgegebenen politischen Linie (*linea,* ›Strich‹, ›Linie‹) zu liegen. Mit der in die *Metamorphosen* eingewobenen Darstellung der römischen Geschichte jedenfalls lieferte (*liberare,* ›befreien‹, mittellateinisch ›freilassen‹ im Sinne von ›ausliefern‹) er Augustus keinen Grund, ihn wegen Verstoßes gegen seine Sitten-

Legislatur (*legislatio,* ›Gesetzgebung‹) zu belangen. Die hatte zum Ziel, die aus der Sicht des Kaisers durch Luxus-Leben (*luxus,* ›üppige Fruchtbarkeit‹, ›übermäßige Verschwendung‹) und lukullische Ausschweifungen (Lucullus, im ›ersten Leben‹ Politiker und General, im ›zweiten‹ Lebemann – siehe Seite 159) in ihrer Sittlichkeit labil (*labilis,* ›leicht gleitend‹) gewordene römische Oberschicht zur Ordnung zu rufen. Gewiß, es gab auch in den *Metamorphosen* mehr oder weniger latenten (*latere,* ›verborgen sein‹) Spott des Dichters über die großen Götter und die großen Ahnen. Augustus war indes liberal (*liberalis,* ›freigebig‹, ›hochherzig‹) genug, um über solche Lapsus (*lapsus,* ›Ausgleiten‹, ›Fehltritt‹) hinwegzusehen.

Das war jedoch nicht mehr der Fall, als Ovid mit seiner *Liebeskunst* sozusagen den ersten Flirt-Ratgeber der Weltliteratur veröffentlichte und dem begeisterten römischen Publikum darin in luziden (*lucidus,* ›glänzend‹, dadurch ›verständlich‹) lateinischen (*Latinus,* ›lateinisch‹) Versen laszive (*lascivus,* ›schäkernd‹, ›zügellos‹) Lektionen (*lectio,* ›Lesen‹, ›Lektüre‹) erteilte. Nach Augustus' Überzeugung hatte Ovid damit seinen Ruf lädiert (*laedere,* ›verletzen‹). Woher glaubte dieser Dichter eigentlich die Lizenz (*licentia,* ›Erlaubnis‹) zu haben, ›erotische‹ Lokalitäten (*locus,* ›Ort‹) Roms genüßlich zu erläutern, Anregungen für libidinöse (*libidinosus,* ›lüstern‹, ›ausschweifend‹) Liaisons (*ligatio,* ›Verbindung‹) zu geben, Lotionen (*lotio,* ›Waschen‹, ›Baden‹) für erotische Wellness zu empfehlen, Liebesnächte mit oder ohne Lampe (*lampas,* ›Fackel‹, ›Leuchte‹; ursprünglich ein griechisches Wort) zu beschreiben und Ratschläge für sexuelle Stellungen *figurae Veneris* – freilich ohne Gefahr von Luxationen (*luxatio,* ›Verrenkung‹) – zu geben?

Während sich das gebildete Publikum an der ironisch-heiteren *Ars amatoria* labte (*lavare,* ›waschen‹, das eben auch ›erfrischen‹ kann…) und sie als geradezu luminöses (*luminosus,* ›lichtvoll‹, ›vortrefflich‹) Stück Literatur pries, war Augustus die Laune (*luna,* ›Mond‹, dem man im Mittelalter Einfluß auf die Laune nachsagte) gründlich verdorben. Mit Loyalität (*legalis,* ›gesetzlich‹) ihm und seiner Sittengesetzgebung gegenüber hatte dieses ›Machwerk‹ nichts zu tun. Im Gegenteil, es konnte die ohnehin laxe (*laxus,* ›schlaff‹, ›locker‹) Moral nur noch weiter beschädigen. Am besten in die Latrine (*latrina,* ›Kloake‹) mit dieser Wort-Lawine (*labi,* ›gleiten‹) an obszöner Loquazität (*loquacitas,* ›Geschwätzigkeit‹; das Fremdwort ist in der Medizin ein Terminus technicus)!

Doch das war illusorisch. Wohl aber konnte er dem Urheber dieses allzu legeren (*levis,* ›leicht‹, ›leichtsinnig‹) poetischen Umgangs mit seinen Sittengesetzen ›einen vor den Latz knallen‹ (*laqueus,* ›Schlinge‹; daraus ›Schnürband am Gewand‹). In die Öffentlichkeit ließ Augustus lancieren (*lanceare,* ›eine Lanze schwingen‹), Ovid habe unvorsichtigerweise am Kaiserhof ›gelinst‹ (wahrscheinlich von *lens,* ›Linse‹) und etwas gesehen, das für ihn Tabu war. Offiziell aber hielt der Kaiser es nicht einmal für nötig, Ovid in der Öffentlichkeit als Übeltäter – in welcher Hinsicht auch immer – zu entlarven (*larva,* Theater-›Maske‹). Es wurde nur lapidar (*lapis,* ›Stein‹; Steininschriften sind aufwendig und daher ›kurz‹) mitgeteilt, daß der gefeierte Dichter nach Tomi ans Schwarze Meer verbannt worden war – wo Ovid in seiner Exildichtung darüber lamentierte (*lamentari,* ›wehklagen‹), daß damit sein lebenswertes Leben zu Ende sei …

Letal (*letalis,* ›tödlich‹) ist's, den Leu (*leo,* ›Löwe‹) zu reizen.

Madame mit Mumm

Für militante (*militari,* ›Kriegsdienst leisten‹) Machos (*masculus,* ›männlich‹) war das mutmaßlich die Maximalstrafe (*maximus,* ›der größte‹), für viele Manager (*manus,* ›Hand‹, davon italienisch *maneggiare,* ›mit der

Hand bewerkstelligen‹; daraus englisch *to manage,* ›leiten‹) dagegen Musik (*musica,* ›Musik‹; griechisches Basiswort *mousikē*) in ihren Ohren: Als der große Polit-Maestro (*magister,* ›Lehrer‹, davon auch ›Meister‹ und *master*) Gerhard S. – majestätische (*maiestas,* ›Hoheit‹) Manieren (*manuarius,* ›zu den Händen gehörig‹, ›handlich‹, ›geschickt‹) waren ihm nicht fremd – sein Mandat (*mandatum,* ›Auftrag‹) als Bundeskanzler verlor und von der Dame M. abgelöst wurde. Als Mirakel (*miraculum,* ›Wunder‹) wird man diesen Übergang zu der ersten weiblichen Regierungschefin der Bundesrepublik nicht einstufen, aber es war doch ein historischer Moment (*momentum,* ›Bewegung‹, ›Bedeutung‹, ›Augenblick‹), sicherlich nicht nur ein marginales (*margo,* ›Rand‹), sondern durchaus memorables (*memorabilis,* ›denkwürdig‹) Ereignis in der politischen *und* der Mentalitätsgeschichte (*mens,* ›Gesinnung‹; Adjektiv *mentalis* im Mittellateinischen ›geistig‹, ›in der Vorstellung‹) Deutschlands. Nicht wenige Medien (*medium,* ›Vermittler‹) meditierten (*meditari,* ›nachdenken‹) denn auch über eine frauenspezifische ›Mission‹ (*missio,* ›Ziehen-Lassen‹, daraus ›Sendung‹) der ersten Kanzlerin, andere monierten (*monere,* ›mahnen‹), sie solle auf keinen Fall ihr Frau-Sein wie eine Monstranz (*monstrare,* ›zeigen‹) vor sich hertragen.

Tatsächlich ist Frau M. ja auch keineswegs mit der Maxime angetreten (mittellateinisch *maxima regula,* ›oberster Grundsatz‹), sich eine Medaille (*metallum,* ›Metall‹) für mehr oder minder monströse (*monstrosus,* ›ungeheuerlich‹, ›scheußlich‹) feministische Motive (mittellateinisch *motivum,* ›Beweggrund‹, von *movere,* ›bewegen‹) umhängen zu lassen. Eher wurde sie ja schon in früheren Stadien ihrer Karriere, als sie sich von der Ministerin (*minister,* ›Diener‹) und ›Kohls Mädchen‹ zu Kohls Widersacherin und Kanzlerkandidatin mauserte (*mutare,* ›verändern‹), als eher maskulin operierende Politikerin wahrgenommen, die, wo es nötig schien, vor Machinationen (*machinatio,* ›List‹, ›Kunstgriff‹; heute negativer: ›Machenschaften‹) nicht haltgemacht habe. Nicht nur maliziöse (*malitiosus,* ›arglistig‹, ›boshaft‹) Zungen behaupten, sie habe manchen konkurrierenden Matador (*mactator,* ›Schlächter‹) in den eigenen Reihen nicht nur malträtiert (*male + tractare,* ›schlecht behandeln‹), sondern ihn in geradezu martialischer (*Martialis,* ›wie der Kriegsgott Mars‹, ›kriegerisch‹) Weise gemetzelt (*macellum,* ›Fleischmarkt‹; mittellateinisch *macellare* ›schlachten‹). Darüber mag jetzt, da sie ihr Ziel erreicht hat, der Mantel (*mantellum,* ›Decke‹) des Schweigens gelegt werden, aber sicher werden wir später in den Memoiren (*memoria,* ›Erinnerung‹) mancher ihrer Gegner nachlesen können, *wie* sie die ganze Meute (altfranzösisch *muete,* auf erschließbares mittellateinisches *movita,* ›Bewegung‹, ›Jagdzug‹, zurückgehend; Grundwort *movere,* ›bewegen‹) ihrer innerparteilichen Gegner auf die Matte (*matta,* ›Matte‹) gezwungen hat. *Daß* sie es getan hat, ist ja manifest (*manifestus,* ›handgreiflich‹, ›offenbar‹).

Merkwürdig nur, daß solche Aufstiegs-Modalitäten (*modus,* ›Art und Weise‹) bei einer Frau eher als Makel (*macula,* ›Fleck‹) empfunden werden als bei Männern! Daß Gerhard S., der sich nach der Bundestagswahl etwas selbstmitleidig als Mohr (*Maurus,* ›Afrikaner mit dunkler Hautfarbe‹) empfand, der trotz seiner Meriten (*meritum,* ›Verdienst‹) gehen sollte, sich bei seinem politischen Aufstieg moderater (*moderatus,* ›gemäßigt‹) verhalten hat, darf man massiv (*massa,* ›Masse‹) bezweifeln.

Die Bundeskanzlerin stammt aus einem Milieu (*medius locus,* ›mittlerer Ort‹), das man sicher nicht als mondän (*mundanus,* ›zur Welt gehörig‹) bezeichnen kann. Aber schon bei ihrem Antrittsbesuch in Frankreich machte Madame M. (*mea domina,* ›meine Herrin‹; daraus auch ›Mamsell‹, und ›Madonna‹) trotz sprachlichen Mankos (*mancus,* ›verstümmelt‹, ›unvollständig‹) eine gute Figur. Die internationale Presse musterte (*monstrare,* ›zeigen‹)

sie aufmerksam und stellte übereinstimmend fest: Eine moderne (*modernus,* ›neu‹) Frau mit Mumm (wohl von *animus,* ›Mut‹)!

Sie scheint sich auf ihr neues Metier (*ministerium,* ›Amt‹) zu verstehen. Erfolg auf Dauer, diese Message (*mittere,* ›schicken‹) hat sie verstanden, wird sie nur haben, wenn es gelingt, aus der monetären (*monetarius,* ›zur Münze gehörig‹, ›Geld-‹) Misere (*miseria,* ›Elend‹) herauszukommen und den Wirtschafts-Motor (*motor,* ›Beweger‹) nachhaltig anzuwerfen. Welche Medizin (*medicina,* ›Arznei‹) für die lahmende Konjunktur die richtige ist, wie man die Menschen motiviert (*movere,* ›bewegen‹), den Binnenmarkt (*mercatus,* ›Markt‹) durch Geldausgeben ankurbelt, die Steuermoral (*mores,* ›Sitten‹) hebt, die Multis (*multum,* ›viel‹) bewegt, wirtschaftliche Entscheidungen nicht vorrangig im Interesse der Minorität (*minor,* ›kleiner‹, ›geringer‹; mittellateinisch *minoritas,* ›Minderheit‹) der Aktionäre zu treffen ... – all das ist zu bedenken. Wenn sie nur ein Minimum (*minimum,* ›das Geringste‹) dieser drängenden ökonomischen Aufgaben lösen sollte, wäre das ein monumentaler (*monumentum,* ›Denkmal‹) Erfolg, den wir mit einem herzlichen *merci, madame!* (*merces,* ›Lohn‹, ›Verdienst‹) honorieren würden.

Vielleicht hilft ihr und uns ja auch der Himmel dabei. Er hat sie uns schließlich geschickt. Wie man jedenfalls ihrem Vornamen entnehmen kann: ›Angela‹ ist, vom Griechischen ins Lateinische übernommen, der ›weibliche Engel‹.

Nudist im Negligé

Eine nebulöse (*nebula,* ›Nebel‹) Überschrift, finden Sie? Sie haben recht – auch wenn Sie von diesem Abschnitt kein besonderes Niveau (*libella,* Verkleinerungsform zu *libra,* ›Waage‹, wird zu französisch *livel,* ›Wasserwaage‹) erwarten, vielleicht sogar die Nase (*nasus,* ›Nase‹) rümpfen ob der vermuteten Narretei (unsicher: erschließbares *nario,* ›Spötter‹, als Ausgangswort für ›Narr‹) und Ihnen der N-Artikel auf die Nerven (*nervus,* ›Nerv‹) geht. Es wäre nett (*nitidus,* ›sauber‹), wenn Sie ihm trotzdem keine allzu negative (*negare,* ›verneinen‹; *negativus,* ›verneinend‹) Note (*nota,* ›Merkmal‹, ›Kennzeichen‹) gäben, sondern notfalls gar keine Notiz (*notitia,* ›Kenntnis‹) von ihm nähmen.

Nudisten (*nudus,* ›nackt‹) werden von manchen Zeitgenossen als etwas naive (*nativus,* ›angeboren‹) Nonkonformisten (*non + conformis,* ›nicht gleichförmig‹) angesehen, die sich außerhalb der Norm (*norma,* ›Richtschnur‹) bewegen. Sie selbst halten sich für der Natur (*natura,* ›Natur‹) besonders nahe und sehen in ungezwungener, schamfreier Nudität (*nuditas,* ›Nacktheit‹) eine Art Nonplusultra (*non + plus + ultra,* ›nicht mehr darüber hinaus‹) zumindest des Freizeitverhaltens – am Strand oder sonstwo in der freien Natur notabene (*nota + bene,* ›merke gut!‹, ›wohlgemerkt‹). In der Nischengesellschaft (*nidus,* ›Nest‹) der früheren DDR gab es recht zahlreiche Nudisten. Von der NVA (national, Adjektiv zu *natio,* ›Volksstamm‹, ›Nation‹) wurden sie deutlich weniger mißtrauisch beäugt als etwa Nihilisten (*nihil,* ›nichts‹).

Was die Bewertung des Nudismus angeht, so ist der Autor dieser Zeilen von einem negativen Urteil ebenso weit entfernt wie davon, diese Weltanschauung mit einem Nimbus (*nimbus,* verwandt mit *nebula,* ›Nebel‹; zunächst hauptsächlich ›Platzregen‹, dann über die Bedeutung ›Nebelhülle‹ schon im Altertum ›Heiligenschein‹) zu umgeben. Er bleibt in nobler (*nobilis,* ›vornehm‹) Zurückhaltung neutral (*ne + utrum,* ›keins von beiden‹; *neutralis,* ›neutral‹).

Eines aber stellt er ganz nüchtern (*nocturnus,* ›nächtlich‹; in der Nacht schläft man und ißt und trinkt nicht) fest: Wenn es November (*novem,* ›neun‹; Jahresbeginn ursprünglich bei den Römern: 1. März) wird und Temperaturen um den Nullpunkt herum (*nullum,* ›nichts‹) mit nivalen (*nivalis,* ›Schnee-‹; meteorologischer Terminus technicus) Schauern drohen, dann läuft die Nudismus-Nummer (*numerus,* ›Zahl‹) nicht mehr so gut. Und die Nudisten sind froh, wenn sie wenigstens ein Negligé (*neglegere,* ›vernachlässigen‹; Negligé: ›lässige Kleidung‹) überstreifen können.

Niveauloser narrativer (*narrare,* ›erzählen‹) Nonsens (*non + sensus,* ›kein Sinn‹)? Na ja. Man hätte ja auch eine Geschichte über Nepotismus (*nepos,* ›Enkel‹, ›Neffe‹; daher: Begünstigung von Verwandten) bei Negern (*niger,* ›schwarz‹) schreiben und damit eine Nominierung (*nominare,* ›benennen‹) für Negativbeispiele von *political correctness* riskieren können.

Onkel Sam und das Öl

Eine ordentliche (*ordo,* ›Ordnung‹) Öl-Versorgung (*oleum,* ›Öl‹) ist für das Funktionieren der Weltwirtschaft, objektiv (*obiectum,* ›entgegengeworfen‹, ›vorgegeben‹) gesehen, obligatorisch (*obligatorius,* ›verbindlich‹). Aus Sicht des Westens, früher als Okzident (*sol occidens,* ›untergehende Sonne‹) bezeichnet, wäre es optimal (*optimus,* ›der Beste‹), wenn dieser Lebenssaft der Ökonomie so opulent (*opulentus,* ›reich‹) flösse, daß man hinsichtlich einer gesicherten Versorgung aus eigenen Quellen optimistisch (*optimus,* siehe oben) sein könnte. So ist es jedoch nicht, und deshalb ist es durchaus opportun (*opportunus,* ›gegenüber dem Hafen‹ gelegen, deshalb ›günstig‹), sich andere Optionen (*optio,* ›freie Wahl‹) zu sichern. Und die liegen, wie man weiß, hauptsächlich im Orient (*sol oriens,* ›aufgehende Sonne‹).

Onkel (*avunculus,* ›Onkel‹) Sam, dem man, ohne besonders originell (*originalis,* ›ursprünglich‹) zu sein, eine gewisse Obsession (*obsessio,* ›Besetztsein‹) in Sachen Öl attestieren darf, operiert (*operari,* ›arbeiten‹) dabei auf unterschiedliche Weise. Die im *Oval Office* (*ovum,* ›Ei‹; *officium,* ›Pflicht‹, ›Dienst‹; *office,* ›Dienststelle‹) geschmiedete Politik oszilliert (*oscillare,* ›schwanken‹) zwischen zwei extremen Polen: zum einen einer ostentativen (*ostentatio,* ›Zur-Schau-Stellen‹) Unterstützung durchaus auch obskurer (*obscurus,* ›dunkel‹) Regime, die zuverlässig Öl offerieren (*offerre,* ›anbieten‹), sich aber im Umgang mit der innenpolitischen Opposition (*opponere,* ›entgegenstellen‹) nicht gerade an demokratischen Prinzipien orientieren (*oriens,* ›Osten‹; im Mittelalter richtete man eine Position wie zum Beispiel die Anlage einer Kirche nach Osten aus), zum anderen einem offensiven (*offendere,* ›anstoßen‹, ›verletzen‹) Vorgehen gegen Staaten, die sich obstinat (*obstinatus,* ›hartnäckig‹) oder sogar obstruktiv (*obstruere,* ›entgegenbauen‹, ›versperren‹) gegenüber amerikanischen Öl-Wünschen verhalten.

Solche Länder werden sehr aufmerksam observiert (*observare,* ›beobachten‹) und müssen im schlimmsten Fall auch mit der Okkupation (*occupare,* ›besetzen‹) durch eine omnipotent (*omnis* + *potens,* ›allmächtig‹) sich dünkende Supermacht rechnen. Die Option auf militärische Operationen (*operari,* siehe oben) ist auch zu Beginn des 3. Jahrtausends noch keineswegs obsolet (*obsoletus,* ›abgenutzt‹), auch wenn viele Menschen eine Politik, die Krieg in Kauf nimmt, für odiös (*odiosus,* ›verhaßt‹), ja geradezu obszön (*obscaenus,* ›anstößig‹; ›unzüchtig‹) halten. Ovationen freilich (*ovatio,* ›kleiner Triumph‹, daraus später ›begeisterter Beifall‹) löst Krieg nirgendwo mehr aus – auch nicht der ums ominöse (*ominosus,* ›voll von Vorbedeutungen‹, in negativer Ausprägung ›unheilschwanger‹) Öl geführte.

Pakt im Pech

Peinlich, peinlich (*poena,* ›Strafe‹): Ausgerechnet Deutschland, gewissermaßen der Pate (*pater,* ›Vater‹) des europäischen Stabilitätspaktes (*pactum,* ›Vertrag‹), strauchelt schon seit Jahren auf dem Parcours (*percursus,* ›Durchlaufen‹) der Drei-Prozent-Hürde. Wie penetrant (*penetrans,* ›eindringlich‹) hatten gerade die Vertreter der Bundesrepublik bei der Planung des Projekts (*proicere,* ›nach vorn werfen‹; davon französisch *projeter,* ›entwerfen‹) Euro darauf gedrungen, diese Obergrenze der Neuverschuldung als probates (*probatus,* ›erprobt‹, ›bewährt‹) Mittel gegen befürchtete Preisschübe (*pretium,* ›Preis‹) und Inflationstendenzen zu fixieren! Permanent (*permanere,* ›ausdauern‹) hatten sie, zeitweise gegen den Protest (*protestari,* ›öffentlich bezeugen‹) anderer EU-Partner (*pars,* ›Teil‹; mittellateinisch *partionarius,* ›Teilhaber‹) geradezu perseverierend (*perseverare,* ›verharren‹, ›hartnäckig auf etwas bestehen‹) Stabilität gepredigt (*praedicare,* ›öffentlich ausrufen‹), für das Drei-Prozent-Prinzip (*pro* + *centum,* ›auf hundert‹; *principium,* ›Grundlage‹) plädiert (*placere,* ›gefallen‹; *placitum,* ›Willensäußerung‹, ›Wunsch‹) und diesen Plan (französisch *plan,* ursprünglich ›Grundriß‹, geht auf lateinisch *planta,* ›Fußsohle‹, zurück) partout (*per* + *totus,* ›durch das Ganze‹, daraus ›unbedingt‹) zum offiziellen Beschluß gepusht (*pulsare,* ›stoßen‹)!

Darin waren sich alle großen Parteien (*pars,* ›Seite‹) einig gewesen. Kein Wunder: Teile der Presse (*premere,* ›drücken‹; davon mittellateinisch *pressa,* ›Druck‹) und des Polit-Publikums (*publicus,* ›öffentlich‹) waren damals pessimistisch (*pessimus,* ›der schlechteste‹) gegenüber dem Euro, einige hielten seine Einführung geradezu für perniziös (*perniciosus,* ›verderblich‹, ›unheilvoll‹). Es wurden sogar Klageschriften und Petitionen (*petitio,* ›Bitte‹, ›Forderung‹) eingereicht, und manch ein Gegner des Euro verstieg sich – in einer allerdings recht pubertär (*pubes,*

›Jugend‹; *pubertas,* ›Geschlechtsreife‹) anmutenden Diktion – dazu, die geplante Gemeinschaftswährung prononciert (*pronuntiare,* ›laut rufen‹) als ›Pest‹ (*pestis,* ›Seuche‹) zu propagieren (*propagare,* ›ausdehnen‹). Solche – zum Teil ziemlich perfide (*perfidus,* ›treulos‹, ›unredlich‹) und provokant (*provocare,* ›herausfordern‹) präsentierten (*praesentare,* ›gegenwärtig machen‹, ›zeigen‹) Horrorszenarien waren sicher fehl am Platze (*platea,* ›Straße‹, ›freier Platz‹). Aber bei vielen Mitbürgern war der Euro tatsächlich nicht populär (*popularis* ›volkstümlich‹, ›populär‹). Sie hatten Sorge, bald nach seiner Einführung weniger Geld im Portemonnaie (*portare* + *moneta,* ›Münzen tragen‹) zu haben als zuvor. Da sollte etwas möglicherweise durchaus Prekäres (*precarius,* ›bittend‹, ›durch Bitten erlangt‹, und deshalb in der Weiterentwicklung durch das französische *précaire* auch ›unsicher‹) probiert werden (*probare,* ›prüfen‹)!

Um so mehr erschien der Stabilitätspakt den Politikern als prima (*primus,* ›der erste‹) Möglichkeit, den Euro gewissermaßen aufzupolieren (*polire,* ›glätten‹) und potentielle (*potentialis,* ›mächtig‹, ›wirkend‹; potentiell: ›in der Wirkung möglich‹) Übertretungen von vornherein zu pönalisieren (*poena,* ›Strafe‹; griechisches Grundwort *poiné*).

Pikant (erschließbares mittellateinisches *piccare,* ›stechen‹, als Vorläufer von französisch *piquer*), wie nunmehr das Pendel (*pendulus,* ›schwebend‹) umgeschlagen ist und die anderen Partner Deutschland geradezu auf die Pelle (*pellis,* ›Fell‹, ›Haut‹; daher auch ›Pelz‹) rücken und postulieren (*postulare,* ›fordern‹), die Bundesrepublik solle sich nach mehreren Jahren Stabilitäts-Pause (*pausa,* ›Pause‹, ›Stillstand‹) endlich wieder penibel (*poena,* ›Strafe‹; über französisch *pénible,* ›schmerzlich‹, ›beschwerlich‹, zur deutschen Bedeutung ›genau‹) an die Vorgaben halten. Ein weiteres Plazet (*placet,* ›es gefällt‹, ›man beschließt‹) zu Übertretungen werde es nicht geben, statt dessen müsse über hohe Strafprämien (*praemium,* ›Preis‹) nachgedacht werden. Und die deutsche Regierung kann nicht einmal *denken,* bei diesen provinziellen (*provincialis,* ›Provinzbewohner‹) Pfeifen piepe (beides von *pipare,* ›piepen‹) es ja wohl ...

Pech (*pix,* ›Pech‹) nur, daß das Land zur Zeit pekuniär (*pecunia,* ›Geld‹) Parterre (*par* + *terra,* ›gleicher, ebener Boden‹) gegangen ist, wirtschaftlich nicht mehr so potent (*potens,* ›mächtig‹) und prosperierend (*prosperus,* ›glücklich‹) ist wie früher und die Wirtschaftswachstums-Party (*pars,* ›Teil‹, ›Partei‹; daraus englisch *party,* ›Festgesellschaft‹) anderswo abgeht. Selbst profunde (*profundus,* ›unergründlich tief‹) Fachleute bezweifeln, daß Deutschland in absehbarer Zeit kräftig genug am Wachstum der Weltwirtschaft partizipieren (*participare,* ›teilnehmen lassen‹) kann, um die Stabilitätskriterien wieder zu erfüllen – selbst wenn es die Staatspretiosen (*pretiosus,* ›wertvoll‹), besser bekannt unter dem Begriff ›Tafelsilber‹, an Private (*privatus,* ›abgesondert‹, ›nicht öffentlich‹) verkauft. Und die Politiker scheinen ihr Pulver (*pulvis,* ›Staub‹) weitgehend verschossen zu haben. Ein überzeugendes Rezept hat niemand parat (*paratus,* ›bereit‹).

Die Vorstellung, daß zwar Dosen- und Flaschenpfand (*pactum,* ›Abmachung‹) in Deutschland perfekt (*perfectus,* ›durchgemacht‹, daher ›vollendet‹) organisiert sind, aber die wirklich wichtigen ökonomischen Entscheidungen eher mit zuwenig Power (*posse,* ›können‹) vorangebracht werden, könnte einen auf die Palme *palma* treiben. Doch pardon (*donare,* ›schenken‹; *perdonare* vulgärlateinisch ›Vergebung schenken‹)! Bevor der Puls (*pellere,* ›schlagen‹, ›stoßen‹) zu hoch geht, naht – zumindest putative (*putativus,* ›vermutet‹, ›vermeintlich‹) – Rettung für den in profanen (*profanus,* ›ungeweiht‹, ›gottlos‹) wirtschaftlichen Tiefen versunkenen deutschen Pakt-Patienten (*patiens,* ›duldend‹, ›leidend‹). Vielleicht war es ja das Präludium (*praeludere,* ›vorspielen‹) zu einer positiven (*positus,* ›gesetzt‹, daraus ›sicher feststehend‹) Zukunfts-Projektion (*proicere,* ›nach vorn werfen‹), daß seit dem Jahre 2005 nach mehr als vier Jahrhunderten erstmals wieder ein Deutscher den Posten (*positus,* ›gestellt‹; daraus auch ›Position‹) des Pontifex maximus (›oberster Priester‹) bekleidet. Wir sind Papst (*pappas,* ›Vater‹, ›Bischof‹; griechische Form von lateinisch *papa*)! Möge uns das nützen! Oder, lateinisch gesprochen: Prosit!

Quote oder Qualität?

Quote‹ (*quotus,* ›der wievielte?‹) ist eines der Zauberwörter unserer Zeit. Daß die Quote beim Lottospiel wichtig ist, mag man noch einsehen. Das Schielen der TV-Sender auf Quote und Quotenregelungen im Bereich der Politik oder sogar der Hochschule erscheint dagegen nicht unproblematisch, wenn dabei die Qualität (*qualitas,* ›Beschaffenheit‹) und Qualifikation (*qualis* + *facere,* ›wie beschaffen machen‹; daraus ›Befähigungsnachweis‹) quasi (*quasi,* ›gleichsam‹) aus dem Blick geraten. TV-Einschaltquoten werden nicht nur quartalsweise (*quartus,* ›der vierte‹; mittellateinisch *quartale anni,* ›Viertel des Jahres‹), sondern tagtäglich qua (*qua,* ›wie‹; ›auf welche/diese Weise‹) Umfrage und in zahlreichen Wohnungen installierter Quoten-Geräte ermittelt. Dabei weiß man eigentlich, daß die Quantität (*quantitas,* ›Menge‹, ›Anzahl‹) oft genug der Feind der Qualität ist.

Die Quittung (*quietare,* ›beruhigen‹; im Mittellatein durch Bestätigung ›aus einer Verbindlichkeit entlassen‹) für die Quotenjagd sind zunehmend Sendungen mit einem Anspruchsniveau allenfalls von Quintanern oder Quartanern (*quinta, quarta,* ›fünfte‹, ›vierte‹ Klasse von oben) und die ständigen Querelen (*querela,* ›Klage‹) um die Frage, wie weit gerade das öffentlich-rechtliche Fernsehen qualitativ noch sinken darf.

Wenn schon kein Riesenquantum (*quantus,* ›wieviel‹), so doch wenigstens ein Quentchen (aus erschließbarem *quintianus,* ›Fünftel‹, entstanden; Grundwort *quintus,* ›der fünfte‹) an kulturellem Verantwortungsgefühl wäre den Programm-Machern von ARD, ZDF und den dritten Landesprogrammen zu wünschen. Vielleicht sollte man sie sogar in irgendein fernsehfreies Landhaus für ein paar Wochen zur geistigen Quarantäne (*quadraginta,* ›vierzig‹ Tage Isolierung) einquartieren (*quartarius,* ›Viertel‹) und sie erst mit der Einsicht entlassen: Quote ist Quatsch (kein lateinisches Wort)!

Rekorde und Rankiine

Von Fußball soll die Rede sein – einem trotz des schönen ›Apopudobalia‹-Artikels im *Neuen Pauly* bei den Römern nicht bekannten Spiel. Die Überschrift reflektiert (*reflectere,* ›zurückbiegen‹, daraus ›zurückstrahlen‹, ›spiegeln‹) die Tatsache, daß es sich bei dem Verein, dem wir uns zuwenden wollen, nicht um einen von bloßer regionaler (*regio,* ›Gegend‹) Relevanz (von englisch *relevant,* ›bedeutsam‹, fußend auf lateinisch *relevare,* ›in die Höhe heben‹), sondern um einen der respektabelsten (*respectare,* ›zurückblicken‹, ›berücksichtigen‹) Vereine in Deutschland handelt: Bayern München ist als Rekordmeister (*recordari,* ›sich erinnern‹) auch im Rest (*restare,* ›übrig sein‹) der Republik (*res publica,* ›öffentliche Sache‹, ›Staat‹) bestens bekannt.

Allein der Reservekader (*reservare,* ›aufbewahren‹) der Bayern ist so renommiert (französisch *renommer,* ›wieder ernennen‹, ›rühmen‹; Ursprungswort *nominare,* ›nennen‹), daß manche Gegner – auch der eine oder andere aus dem Ruhrrevier (französisch *rivière,* ›Ufergegend‹, auf lateinisch *ripa,* ›Ufer‹, zurückgehend) – eigentlich jedem Spiel gegen die Bayern resigniert (*resignare,* ›verzichten‹) entgegenblicken müßten. Das ist jedoch in aller Regel (*regula,* ›Richtschnur‹, ›Regel‹) nicht der Fall. Im Gegenteil. Die Spieler reagieren (*re + agere,* ›zurück handeln‹) nicht nur relativ (*relativus,* ›sich beziehend auf etwas‹, deshalb ›vergleichsweise‹) relaxed (*relaxare,* ›lösen‹) auf ihre zu vermutende spielerische Unterlegenheit. Sie sind sogar besonders motiviert. Erst recht im Pokal, wenn es gilt, gegen die Übermannschaft aus München eine Runde (*rotundus,* ›rund‹) weiterzukommen.

Auch das Publikum macht sich in Gastspielen der Münchener alles andere als rar (*rarus,* ›selten‹). Die Resonanz (*resonantia,* ›Widerhall‹) ist vielmehr riesig – zumal seit es sich geradezu zum Ritual (*ritualis,* ›den religiösen Brauch betreffend‹) entwickelt hat, den Bayern die Lederhosen ausziehen zu wollen. Nicht, daß das Resultat (*resultare,* ›zurückspringen‹, mittellateinisch *resultatum,* ›Ergebnis‹) ohne Bedeutung wäre und von den Zuschauern nicht registriert würde (*regesta,* ›Verzeichnis‹); aber fast noch wichtiger erscheint es mitunter, nicht gerade rationale (*ratio,* ›Vernunft‹) Ressentiments (*re + sentire,* ›wieder empfinden‹; französisch *ressentiment* ›heimlicher Groll‹) gegen den als überheblich geltenden Rekordmeister auszuleben – ein wichtiges Regulativ (*regulare,* ›regeln‹) gegen unterschwellige Unterlegenheitsgefühle oder gewissermaßen die Psycho-Revanche (*re + vindicare,* ›wieder rächen‹) gegen manchmal ja durchaus markige bis rüde (*rudis,* ›roh‹, ›ungebildet‹) Bemerkungen der sogenannten Bayern-Oberen.

Überhaupt spielt die Vorstandsetage des FC Bayern München eine Rolle (*rotula,* ›Rädchen‹, Verkleinerungsform von *rota,* ›Rad‹), die der Reputation (*reputatio,* ›Betrachtung‹) des Clubs nicht immer förderlich ist. Als Darsteller für ein Requiem (*requies,* ›Ruhe‹) taugen Hoeneß und Co. beileibe nicht. Häufig führt, was öffentliche Verlautbarungen angeht, die Abteilung ›robust‹ (*robustus,* ›fest‹) und ›rustikal‹ (*rusticus,* ›ländlich‹, ›bäurisch‹) Regie (*regere,* ›lenken‹). Manche Replik (*replicare,* ›wieder auseinanderfalten‹, ›dagegen einwenden‹) gegenüber Anmerkungen von Radio-Reportern (*radius,* ›Strahl‹, da das Radio elektromagnetische Wellen ausstrahlt; *reportare,* ›wiederbringen‹) und Zeitungsredakteuren (*redigere,* ›zu etwas machen‹; französisch *rédiger,* ›einen Text in Ordnung bringen‹) läßt sich sogar unter der Rubrik (*rubrica terra,* ›rote Erde‹; mit daraus gewonnener Farbe wurden die Titel von Gesetzen rot geschrieben) ›rabiat‹ (*rabies,* ›Wut‹) zusammenfassen. Das Repertoire (*repertorium,* ›Verzeichnis‹; zu *reperire,* ›finden‹) einschlägiger Räsonnements (*ratio,* ›Vernunft‹; französisch *raisoner,* ›vernunftbegabt handeln‹, im Deutschen auch mit negativer Bedeutungserweiterung: ›schimpfen‹, ›mäkeln‹) ist durchaus beachtlich.

Auch gegenüber Spielern und Trainern wird ein resolutes (*resolutus,* ›ungebunden‹, ›ausgelassen‹; im Deutschen deutlich positiver: ›bestimmt‹), ja rigoroses (*rigor* + Suffix *-osus,* ›voll Härte‹) Regiment (*regimentum,* ›Leitung‹) praktiziert. Eindringlichkeit und Lautstärke von Reglementierungen (*regulare,* siehe oben) verhalten sich reziprok (*reciprocus,* ›wechselseitig‹) zum Erfolg auf dem Rasen. Geht die Rate (mittellateinisch *rata pars,* ›berechneter Anteil‹; Grundwort *reri,* Partizip Perfekt *ratus,* ›meinen‹) der gewonnenen Spiele zurück, so beginnt es im Verein rapide (*rapidus,* ›reißend‹, ›schnell‹) zu rumoren (*rumor,* ›dumpfes Geräusch‹, ›Gerücht‹). Da werden dann Spieler ebenso zum Rapport bestellt (*re* + *apportare,* einen Bericht ›zurück herbeibringen‹) wie der Trainer, dem eine Revision (*revisio,* mittellateinisch ›prüfende Wiederdurchsicht‹; *re* + *videre*) der Rotations- (*rotare,* ›sich im Kreis drehen‹) oder Riegeltechnik (*regula,* ›Leiste‹, ›Latte‹ als ›Schieber‹) nahegelegt wird – auch eine gegebenenfalls so radikale (*radix,* ›Wurzel‹), daß er seinen Ruf als Trainer damit zu ruinieren (*ruina,* ›Einsturz‹) droht. Daß es in dieser Situation ohne Ranküne (*rancor,* ›alter Haß‹, ›Groll‹) nicht abgeht, darf man wohl mit Fug resümieren (*resumere,* ›wieder aufnehmen‹, ›wiederholen‹).

Andererseits: Dergleichen sorgt für kostenlose Reklame (französisch *réclamer,* ›zurückrufen‹, basierend auf *re* + *clamare*) und hohe Rendite (*reddere,* ›zurückgeben‹; italienisch *rendita,* ›Ertrag‹). Es wäre ebenso ridikül (*ridiculus,* ›lächerlich‹), den realen (*realis,* ›sächlich‹, ›tatsächlich‹) Erfolg dieses Konzepts zu bezweifeln, wie Sepp Herbergers unsterbliche Einsicht zu bestreiten, daß der Ball rund ist.

Da einerseits ›rund‹ lateinischen Ursprungs ist (*rotundus,* ›rund‹) und da der FC Bayern andererseits bei aller verbalen Rustikalität durchaus Wert darauf legt, auch hohe Repräsentanten (*repraesentare,* ›vorstellen‹) des Geisteslebens in seinen Vereinsreihen zu wissen (wer weiß, vielleicht ist der mittlerweile beförderte frühere Kardinal R. sogar Mitglied!), sei ihm vom R-Referenten (*referens,* ›Berichterstatter‹; nicht zu verwechseln mit dem – allerdings auch von *referre* abgeleiteten – Referee, ›Schiedsrichter‹) ein Reform-Vorschlag (*reformare,* ›umgestalten‹) unterbreitet: Mit der Umbenennung in *Bavaricum Monacense* könntet ihr mit einem Schlage alle Latein-Freunde der Republik als Anhänger gewinnen – einschließlich doch wohl der Leser und Rezensenten (*recensere,* ›prüfen‹, ›durchmustern‹) dieses Buches.

Single-Special

Singles (*singulus,* ›einzeln‹) sind in unserer Gesellschaft absolut keine singulären (*singulus,* siehe oben) Erscheinungen mehr. Seriöse (*serius,* ›ernsthaft‹) Statistiken (französisch *statistique,* ›Staatswissenschaft‹; abgeleitet von *status,* ›Stand‹) signalisieren (*signum,* ›Zeichen‹) vielmehr, daß das Single-Segment (*segmentum,* ›Abschnitt‹) in der Struktur (*structura,* ›Aufbau‹) der Bevölkerung sich künftig sogar noch vergrößern wird. Sicher (*securus,* ›sorglos‹,

›sicher‹) Grund genug, innerhalb unserer Serie (*series,* ›Reihe‹) Fremdwort-geleiteter Storys (*historia,* ›Geschichte‹) einen Beitrag über diese soziale (*socialis,* ›die Gesellschaft betreffend‹) Gruppe zu schreiben (*scribere,* ›schreiben‹).

Als Ausgangssituation (*situs,* ›Lage‹) simulieren (*simulare,* ›so tun, als ob‹) wir den Fall eines Singles, der im Investment Banking in führender Position, also keineswegs in einer subalternen (*subalternus,* ›untergeordnet‹) Stellung, tätig ist. Man könnte auch sagen: Unser Mann ist von Beruf Spekulant (*speculari,* ›auskundschaften‹, ›beobachten‹). Daß wir mit der Wahl dieser Spezies (*species,* ›Art‹) in ziemlich simpler (*simplex,* ›einfach‹) Weise ein Klischee bedienen, ist uns bewußt. Wir werden das auch im folgenden skrupellos (*scrupulus,* ›spitzes Steinchen‹, daraus im übertragenen Sinne ›Bedenken‹; Gegenteil von ›skrupellos‹ ist ›skrupulös‹, *scrupulosus,* ›voll Skrupel‹) fortsetzen – man könnte unsere Darstellung ja auch für eine etwas subversive (*subvertere,* ›umstürzen‹) Satire (*satira, satura,* ›Spottgedicht‹) halten.

Unser Single lebt in einer chic sanierten (*sanare,* ›heilen‹), dank Putzfrau auch sauberen (*sobrius,* ›nüchtern‹, ›mäßig‹) Altbauwohnung mit Designer-Möbeln und edlen Objekten sogar im Sanitär-Bereich (*sanitas,* ›Gesundheit‹, ›Hygiene‹), und zwar natürlich solo (*solus,* ›allein‹) und separat (*separatus,* ›abgesondert‹, ›getrennt‹). Die TV-Versorgung läuft über Kabel; Satellitenschüsseln (*satelles,* ›Trabant‹; ›Begleiter‹, der um jemanden kreist; *scutella,* ›flache Schüssel‹) hält er für spießig – da sortiert sich (*sortiri,* ›losen‹, ›auswählen‹) für ihn die Geschmacks-Spreu vom Weizen. Auf persönlichen Stil (*stilus,* ›Griffel‹, daraus ›Art zu schreiben‹, verallgemeinert zu ›Art, etwas zu tun‹) legt er größten Wert.

Sein Essen bereitet er sich nur ungern selbst zu; wenn überhaupt, dann einen Salat (*salire,* ›salzen‹) mit Zutaten der Saison (*satio,* ›Aussaat‹; französisch *saison,* zunächst

›Zeit der Aussaat‹) und vielleicht mit ein paar Sardellen (italienisch *sardella,* Verkleinerungsform von *sarda,* ›Heringsfisch‹) und einer feinen Senf-Sauce (*sinapi,* ›Senf‹; griechisches Wort; *salsus,* ›salzig‹; vulgärlateinisch *salsa,* ›gesalzene Brühe‹). Er selbst spricht allerdings von ›Dressing‹.

Andere Speisen (mittellateinisch *spensa,* ›Nahrung‹) läßt er sich lieber im Restaurant servieren (*servire,* ›dienen‹) – vorzugsweise im französischen Bistro oder beim Edel-Italiener. Wenn ihn Hunger auf derbe Hausmannskost überkommt, entschließt er sich schon einmal spontan (*spontaneus,* ›freiwillig‹), eine Eckkneipe mit Spelunken-Image (*spelunca,* ›Höhle‹) in einem ganz anderen Stadtteil aufzusuchen. Als Getränke sind französischer Rotwein, Champagner und Sekt, wie er sich gern ausdrückt, ›angesagt‹ – Sekt aber nur, wenn er seiner Etymologie entspricht (*vino secco,* ›trockener Wein‹; Basiswörter *vinum* + *siccum*).

Haben wir in unserem Single-Sermon (*sermo,* ›Gespräch‹; im Deutschen mit negativer Bedeutungsentwicklung ›langweiliger Redeschwall‹) schon erwähnt, daß er ein hohes Salär (*salarium,* ursprünglich ›Salzgeld‹, ›Verpflegungsgeld‹, ›Sold‹) bezieht und als überaus solvent (*solvere,* Schulden ›ablösen‹, ›bezahlen‹), ja geradezu finanziell saturiert (*satur,* ›satt‹) gilt? Im heimischen Safe (*salvus,* ›wohlbehalten‹) liegen stets ein paar Tausender. Bei besonders erfolgreichen Abschlüssen ergießt sich über ihn häufig genug ein weiterer Geldsegen (*signum,* ›Zeichen‹ des Kreuzes).

Manchmal betätigt er sich als großzügiger Sponsor (*sponsor,* ›Bürge‹) und spendet (*expendere,* ›ausgeben‹) geradezu spektakuläre (*spectaculum,* ›Schauspiel‹; daher ›Aufsehen erregend‹) Summen (*summa,* ›das Ganze‹, ›Summe‹) – hauptsächlich, *damit* es auffällt. Denn für Sentimentalitäten (*sentire,* ›empfinden‹, ›fühlen‹) in sozialer Hinsicht hat er eigentlich kein Sensorium (ebenfalls von *sentire,* siehe oben) – das überläßt er, erneut ein O-Ton, ›den Sozis‹ (*socius,* ›Gefährte‹).

In seinem Büro sitzen vier Sekretärinnen (*secretus,* ›abgesondert‹; ›geheim‹; mittellateinisch *secretarius,* ›Geheimschreiber‹) – zwei von ihnen, das räumt er unumwunden ein, sind reine Statussymbole (*status,* ›Stellung‹). Er hat fein darauf geachtet, daß ihm die Direktion keine alten Schachteln (*scatula,* ›Schatulle‹) ins Vorzimmer setzt, sondern Damen, die Sex-Appeal (*sexus,* ›Geschlecht‹; *appellare,* ›ansprechen‹) mit einer gewissen Servilität (*servilis,* ›sklavisch‹, ›unterwürfig‹) verbinden. Aber er käme – Dienst ist Dienst, und Schnaps ist Schnaps – nie auf die Idee, eine der Damen zu seduzieren (*seducere,* ›beiseite führen‹, ›verführen‹). So sagte man früher zu einem Vorgehen, das unser Freund sehr viel derber auszudrücken beliebt.

Gleichwohl ist er dem Sex durchaus nicht abhold. Solarium (*sol,* ›Sonne‹) und Spiegel (*speculum,* ›Spiegel‹) spielen bei entsprechenden Vorbereitungen keine unbedeutende Rolle; er benutzt sie auch zur Selbststimulanz (*stimulare,* ›anregen‹). Styling (*stilus,* siehe oben) gehört ebenso zur sexuellen Selbstdarstellung wie der Sportwagen (vulgärlateinisch *deportare,* ›zerstreuen‹, ›vergnügen‹; daraus französisch *desport* und englisch *disport,* ›Zeitvertreib‹, ›Spiel‹), mit dem er regelmäßig spazierenfährt (*spatiari,* ›herumspazieren‹), wenn ihm danach ist.

Und trotz allem beschleichen ihn manchmal Suizidgedanken (*sui* + *caedere,* ›Tötung seiner selbst‹). Ein Szenario (*scaena,* ›Bühne‹), gegen das er nur mit dem Gedanken an ein bestimmtes Volkshochschul-Seminar (*seminarium,* ›Pflanzschule‹) ankämpfen kann, das er demnächst unbedingt besuchen möchte. Denn dort will er nachholen, was ihm zu wirklichem Glück und wirklicher Erfüllung noch fehlt: In der Schule (*schola,* ›Schule‹) hat er kein Latein gelernt. Die arme Socke (*soccus,* ›leichter Schuh‹)!

Die kostbarsten Wochen des Jahres«, tönt (*tonare,* ›ertönen‹) die Tourismus-Werbung (*tornare,* ›mit einem Dreheisen runden‹, daraus französisch *tour,* ›kreisförmige Bewegung‹, ›Ausflug‹; davon englisch *tourist,* ›Rundreisender‹), sollten Sie nutzen, um dem tristen (*tristis,* ›traurig‹) deutschen Himmel zu entfliehen. Zusätzlich werden Ihnen noch Tricks (*tricae,* ›Possen‹) verraten, wie Sie mit Hilfe terminlicher (*terminus,* ›Grenze‹; ›Ende‹) Brückenschläge die Urlaubszeit tendenziell (*tendere,* ›streben‹, ›auf etwas hinarbeiten‹) verlängern können.

Sie sehen die intensive Tourismus-Werbung als Tortur an (*tortura,* ›Verrenkung‹; mittellateinisch ›Folter‹, von *torquere,* ›drehen‹, ›foltern‹), fühlen sich geradezu terrorisiert (*terrere,* ›erschrecken‹) davon? Sie müssen zugeben, daß andere Branchen Sie mit deutlich trivialeren (*trivialis,* ›gewöhnlich‹, ›allgemein zugänglich‹, weil an einem *trivium,* ›Kreuzung dreier Straßen‹, gelegen) Reklame-Texten (*textus,* sprachliches ›Gewebe‹) traktieren (*tractare,* ›behandeln‹).

Natürlich haben Sie recht: Die ›weiße Industrie‹ trachtet danach (*tractare,* ›sich mit etwas beschäftigen‹), möglichst uns allen Pauschalurlaub total (*totus,* ›ganz‹) zu verkaufen. Hohe Buchungszahlen sind wichtige Trümpfe (*triumphus,* ›Triumph‹) in den Verhandlungen mit Fluglinien und Hoteliers. Aber auch die profitieren von verläßlichen Verträgen; erhebliche Preisnachlässe gegenüber den Branchenriesen sind der Tribut (*tributum,* ›Abgabe‹) an diese Sicherheit.

Sie können nicht bestreiten, daß die Tourismusunternehmen sich auf ihrem Terrain (*terra,* ›Boden‹) bestens auskennen. Sie halten Angebote für jeden Geschmack und jedes Temperament (*temperamentum,* ›richtige Mischung‹) bereit. Egal, ob Sie im Lande der Toreros (*taurarius,* ›Stierkämpfer‹) ordentlich transpirieren (*trans* +

spirare, ›durchatmen‹), Urlaub im Lande der Trikolore (*tricolor,* ›dreifarbig‹) testen (*testa, testum,* ›Scherbe‹, ›Geschirr aus Ton‹, als Ursprungswörter, daraus französisch, englisch und mittelhochdeutsch *test,* ›Probiertiegel‹) oder einen Touch Antike (neuenglisch aus französisch *toucher,* ›berühren‹; möglicherweise auf lateinisch *ducere,* ›führen‹, ›ziehen‹, zurückgehend) im Land der Tavernen (*taberna,* ›Laden‹, ›Wirtshaus‹) spüren wollen, ob Sie lieber im einsam gelegenen Ferienhaus Ihr Urlaubs-Tusculum (Landgut Ciceros im gleichnamigen Ort; im übertragenen Sinne: ›ruhiger Landsitz‹) finden oder sich in den Adria-Trubel (*turba,* ›Getümmel‹, davon auch englisch *trouble*) stürzen wollen, ob Sie einen Tennis-Urlaub (*tenez!,* ›haltet‹ den Ball!, von lateinisch *tenere,* ›halten‹), eine traditionelle (*tradere,* ›überliefern‹) Bildungsreise oder als potentielles Turteltäubchen (*turtur,* ›Turteltaube‹) eine Art Tuttifrutti-Trip (*totus+fructus,* ›alle Früchte‹) an textilfreien Stränden (*textilis,* ›gewebt‹) mit turbulenten (*turba,* siehe oben) Têtes-à-têtes (vulgärlateinisch *testa,* ›Kopf‹; also: ›Kopf-an-Kopf‹) und abendlichen Travestieshows (*trans+vestire,* ›hinüber kleiden‹) planen – Tui und Co transportieren (*transportare,* ›hinüberbringen‹) Sie zuverlässig hin.

Wobei Sie sich bis auf das Taxi (*taxare,* ›schätzen‹) zum Terminal (*terminus,* ›Ende‹) nicht einmal um den Transfer (*transferre,* ›hinübertragen‹) kümmern müssen, ebensowenig bei Vollpension um die Tischbestellung vor Ort (›Tisch‹ aus *discus,* ›Scheibe‹, ›Platte‹). Gleichwohl bleibt noch einiges für Sie selbst zu tun: beim Frühstück Ihr Weißbrot eigenhändig zu toasten (*torrere,* ›rösten‹), sich mit Tabletten (französisch *tablette,* Verkleinerungsform zu *tabula,* ›Platte‹; ›Arzneiplättchen‹) für den Fall zu munitionieren, daß abendlicher Weingenuß zu mitternächtlichem Torkeln (*torculare,* ›keltern‹) und morgendlichem Kopfschmerz führt, Tranquilizer (*tranquillare,* ›beruhigen‹) ins Reisegepäck aufzunehmen, wenn Sie in Ihrem Hotel mit italienischen Kindern rechnen müssen, ebenso Sonnencreme und weitere Tinkturen (*tinguere,* ›färben‹) zum Schutz Ihres Teints (ebenfalls von *tinguere,* siehe oben; französisch *teint,* ›Gesichtsfarbe‹), sowie taktvoll (*tactus,* ›Berührung‹, ›Gefühl‹) und tolerant (*tolerare,* ›ertragen‹) mit Engländern umzugehen, die Ihr frühmorgendlich sorgfältigst ausgebreitetes Handtuch von Ihrer (!) Liege wegnehmen wollen, und sie nicht als ›trübe Tassen‹, ›Trottel‹ oder ähnliches zu titulieren (*titulare,* ›benennen‹).

Und dann noch, wenn die kostbarsten Wochen des Jahres um sind, Ihrem Urlaubs-Territorium (*territorium,* ›Gebiet‹) Tschüs! zu sagen (aus französisch *adieu,* spanisch *adiós,* lateinisch *ad deum,* ›zu Gott‹, ›Gott befohlen!‹). Aber Tempo (*tempus,* ›Zeit‹)! Der Flieger wartet nicht!

Utilität eines Unikums

Vorbei die Zeiten, da Latein-Gegner mit Parolen wie *›Latinum in latrinam!‹* universitäre (*universitas,* ›Gesamtheit‹; in der Universität: die der Lehrenden und Lernenden) Studiengänge ummodeln (erschließbare vulgärlateinische Verkleinerungsform *modellus* zu *modus,* ›Art und Weise‹, daher auch ›Modell‹; weitere Verkleinerungsform: *modulus,* ›kleines Maß‹) und dabei die Stellung des Lateinischen unterminieren (*mina,* ›Mine‹) wollten! In medizinischer Fachsprache Geschulte unter diesen Bildungs-Usurpatoren (*usurpator,* ›Anmaßer‹; *usurpare,* ›in Gebrauch nehmen‹, ›sich aneignen‹; ›usurpieren‹ im Deutschen nur in negativer Ausprägung) glaubten sogar, von einem Ulcus (*ulcus,* ›Geschwür‹) der Bildung sprechen zu sollen.

Nach PISA wissen wir, was die Bildungs-Stunde (*hora,* ›Stunde‹, über französisch *heure*) wirklich geschlagen hat. Mit großer Unanimität (*unanimitas,* ›Einmütigkeit‹), ja geradezu unsisono (*unisonus,* ›eintönig‹) fordern Experten, Bildung und Ausbildung stärker an Qualität und Leistung zu messen – und da ist Latein wieder mit im Spiel! Man ist sich auch einig, daß nicht nur eine rein utilitaristische (*utilis,* ›nützlich‹) Meßlatte an Bildungsgegenstände angelegt und die exakt meßbare Utilität (*utilitas,* ›Nutzen‹) von Schulfächern in den Blick genommen werden darf. Nur ein paar sozusagen unilateral (*unus* + *lateralis,* ›eine einzige Seite betreffend‹; in unserem Zusammenhang nicht ganz korrekt gebraucht!) fixierte Neoliberale in der FDP und der Union (*unio,* ›Vereinigung‹) haben das noch nicht begriffen.

Im ganzen aber hat PISA dem Lateinischen den Rücken gestärkt und ihm neue Schüler zugeführt – ohne daß es zum ultimativen (*ultimus,* ›der letzte‹) Hit unter den Schulfächern aufgestiegen wäre. Und zur Steigerung des Werbeadjektivs ›megageil‹ zu ›ultrageil‹ (*ultra,* ›darüber hinaus‹) ist es, bezogen auf Latein, noch ein weiter Weg. Aber es hat sich eben doch erwiesen, daß der jahrhundertelange Bildungs-Usus (*usus,* ›Gebrauch‹) nicht nur auf unreflektierter uniformer (*uniformis,* ›einförmig‹, ›eintönig‹) Tradition beruht. Latein ist ein Unikum im wahrsten Sinne des Wortes: etwas ›Einzigartiges‹ *unicus.* Facetten dieser Unikalität (Neubildung zum existierenden Adjektiv unikal, ›einzigartig‹) sind vor allem, aber nicht ausschließlich seine geradezu ubiquitäre (*ubique,* ›überall‹) Präsenz als universelle (*universus,* ›ganz‹, ›sämtlich‹) Wissenschaftssprache und die gepflegte Urbanität (*urbanitas,* feine ›städtische Lebensart‹), die es anspruchsvollen Unterhaltungen verleiht.

Und nicht nur anspruchsvollen. Oder finden Sie nicht, daß vulgäres ›Pinkeln‹ durch vornehmes ›Urinieren‹ (*urina,* ›Urin‹) ausgesprochen aufgewertet wird?

Kleines Vademecum der Virilität

Ein großes Thema, an dem sich schon Herbert Grönemeyer mit Verve (*verbum,* ›Ausdruck‹, daraus französisch *verve,* ›Schwung‹, ›Begeisterung‹) abgearbeitet hat: Wann ist der Mann ein Mann? Freilich: Besonders valide (*validus,* ›stark‹, ›kräftig‹) sind seine Antworten darauf nicht ausgefallen, eher doch etwas vage (*vagus,* ›unstet‹, ›schwankend‹). Wir machen einen neuen Versuch, wenigstens einige Varianten (*varius,* ›verschiedenartig‹) von Virilität (*virilitas,* ›Männlichkeit‹, von *vir,* ›Mann‹; die Einschränkung auf den medizinischen Bereich – ›Mannbarkeit‹, ›männliche Zeugungskraft‹ – erscheint überholt; das Wort wird breiter benutzt!) in einem kleinen Vademecum (*vade* + *mecum,* ›geh mit mir‹; daraus ›Leitfaden‹, ›Ratgeber‹) zu verifizieren (*verum* + *facere,* ›wahr erweisen‹) oder auch nur zu ventilieren (*ventilare,* ›hin und her bewegen‹; von *ventus,* ›Wind‹).

Vegetarier (Neubildung zu englisch *vegetation,* ›Pflanzenwelt‹; Ursprungswort *vegetatio,* ›Belebung‹, von *vegere,* ›munter sein‹, ›leben‹) stehen nicht im Rufe besonderer Virilität, wohl aber diejenigen, die – durchaus in vagabundierender Weise (*vagabundus,* ›umherschweifend‹, ›unstet‹) – vehement (*vehemens,* ›heftig‹) versuchen, die Virginität (*virgo,* ›Jungfrau‹) von Damen in Gefahr zu bringen – und die sich dann am Ziel wähnen, wenn ihnen mit vibrierender Stimme (*vibrare,* ›zittern‹, ›schwanken‹) ein letztlich doch ermunternd klingendes Veto (*veto,* ›ich verbiete‹) entgegentönt.

Vitalität (*vitalitas,* ›Lebenskraft‹), möglichst nicht durch künstliche Vitamin-Präparate (*vita,* ›Leben‹, + ›Amin‹, eine organische Stickstoffverbindung), sondern durch veritable (*veritas,* ›Wirklichkeit‹) Anlage bedingt, dürfte ebenfalls allgemein als Ausdruck von Virilität angesehen werden. Ob aber ein Nobel-Vehikel (*vehiculum,* ›Fahrzeug‹) mit eindrucksvollem Hub-Volumen (*volumen,* ursprünglich

›Schriftrolle‹, die abgerollt – *volvere* – wird; später über französisch *volume* Bedeutungsentwicklung zu ›Rauminhalt‹) etwa aus der Fabrikation von Porsche eine virile Visitenkarte (*visitare,* ›besuchen‹) ist, darüber hört man unterschiedliche Versionen (*vertere,* ›wenden‹; davon französisch *version,* ›Fassung‹). Manche Damen votieren (*vovere,* ›geloben‹, ›wünschen‹) auch für eine Villa (*villa,* ›Landhaus‹) als visualisierten (*visualis,* ›zum Sehen gehörig‹; daher ›optisch herausstellen‹) Ausdruck von Virilität – gerade auch bei älteren Herren, die als Veteranen (*veteranus,* ›altgedienter Soldat‹) zu bezeichnen dem Verfasser dieser Zeilen nicht angemessen erschiene.

Virtuoser (*virtus* + Suffix *-osus,* ›reich an Mannhaftigkeit, Tüchtigkeit‹) Umgang mit dem Videorekorder (*videre* + *recordari,* ›sehen‹ + ›sich vergegenwärtigen‹) – sei es in voyeuristischer (*videre,* ›sehen‹, als Grundwort für französisch *voyeur,* ›Beobachter‹) Mission oder um Sportübertragungen von Fußball oder Volleyball (*volare,* ›fliegen‹; englisch *volley,* ›Flugball‹) visuell (*visualis;* siehe oben) rückzuverfolgen – ist zwar typisch männlich, aber nicht gerade viril. Ganz anders schon das Öffnen von Aggressionsventilen (*ventus,* ›Wind‹; daraus Vorrichtung zum Ventilieren, ›Hin-und-her-Bewegen‹ von Gasen): Vendetta (*vindicta,* ›Strafe‹) ist zwar in mitteleuropäischen Gefilden verpönt (*poena,* ›Strafe‹), nicht aber verbale (*verbum,* siehe oben) Entgleisungen wie ›verdammt‹ (*damnare,* ›verurteilen‹) oder ›vermaledeit‹ (*maledicere,* ›schmähen‹). Vulkanisch (Vulcanus, Gott des Feuers) veranlagte Charaktere sind versiert darin (*versari,* ›sich aufhalten‹), solche Ausdrücke ins durchaus Vulgäre (*vulgaris,* ›alltäglich‹, ›gemein‹ wie das *vulgus,* ›gemeines Volk‹) zu diversifizieren, selten indes zu versifizieren (*versus* + *facere,* ›in Verse bringen‹). Wenn er jemanden so richtig im Visier hat (*visus,* ›Anblick‹), ist der virile Typus möglicherweise auch geneigt, seinem Gegenüber ein Veilchen (*viola,* ›Veilchen‹) auf die Visage (*visus*, siehe oben) zu verpassen.

Gewiß fallen Ihnen, verehrte Leser, und vor allem Ihnen, venerable (*venerabilis,* ›verehrungswürdig‹) Leserinnen, weitere Varianten oder sogar Visionen (*visio,* ›Anblick‹; ›Erscheinung‹) von Virilität ein – die dann aber vermutlich nicht ins V-Schema passen. Der Autor jedenfalls würzt seine V-Valediktion (*valedictio,* ›Abschiednehmen‹, von *vale dicere,* ›Lebewohl sagen‹) mit einem wahrhaft virilen Wunsch: *vivat vir,* ›es lebe der Mann!‹

Waten im Wein

Alfred W. ist Winzer (*vinitor,* ›Winzer‹). Sein Hof liegt in einem Weiler (*villa,* ›Landgut‹) an der Mosel, direkt neben dem Dorfweiher (*vivarium,* ›Fischteich‹). Seine Weinberge (*vinum,* ›Wein‹) beginnen hinter dem Wall (*vallum,* ›Schutzwehr‹, ›Wall‹), der sich an einigen Stellen noch aus früheren Zeiten erhalten hat. Die Erträge sind in diesem Jahr gut: W. könnte in riesigen Wannen (*vannus,* ›Futterschwinge‹) voll Wein waten (*vadare,* ›waten‹), aber diese – bei den Römern übliche – Methode des Pressens ist längst überholt. Sorge bereitet dem Winzer der anhaltende Preisverfall. Muß er die Weste (*vestis,* ›Kleidung‹) in Zukunft noch enger tragen – oder demnächst gar Wirsing (*viridia,* ›grünes Gemüse‹) statt Wein anbauen?

X für U?

Man soll den Lesern kein X für ein U vormachen und deshalb offen bekennen: Es gibt kein Fremdwort mit X, das aus dem Lateinischen käme. Wohl aber hat die im Mittelalter entstandene Redensart eine Menge mit den Römern zu tun: X ist bekanntlich das römische Zahlzeichen für 10, U schrieb man bis zum 10. Jahrhundert noch wie V, das römische Zahlzeichen für 5. Erweitert man das V bei der Abrechnung mit zwei kleinen Strichen nach unten zum X, so ergibt sich eine Verdopplung des Betrages: »Wenn der Wirt schreibt ein X für ein U, so kommt es seiner Rechnung zu.«

Zertifizierte Zellen

Wer über Zellen (*cella,* ›abgeschlossener Raum‹) nachdenkt, dem kommt unwillkürlich ein Zitat (*citare,* ›anführen‹, ›erwähnen‹) von Heinz Erhardt in den Sinn: »Das Leben kommt – auf alle Fälle – aus einer Zelle. Doch manchmal endet's auch – bei Strolchen – in einer solchen.« In unserem Text soll von der zweiten Sorte, der ›solchen‹, die Rede sein – derjenigen, die sehr viel mehr mit – nicht ganz freiwilligem – Zölibat (*caelibatus,* ›Ehelosigkeit‹) zu tun hat als die biologische. Wir wollen uns am Beispiel der Zelle mit dem immer stärker um sich greifenden Zertifizierungswesen beschäftigen, das manch einer für einen gewaltigen bürokratischen Zirkus hält (*circus,* ›Kreis‹; trotz der bei den Römern eher ovalen Form auf die Zirkus-Rennbahn übertragen).

Im eigentlichen Sinne hat man Zellen seit Jahrtausenden zertifiziert, nämlich ›sicher gemacht‹ *certus* + *facere.* Die Zäsur (*caesura,* ›Fällen‹, ›Abschnitt‹) im Übergang zur Zertifizierungsnorm unserer Tage (DIN-ZEL 95264) wird wohl eine EU-Richtlinie gewesen sein. Man weiß ja, in welch exzessiver Weise die EU-Bürokraten die Entwicklung neuer Normen auf zivilem (*civilis,* ›bürgerlich‹) wie militärischem Sektor geradezu zelebrieren (*celebrare,* ›festlich begehen‹, ›feiern‹), wie sie Klassen für Zwiebeln (*cepula,* ›kleine Zwiebel‹) und Zitronen (*citrus,* ›Zitronenbaum‹), und sicher auch Betriebsanleitungen für Zisternen (*cisterna,* ›Zisterne‹), zentral (*centrum,* ›Mittelpunkt‹ des Kreises, griechisches Ursprungswort *kentron*) festlegen

– und sich vermutlich schwarz darüber ärgern, daß sie diese Regulierungswut nicht auch auf Zypressen *cupressus* und Zikaden *cicada* ausdehnen und deren Wachstum zensieren (*censere,* ›begutachten‹, ›prüfen‹) dürfen.

Bei den Zellen aber haben die nationalen Regierungen das Gestaltungsrecht bestimmt an die EU-Behörden zediert (*cedere,* ›auf etwas verzichten‹; ›zedieren‹ im juristischen Sinne: ›abtreten‹). Seitdem ist es mit Zirka-Werten (*circa,* ›ungefähr‹) beim Zellenbau vorbei. Da wird exakt abgezirkelt (*circulare,* ›kreisförmig bilden‹), wie viele Zentner (*centum,* ›hundert‹) Zement (*caementum,* ›Baustein‹) zu verwenden sind, wie viele Quadratzentimeter (*centum,* siehe oben) Grundfläche eine Zelle minimal oder maximal zu haben hat, welche Sorte Ziegel (*tegula,* ›Ziegel‹) zur Dachsicherung in Frage kommt und wie baulich verhindert werden kann, daß Kassiber – selbst winzige Zettel (*schedula,* ›Blättchen Papier‹) – hinausgeschmuggelt werden können. Die Kosten und Zinsen (*census,* ›Schätzung‹, ›Steuer‹) für solche zerebralen (*cerebrum,* ›Gehirn‹) Verirrungen trägt wie üblich der Steuerzahler.

Jedenfalls dann, wenn unsere auf allgemein zirkulierende (*circulari,* ›einen Kreis um sich bilden‹) Vorurteile gestützten Vermutungen zutreffen sollten.

XIII
EXTREMST PEINLICH – DUMMLATEIN AUF DEUTSCH

›Armes Latein!‹ – in armem Latein

Paupera lingua Latina ultimum refugium in Riga habet, »die arme lateinische Sprache hat ihre letzte Zufluchtsstätte in Riga«, konstatierte Papst Johannes Paul II. im Gespräch mit einem lettischen Bischof – und stellte die Richtigkeit seiner These mit ihr selbst unter Beweis. Ein Aufschrei ging, von ›klassischen‹ Lateinern verursacht, durch die Gazetten – einschließlich derer, die nicht gerade als Latein-nah in Erscheinung getreten sind. Denn der Herrscher des einzigen Staates, in dem das Lateinische noch heute Amtssprache ist, hatte in seinen Satz gleich zwei Fehler eingebaut. Das Femininum von *pauper,* ›arm‹, heißt ebenfalls *pauper,* und statt *in Riga* sollte der alte Lokativ *Rigae* Verwendung finden.

Immerhin verfügt der Papst über Latein-Divisionen; seine Experten stellten klar, daß die Form *paupera* zumindest im späten Latein und im Kirchenlatein bezeugt sei und auch *in Riga* aufgrund ähnlicher Belege durchgehen könne. Cicero im 1. Jahrhundert v. Chr. wäre sicher nicht *amused* – sehr weit von vulgärlateinisch *mussari,* ›brummen‹, herzuleiten – gewesen, aber Augustin im 4./5. Jahrhundert hätte wohl ein Auge zugedrückt – und der große christliche Kirchenvater dürfte im Zweifel die gewichtigere Autorität für einen Papst sein als der große ›heidnische‹ Redner.

Wenn schon der katholische *pontifex maximus* – der Titel geht übrigens auf den ›heidnischen‹ ›Oberpriester‹ der Römer zurück – in puncto Latein so danebenliegt, kann man es da Normalsterblichen in unseren lateinarmen Zeiten verdenken, wenn sie sich, sagen wir freundlich, gewisser unorthodoxer Lateinformulierungen bedienen? Absolution (*absolvere,* Partizip Perfekt *absolutus,* ›loslösen‹, ›freisprechen‹) liegt nahe – zumindest von seiten publizistischer Mitfahrer im heftig schlingernden Boot lateinischen Halb- und Viertelwissens.

Kostproben *constare, probare*... gefällig? Bitte schön: Die *taz* erfand einst das *ius sanguae,* ›Recht des Blutes‹, das doch eher ein *ius sanguinis* ist – fast exkulpiert freilich zum einen dadurch, daß sie damit durchaus progressiv und politisch korrekt *sanguis* in ein Femininum verwandelt und die fragwürdige patriarchalische Vereinnahmung der teuersten Flüssigkeit der Welt als Maskulinum angeprangert hatte, zum anderen dadurch, daß sie sich sonst eher als Latein-fernes Sprachrohr der *Latinum in latrinam*-›Bewegung‹ von Achtundsechzig ff. versteht.

Aber auch die – im ganzen, na ja, lateinfreundliche – *Zeit* kann mithalten, indem sie in einer lateinisch-italienischen Mixtur *ecce cane!* statt *ecce canis!* ruft. Sieh da, ein – ziemlich dicker – Hund! In der *Süddeutschen Zeitung* fragt jemand leicht indigniert: »Du hast den *Bello Gallico* nicht gelesen?« Nur ein einziger Buchstabe liegt zwischen peinlich und richtig: *De bello Gallico,* ›Über den Gallischen Krieg‹, wäre korrekt gewesen, steht doch die Präposition *de* mit dem Ablativ. Im Nominativ aber heißt es *Bellum Gallicum,* und das ist ein Neutrum, *das* man dann bedauerlicherweise nicht gelesen hat. *Paupera lingua Latina!* möchte man mit Johannes Paul ausrufen.

Ein Außenminister und seine ›Visas‹

Was soll's? mag manch einer müde fragen. Warum die Aufregung über falsches Latein? Was ist daran so schlimm? Wir sind doch schließlich nicht in der Schule!

Einverstanden. Dann aber auch die Frage zurück: Warum überhaupt Latein? Weshalb die lateinische Toga anlegen, wenn's der deutsche Blaumann auch tut? Offensichtlich doch, um Eindruck zu machen, um Kultur zur Schau zu stellen, um sich mit eben jenen Bildungsfedern zu schmücken, die man beim Anlegen der Toga dann selbst zerzaust. So obsolet scheint Latein dann doch nicht zu sein, daß es als Ausweis gediegener Bildung ausgedient hätte. Dann aber bitte richtig und respektvoll! ›Latein in die Latrine!‹ jedenfalls ist konsequenter als Latrinen-Latein.

Wollen, aber nicht recht können – diese Spielform hier unbewußter, dort bigotter sprachlicher Hochstapelei wollen wir ein paar Seiten lang mal nicht durchgehen lassen, sondern den Finger auf Wunden weniger des Nichtwissens als der sprachlichen Oberflächlichkeit und des nonchalanten Nachplapperns scheinlateinischer Peinlichkeiten legen.

In Anlehnung an Eckhard Henscheids wunderbare Zusammenstellung modischer sprachlicher Torheiten unter dem schönen Titel *Dummdeutsch* haben wir dieses Kapitel mit ›Dummlatein‹ überschrieben. Man könnte natürlich auch aus anderer Perspektive von Besserwisser- oder Erbsenzähler-Latein sprechen, von altphilologischer Arroganz (die gibt es!) oder schulmeisterlicher Pedanterie. Sei's drum! Der Autor bekennt sich zu seiner Profession. Er weiß, daß Latein es in Zeiten, ich sag' mal: der sprachlichen Beliebigkeit schwer hat. Aber er läßt sich von seinem kleinkarierten Sendungsbewußtsein tragen: Irgendeiner muß doch auch einem Ex-Außenminister Fischer sagen, daß es nicht die ›Visa*s*‹, sondern die ›Visa‹

heißt und daß, wenn man von nur einem spricht, ein ›Vis*um*‹ ›ausreicht‹.

Wie hätte er da im Untersuchungsausschuß brillieren, sprachliche Weltläufigkeit demonstrieren und sogar noch den Amerikanern – den Amerikanern! – und ihrem Präsidenten Bush eine Lektion erteilen können, die gesessen hätte! Denn den unsäglich falschen Singular ›*a* vis*a*‹ verdanken wir ihnen. Tatsächlich ist *visum* ein Partizip Perfekt im Neutrum: ›das Gesehene‹ oder eben ›der Sichtvermerk‹. Visa ist folglich der Plural, der ganz regelmäßig auf -*a* gebildet wird.

Partizipien im Neutrum scheinen es in sich zu haben. *factum* ist wie *visum* ein solches – und bleibt es auch, wenn man es im Deutschen substantiviert: *das* Faktum. Fällt die lateinische Endung weg, so kommt es dagegen vielfach zu einer ebenso dramatischen wie unbegreiflichen Geschlechtsumwandlung: *der* Fakt hört man immer öfter. Wer korrekt *das* Fakt sagt, erntet erstaunte oder mitleidige Blicke – da kann einer nicht richtig Deutsch. Vom Standpunkt des Dummlateins aus immerhin konsequent.

Falsche Genusbildung auch bei anderen Substantiven, obwohl der lateinische Ausgang das Geschlecht in der Regel klar erkennen läßt: *clientela* ist *die* (nicht: das) Klientel, *particula* (›Teilchen‹) ist *die* (nicht: der oder das) Partikel. Die Analogie zu Artikel ist eine scheinbare: *articulus* (›Gliedchen‹) ist, die Endung -*us* zeigt es, ein Maskulinum. Und der Pileolus, die Kappe des Papstes, ist es ebenfalls – auch wenn die *Süddeutsche Zeitung* es nicht wahrhaben will, wenn sie eine Windböe *das* Pileolus vom Kopf des Pontifex wegfegen läßt.

Ein paar Monate zuvor hatte das Münchener Weltblatt in einer Rezension *das annus horribilis* 2002 beklagt und erneut das -*us* übersehen: *das* Jahr, aber *der annus*. Wer das für philologische Erbsenzählerei hält, kann ja mal vor Freunden davon schwärmen, wie gut ihm ›das Pizza‹ neulich geschmeckt habe.

Zugegeben, manchmal ist die Sache mit den Endungen etwas komplizierter als in den gerade besprochenen Beispielen. *virus*, ›Gift‹, ist so ein Fall. Es ist eines der wenigen Neutra auf *-us* mit dem Genitiv auf *-i*; also: *virus, i, n.* Spätestens seit Viren auf Computer übergreifen, ist es mit dem richtigen Artikel im Singular weithin vorbei. *Das* Virus? Hört sich merkwürdig an! Natürlich *der* Virus!

Ein Irrtum, dem zunehmend auch Mediziner erliegen, indem sie uns im Herbst 2005 *den* Vogelgrippe-Virus in Aussicht stellten! Da gab es dann in vielen Zeitungen kein Halten mehr: ›Der‹ Virus wird in klugen Leitartikeln ebenso beschworen (»Der Gipfel-Virus«, *Süddeutsche Zeitung* 19./20. März 2005) wie in noch klügeren Glossen: Schade, wenn ein ausgerechnet mit dem lateinischen Pseudonym *Finis* (›Ende‹) sich schmückender *Zeit*-Redakteur ›den Virus‹ von uns Besitz ergreifen läßt (6. Oktober 2005). Die Kolumne stand übrigens unter der Überschrift »Das Letzte«. Einverstanden.

Ein Vorschlag zur Güte: Laßt, bevor auch sie es ganz verlernen, die Ärzte und die Lateiner ›das Virus‹ sagen, und alle anderen sprechen von dem ›Erreger‹.

Wenn der Segen zum Nominativ mutiert ... – ... ist der Fehler vorprogrammiert

Gehen wir zu einer anderen Abteilung von Dummlatein über: Fehlern innerhalb lateinischer Floskeln und Versatzstücke. Der Autor hat hier ebensowenig kontinuierlich Buch geführt wie bei den anderen Sparten, um schließlich triumphierend seinen Zettelkasten über den armen Lateinsündern auszuschütten. So ein verbissener Fehlerjäger ist er gar nicht. Er notiert nur gelegentlich, was ihm auffällt. Und das ist ihm aufgefallen: Man könnte problemlos vom ›anderen Ich‹ sprechen – und jeder verstünde es. Vornehmer klingt freilich das *alter ego.*

Wenn die *Welt* daraus ein *Alter Ergo* (der *poeta* aus Rossinis *Türke in Italien* als *Alter Ergo* für seine Regisseure, 22. März 2005) werden läßt, ist das schlicht falsch. ›Also‹ *ergo* peinlich.

Die *Frankfurter Rundschau,* politisch nicht gerade mit der *Welt* auf gleicher Wellenlänge, streckt wenigstens in Sachen Dummlatein die Hand zur Versöhnung aus. Über den FDP-Spitzenkandidaten in Nordrhein-Westfalen, Ingo Wolf, weiß sie am 18. April 2005 zu berichten, seine Diäten würden ›auf 28842 Euro *per anno* gekürzt‹. Das deutsche ›im Jahr‹ wäre in Ordnung, oder ›jährlich‹. Lateinisch aber geht nur *per annum* (Akkusativ) oder *pro anno* (Ablativ). Eine Petitesse? Klar, genauso wie ›28842 Euro ins Jahr‹.

Auch der *Spiegel* hält mit. Man sagt ihm eine exzellente Schlußredaktion nach, die kaum Fehler durchgehen lasse. Es sei denn, die kommen in lateinischem Gewand daher und glänzen auch noch durch scheinbaren Gleichklang. *Urbi et Orbi* – den Segen ›für die Stadt und für den Erdkreis‹ kennt jeder. Zumindest jeder *Spiegel*-Leser. Journalistisch verführerisch, beim Bericht über die Trauerfeier für Papst Johannes Paul II. an das Bekannte anzuknüpfen und es in neuem Kontext unterzubringen: »Das Gold, der Wind, die Totenglocke – und im Mittelpunkt von Urbis und Orbis ein schlichter Sarg aus Holz. Das war großes Welttheater.« Und absurdes Latein-Theater dazu: *orbis* ist der richtige Nominativ zu *orbi, urbis* freilich ist Genitiv. Der Nominativ heißt *urbs.*

Die letzte Abteilung unseres kleinen Rechthaber-Kurses ist den Fehlbildungen im lateinstämmigen Fremdwortbereich gewidmet. Den Spitzenplatz unter den dummlateinischen Ausdrücken der letzten Zeit belegt das rasant um sich greifende ›ausdifferenzieren‹. Wie im Präfix-Kapitel gezeigt, bedeutet *dis-, dif-* ›auseinander‹; dif-ferenzieren heißt also schon ›auseinandertragen‹. Aber sicher ist sicher. Noch ein *aus-* davor – und die Dinge werden noch weiter auseinandergetragen. Bis sie dann ›ausdiskutiert‹ sind.

Auch beim ›Hineininterpretieren‹ kann man sprachliche Bauchschmerzen bekommen. *inter-pretari* meint ›vermitteln zwischen‹; Interpretation bedeutet Vermittlung zwischen Autor und Leser. Das Wesen des Interpretierens besteht im Ein-speisen von Informationen, die so nicht im Text stehen, jedenfalls nicht auf der sprachlichen Oberfläche. Also impliziert *inter* hier stets ein ›hinein‹. Ein zusätzliches ›hinein‹ ist gedankenlos.

Es bleibt spannend. Wann und wo wird man erstmals lesen, daß die USA in den (schlimmer noch: im) Irak besser nicht ›hineininterveniert‹ hätten? ›Hineinimportieren‹, da darf man fast sicher sein, hat bestimmt schon in einem Artikel oder in einer Broschüre drinnen gestanden – und hat vielleicht sogar ob seiner besonderen Klarheit manchem Leser hineinimponiert.

Nicht ganz so hart muß man mit den Modewörtern ›aus-‹ und vor allem ›andiskutieren‹ ins Gericht gehen. Sie sind nicht schön, aber insofern sinnvoll, als das deutsche Präfix eine andere Bedeutung als das lateinische hat. *dis-cutere* heißt ›auseinander-schütteln‹, und bei diesem Rütteln zu allen möglichen Seiten sind unterschiedlich fortgeschrittene Stadien denkbar. Ein An-fangs-Schütteln ist etwas anderes als ein Aus-Schütteln, bei dem nichts mehr zu schütteln übrigbleibt, sondern alles zerstreut (*dis-*) daliegt.

Der Klassiker unter den tautologischen Präfixbildungen ist – im Sinne dieses Buches: leider – ein griechischstämmiges Wort. Die Rede ist vom ›Vorprogrammieren‹. *pro* bedeutet im Griechischen etwa das gleiche wie im Lateinischen: ›nach vorn‹, ›vor‹, ›in die Öffentlichkeit‹. Beim *pro-graphein* wird etwas ›in die Öffentlichkeit‹ und ›nach vorn‹ geschrieben‹. Graphisch dargestellt, wäre das ein Pfeil nach vorn, in die Zukunft. In deutscher Begrifflichkeit: ›vor‹. ›Vorprogrammieren‹ ist mithin so sinnvoll wie ›Vorprozession‹ oder ›vorprogressiv‹. Wer weiß, ob uns dergleichen nicht auch noch vorbevorsteht – man wagt das kaum vorzuprognostizieren.

Alles muß steigerungsfähig sein – auch der Superlativ

Als besonders reiches Reservoir für Dummlatein erweist sich die Steigerung; die einschlägigen Steigerungsraten sind in den letzten Jahren atemberaubend. Hier kommt es zu extremsten Auswüchsen.

Haben Sie, verehrte Leserinnen und Leser, soeben Anstoß genommen? Wenn nicht, dann haben sich zumindest in Ihren passiven Wortschatz Elemente von Dummlatein eingeschlichen. *extremus* ist nämlich Superlativ und damit die äußerste Steigerungsstufe von *extra,* ›außerhalb‹ (oder genauer gesagt: des nicht existierenden Adjektivs zu *extra*). ›Extremst‹ wäre damit der Superlativ eines Superlativs, auf deutsch ›äußerstester‹. Natürlich kann man sinnvollerweise auch keinen Komparativ zu ›extrem‹ bilden. Am ›Extremisten‹ wird das klar. Der steht zum Beispiel politisch am ›äußersten‹ Rand; noch extremere Extremisten sind extremst selten, selbst unter Sprach-Extremisten.

Aus dem gleichen Grund kann man auch nicht wirklich in ›intimste‹ Bereiche eindringen. *intimus* ist bereits ›der innerste‹, Superlativ zu *intra,* ›innerhalb‹, beziehungsweise dem fehlenden Adjektiv dazu. Man sollte auf der Hut sein, wenn der Intimpartner noch intimer werden möchte: Wo will der hin?

Während ›maximal‹ – von *maximus,* ›der größte‹ – von maximaleren Sprach-Attacken noch weitgehend verschont wird und ›minimal‹ – von *minimus,* ›der kleinste‹ – sich gegen sprachliche Minimalansprüche noch einigermaßen zu wehren weiß, sind bei ›optimal‹ die Dämme gebrochen. Daß etwas noch ›optimaler‹ sein könne, finden viele und sagen es dann so. Sie meinen ›besser‹ – und darüber ließe sich inhaltlich diskutieren. Sprachlich aber nicht. Da wird erneut ein Superlativ – *optimus,* ›der beste‹ – gesteigert. ›Optimalst‹ ist dann wirklich ›am bestesten‹. Tatsächlich aber doch eher suboptimal.

Fast noch optimaler kommt die Gedankenlosigkeit beim ›Optimieren‹ daher. Geradezu ein Zauberwort unserer Zeit. Alles läßt sich optimieren, alles soll auch optimiert werden. Nur die Sprache nicht. Sie wird durch ›optimieren‹ nicht verbestet, sondern eher verpestet.

Aber wenn man doch ›verbessern‹ partout durch ein lateinstämmiges nobilitierendes Surrogat unbedingt verbessern will – was bleibt einem da? Keine Sorge: Es gibt das Fremdwort ›meliorieren‹. *melior* ist ›der bessere‹ und ›meliorieren‹ damit die gegenüber ›optimieren‹ deutlich meliorierte Ausdrucksweise.

Es gibt, wir haben es am letzten Beispiel gesehen, durchaus eine Alternative zum Dummlatein: Reflektiertes Deutschlatein könnte man sie nennen. Ein Deutschlatein, das sein sprachliches Fundament nicht aus den Augen verliert und es damit im eigentlichen wie im übertragenen Sinn respektiert (*re-spicere,* ›zurückschauen‹).

Andere ›Alternativen‹ gibt es nicht, auch wenn der Plural aus Unkenntnis oder sprachlicher Wurstigkeit häufig zu hören ist. *alter* ist der ›eine von zweien‹; *alternus* bezieht sich stets auf den Wechsel von zweien. Die Alternative ist also ›nur‹ die ›Zweitmöglichkeit‹.

Oder, um es mit Derrick (siehe Seite 214ff.) zu sagen: *tertium non datur.*

XIV

KRASSKONKRET: WIE SENECA MAL IN ENDGEILEM JUGENDLATEIN ABLOSTE

Latein hat nichts mit Jugendsprache zu tun? Das glauben auch nur Nullpeiler (*nullum,* ›nichts‹; peilen von ›Pegel‹, lateinisch *pagella*)! Oder Prolls, die dauernd im Asitoaster oder in der Muckibude abhängen. ›Prollig‹, ›prollen‹, ›rumprollen‹ – alles total (*totus,* ›ganz‹) Latein! *proletarii* – das waren die Römer, deren Besitz nur aus ihrer *proles* (›Nachkommenschaft‹) bestand. Schon damals wenig angesehen – ›Prolls‹ eben in den Augen der vornehmen Leute.

Auch im ›Asitoaster‹ entgehst du dem Lateinischen nicht. ›Asi‹ ist die Kurzform von ›asozial‹ (*a-*, griechisch ›un-‹; *socius,* ›der Gefährte‹) – einer, der sich in die Gemeinschaft nicht einfügt. Der Toaster kommt von *torrere,* ›rösten‹, Partizip Perfekt *tostus,* ›geröstet‹. Noch mehr Latein beim landläufigen Begriff für den Asitoaster: In Solarium steckt *sol,* ›die Sonne‹. Die Muckibude ist dank ›Bude‹ halbdeutsch; Muckis, Muskeln, aber sind lateinische Mäuschen, *musculi.* Muskelbewegungen unter der Haut erinnerten die Anatomen an das Laufen von Mäusen mit ihrer oval-rundlichen Form – daher die Bezeichnung.

Der bescheidene Ruf der Muckibuden hat wohl auch etwas mit dem Achselterror zu tun, der dort herrscht. Der ist lateinisch gebildet, ohne daß die Römer ihn – soweit wir wissen – je als Waffe eingesetzt hätten: ›Achsel‹ ist mit dem gleichbedeutenden lateinischen *axilla* verwandt (ohne im strengen Sinne davon abzustammen). *terror* dagegen ist ein echt lateinisches Wort, das ›Schrecken‹ bedeutet.

Muckibuden im heutigen Sinne hatten die Römer übrigens nicht, aber die Thermen waren eine Location (*locus,* ›der Ort‹), wo du ebenfalls voll abschwitzen konntest. Bei dem Betrieb dort blieb nicht mal so ein Checker (*check,* ursprünglich der gefährdete König beim Schach, nach italienisch-neulateinisch *scacci,* ›Schach‹; daher *to check:* ›aufpassen‹, ›kontrollieren‹) wie Seneca wirklich chillig (*chill,* ›Kälte‹, verwandt mit lateinisch *gelu,* ›Frost‹), sondern wurde auf einmal super agro (*super,* ›über das Normale hinaus‹; *agro* von aggressiv; *aggredi,* ›angreifen‹). Als er mal über so einer Therme wohnen mußte, hatte er echt die Arschkarte gezogen (Karte von *charta,* ›Papier‹). Das Ganze war voll ein Philosophie-Abturn (*turn* von *tornare,* ›drehen‹ wie beim ›Drechseln‹):

Sieh nur, von allen Seiten umdröhnt mich Lärm unterschiedlichster Art. Ich wohne nämlich direkt über einer Badeanlage. Stelle dir nun alle Arten von Geräuschen vor, die dich dazu bringen können, deine Ohren zu hassen: Hier trainieren Kraftprotze und schwingen ihre mit Blei beschwerten Hände. Während sie sich abmühen oder jedenfalls so tun, als mühten sie sich ab, höre ich Stöhnen, jedes Mal wenn sie den angehaltenen Atem wieder ausstoßen. Wenn dann aber ein Ballspieler hinzukommt und anfängt, die Bälle zu zählen, ist's um mich geschehen. Denk dir noch einen Streithammel dazu und einen ertappten Dieb und einen, der sich im Bade selbst gern singen hört, denk dir auch die noch hinzu, die mit gewaltigem Klatschen des aufspritzenden Wassers ins Schwimmbecken springen. Stell dir aber daneben noch einen Achselhaarausrupfer vor, der unablässig seine dünne, schrille Stimme ertönen läßt, um auf sich aufmerksam zu machen, und der erst dann still ist, wenn er einen hat, dem er die Haare ausrupft – wobei er dann den anderen zwingt, an seiner Stelle loszuschreien. (Seneca, *epistulae morales* 56,1f. – Übs. K.-W. W.)

Die Therme, wo Seneca damals abloste, war übrigens in Baiae, einem der römischen Kurorte in Kampanien, wo damals voll die Party abging (*pars,* ›Partei‹, ›Gesellschaft‹, ›Fest‹). An jeder Ecke Feten (*festum,* ›Fest‹), zu denen sich die Leute total aufbrezelten (›chic machten‹; die Brezel kommt wegen ihres Aussehens von verschränkten lateinischen Armen, *bracchia*). Klar, daß sich da mancher die Kante gegeben hat (*cantus,* der ›Reif ums Rad‹; der dann zur ›Ecke‹, zum ›Rand‹ wird): Der römische Wein, besonders wenn du ihn nicht wie damals üblich mit Wasser mischst, hat derbe gebirnt (›Birne‹ von lateinisch *pera*). Und auch Poppen (*popularis,* ›volkstümlich‹, ›beliebt‹) war da total angesagt! Die kamen auch ohne Kase (Musikkassette, von *capsa,* ›Behälter‹) in Stimmung, die Römer; und selbst die Kompostis (Kompost, von *compositum,* ›das Zusammengestellte‹, ›der Mist‹) haben da mitgemischt:

Baiae wird allmählich zum Tummelplatz und Schlupfwinkel aller Laster; dort erlaubt sich der Luxus das Äußerste; dort läßt er sich, als wäre man zur Ausgelassenheit geradezu verpflichtet, frei gehen. Warum soll ich am Strand umhertaumelnde Betrunkene und Trinkgelage zu Schiff ansehen, Gesang mit Musik hören, der über die Seen dröhnt, und all die Dinge wahrnehmen, die die Genußsucht, aller gesetzlichen Bindungen bar, hier vollbringt – und das sogar öffentlich? (Seneca, *epistulae morales* 51,3f. – Übs. K.-W. W.)

Kraß (*crassus,* ›dick‹, ›grob‹, ›fett‹), wie da sogar Foliengriller (*folium,* ›Blatt‹; Grill aus *craticula,* siehe Seite 175f.) echte Burnersessions ausgehalten haben (*sessio,* ›das Sitzen‹, ›Sitzung‹)! Am nächsten Tag mußten die alle erst mal pansen ohne Ende (›entspannen‹; Pansen ist der erste Magen der Wiederkäuer, von *pantex,* ›Wanst‹). ›Ohne Ende‹ haben übrigens schon die Römer ganz ähnlich gebraucht: In einem pompejanischen Graffito ist von *duo nos sine fine sodales* die Rede, »wir zwei Freunde ohne Ende« (CIL IV 8262).

Dagegen haben sie die beliebten Latino-Bekräftigungen wie maxi (*maximus,* ›der größte‹), super, total und extra (›außerhalb‹ der Normalität) eher gemieden; und auch die jugendsprachlich populären Anerkennungen wie ›genial‹ (*genius,* ›der Schutzgott‹; *genialis,* ›den Schutzgeist erfreuend‹, ›ergötzlich‹) oder ›perfekt‹ (*perfectum,* ›durch und durch gemacht‹, ›vollendet‹) kamen nicht besonders gut.

Wenn ich so im Lexikon rumcruise (englisch *to cruise* von lateinisch *crux,* ›Kreuz‹; also ›kreuzen‹), stoße ich auf eine Menge Jugendsprachen-Latein. Das sollten sich auch die klarmachen, die bei Lateinarbeiten voll abzukacken drohen (*caccare* braucht keine Übersetzung). Ihr braucht euch hier nicht länger volltexten zu lassen (*texere,* ›weben‹; der Text als ›sprachliches Gewebe‹). Aber eines sollte sich jeder Anti-Latein-Clown (*colonus,* ›Bauer‹, daraus ›Landtölpel‹) merken: Total korrega, die Sprache (*corrigere,* Partizip Perfekt *correctus,* ›richtig‹)! Irgendwo sogar kultig (*cultus,* ›Verehrung‹).

Und Englisch? Das ist für echte Latein-Fans (*fanaticus,* ›schwärmerisch‹, ›begeistert‹) die sprachliche Asischale. Kein Joke, Alder (*iocus,* ›Witz‹)!

LITERATURHINWEISE

Adolf Bach: *Geschichte der deutschen Sprache.* 8. Aufl. Heidelberg 1965.

Klaus Bartels: *Wie Berenike auf die Vernissage kam. 77 Wortgeschichten.* Darmstadt 1996.

Ders.: *Wie der Steuermann im Cyberspace landete. 77 neue Wortgeschichten.* Darmstadt 1998.

Ders.: *Wie die Murmeltiere laufen lernten. 77 neue Wortgeschichten.* Mainz 2001.

Ders.: *Trüffelschweine im Kartoffelacker. 77 neue Wortgeschichten.* Mainz 2003.

Werner Betz: *Deutsch und Lateinisch. Die Lehnbildungen der althochdeutschen Benediktinerregel.* Bonn 1949.

Maureen Carroll: *Römer, Kelten und Germanen. Leben in den germanischen Provinzen Roms.* Stuttgart 2003.

Ernst Robert Curtius: *Europäische Literatur und lateinisches Mittelalter.* 3. Aufl. Bern 1961.

Hans Eggers: *Deutsche Sprachgeschichte I.* Reinbek 1970.

Theodor Frings: *Germania Romana.* Halle 1932.

Karl Ernst Georges: *Ausführliches deutsch-lateinisches Handwörterbuch.* 2 Bände, 8. Aufl. Hannover 1913, ND Darmstadt 1962.

Jacob und Wilhelm Grimm: *Deutsches Wörterbuch.* 33 Bände. Leipzig 1854–1971, ND München 1984.

Klaus J. Haller: *Wörter wachsen nicht auf Bäumen. 99 Allerweltsbegriffen auf der Spur.* Düsseldorf 1989.

Adolf Hemme: *Das lateinische Sprachmaterial im Wortschatze der deutschen, französischen und englischen Sprache.* Leipzig 1904, ND Hildesheim 1979.

József Herman: *Le latin vulgaire.* Paris 1975.

Bernhard Kytzler und Lutz Redemund: *Unser tägliches Latein. Lexikon des lateinischen Spracherbes.* Mainz 1992.

Karl Langosch: *Lateinisches Mittelalter.* Darmstadt 1963.

Wolfgang Pfeifer (Hrsg.): *Etymologisches Wörterbuch des Deutschen.* 2. Aufl. Berlin 1993.

Annette und Reinhard Pohlke: *Alle Wege führen nach Rom. Deutsche Redewendungen aus dem Lateinischen.* Düsseldorf 2001.

Friedrich Kluge: *Etymologisches Wörterbuch der deutschen Sprache.* Hrsg. von Elmar Seebold. 24. Aufl. Berlin 2002.

Otto Slippschuh: *Die Händler im römischen Kaiserreich in Gallien, Germanien und den Donauprovinzen.* Amsterdam 1974.

Karl Strecker: *Einführung in das Mittellatein.* 3. Aufl. Berlin 1939.

Veikko Väänänen: *Introduction au latin vulgaire.* 3. Aufl. Paris 1981.

Carl Vossen: *Mutter Latein und ihre Töchter.* 13. Aufl. Düsseldorf 1992.

Ernst Wasserzieher: *Woher? Ableitendes Wörterbuch der deutschen Sprache.* 17. Aufl. Bonn 1966.

Karl-Wilhelm Weeber: *Mit dem Latein am Ende? Tradition mit Perspektiven.* Göttingen 1998.

Ders.: *Alltag im Alten Rom. Ein Lexikon.* Band I: *Das Stadtleben.* 8. Aufl. Düsseldorf 2006. Band II: *Das Landleben.* 2. Aufl. Düsseldorf 2006.

Fritz Cl. Werner: *Wortelemente lateinisch-griechischer Fachausdrücke in den biologischen Wissenschaften.* Frankfurt/Main 1972.

Otto Wittstock: *Latein und Griechisch im deutschen Wortschatz.* 3. Aufl. Berlin (Ost) 1982.

ABGEKÜRZT ZITIERTE LITERATUR

Cic. Att.	Cicero, ad Atticum (Briefe an Atticus)
Cic. de or.	Cicero, de oratore (Über den Redner)
Cic. fam.	Cicero, ad familiares (Briefe an seine Bekannten)
Cic. off.	Cicero, de officiis (Über die Pflichten)
Colum.	Columella, Über den Landbau
Dig.	Digesten (Rechtscorpus)
Hist. Aug. Carac.	Historia Augusta, Biographie des Caracalla
Hor. c.	Horaz, Oden
Hor. sat.	Horaz, Satiren
Iuv.	Juvenal, Satiren
Liv.	Livius, Römische Geschichte
Macrob.	Macrobius, Satiren
Mart.	Martial, Epigramme
Ov. ars am.	Ovid, ars amatoria (Liebeskunst)
Ov. rem. am.	Ovid, remedia amoris (Heilmittel gegen die Liebe)
Petr.	Petron, Satyricon
Plin. ep.	Plinius der Jüngere, epistulae (Briefe)
Plin. NH	Plinius der Ältere, Naturalis Historia (Naturkunde)
Plut. Caes.	Plutarch, Biographie Caesars
Plut. Pomp.	Plutarch, Biographie des Pompejus
Prop.	Properz, Liebeselegien
Sen. ep.	Seneca, epistulae ad Lucilium (Briefe an Lucilius)
Serv. ad Aen.	Servius, Kommentar zu Vergils Aeneis
Suet. Aug.	Sueton, Biographie des Augustus
Ter. Heaut.	Terenz, Heautontimoroumenos (Komödie)
Ter. Phorm.	Terenz, Phormio (Komödie)
Verg. buc.	Vergil, Bucolica (Hirtengedichte)

REGISTER DER LATEINISCHEN WÖRTER

REGISTER DEUTSCHER WÖRTER MIT LATEINISCHEN WURZELN

KARL-WILHELM WEEBER, geboren 1950, studierte Klassische Philologie, Geschichte, Etruskologie und Archäologie in Bochum und Rom. Nach der Promotion und wissenschaftlicher Tätigkeit wechselte er an das Wilhelm-Dörpfeld-Gymnasium in Wuppertal, das er heute leitet. Zudem ist er Lehrbeauftragter für die Didaktik der Alten Sprachen an der Universität Bochum und Professor für Alte Geschichte an der Bergischen Universität Wuppertal. Karl-Wilhelm Weeber hat zahlreiche Bücher zur Kulturgeschichte der Antike veröffentlicht, die sich an ein breites Publikum richten. Dazu gehören:

Smog über Attika. Umweltverhalten im Altertum. Zürich, Düsseldorf: Artemis 1990.

Die unheiligen Spiele. Das antike Olympia zwischen Legende und Wirklichkeit. Düsseldorf, Zürich: Artemis & Winkler, 3. Aufl. 2005.

Humor in der Antike. Mainz: von Zabern 1991.

Panem et circenses. Massenunterhaltung als Politik im antiken Rom. Mainz: von Zabern, 3. Aufl. 2000.

Alltag im alten Rom. Ein Lexikon. Band I: *Das Leben in der Stadt.* Düsseldorf, Zürich: Artemis & Winkler, 8. Aufl. 2006. Band II: *Das Leben auf dem Lande.* 2. Aufl. 2005.

Decius war hier ... Das Beste aus der römischen Graffiti-Szene. Düsseldorf, Zürich: Artemis & Winkler, 3. Aufl. 2003.

Flirten wie die alten Römer. Düsseldorf, Zürich: Artemis & Winkler 1997.

Die Weinkultur der Römer. Düsseldorf, Zürich: Artemis & Winkler, 3. Aufl. 2005.

Ovid für Verliebte. Frankfurt am Main: Insel 1999.

Cicero für Juristen. Frankfurt am Main: Insel 1999.

Luxus im alten Rom. Die Schwelgerei, das süße Gift ... Darmstadt: Primus 2003.

Nachtleben im alten Rom. Darmstadt: Primus 2004.

ROMDEUTSCH – *Warum wir alle lateinisch reden, ohne es zu wissen,* von Karl-Wilhelm Weeber ist im Juni MMVI als CCLVIII. Band der *Anderen Bibliothek* im Eichborn Verlag, Frankfurt am Main, erschienen. Das Lektorat besorgte Rainer Wieland.

Dieses Buch wurde in der Korpus Bembo Antiqua von Wilfried Schmidberger in Nördlingen gesetzt und bei der Fuldaer Verlagsanstalt auf 100 g/m² holz- und säurefreies mattgeglättetes Bücherpapier der Papierfabrik Schleipen gedruckt. Der Einband stammt von der Buchbinderei G. Lachenmaier, Reutlingen. Ausstattung & Typographie von franz.greno@libero.it

1. bis 7. Tausend, Juni MMVI. Von diesem Band der *Anderen Bibliothek* gibt es eine handgebundene Lederausgabe mit den Nummern 1 bis 999; die folgenden Exemplare der limitierten Erstausgabe werden ab 1001 numeriert. Dieses Buch trägt die Nummer:

* 2181